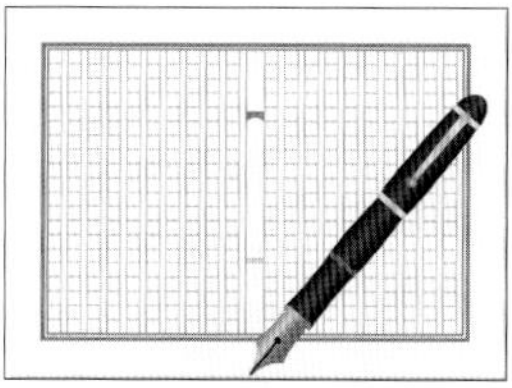

あの頃、雑誌は輝いていた！

――43誌の編集長に聞く

塩澤実信

展望社

はじめに

出版という営為は、書籍と雑誌で支えられている。両者の売上、躍進によって発展してきているが、その絶頂期は１９９６（平成８）年だった。この年の総売り上げ額を示すと、

雑誌　１兆５６３３億円
書籍　１兆９３１億円

合計２兆６５６４億円と、雑誌が書籍の1・5倍の〝雑高書低〟の時代だった。

それが、96年をピークに、一転退潮期に入り、97年マイナス０・7、98年同2・3、99年同2・4パーセントといった前年比の落ち込みペースになり、11年後の２０１７年には、実に、

雑誌　６５４８億円
書籍　７１５２億円

の、雑誌はピークの3分の1、書籍が10分の7という目をおおう凋落となってしまった。

想像を絶したこの凋落原因について、出版科学研究所の分析では、「インターネットや携帯電話、新古書店の影響以上に失業率の上昇、消費者の収入減など経済的要因が大きく、景気低迷の波にのみ込まれている」と見ている。

一方、経済産業省は、「委託制を根幹とする流通システムが、独占的地位を過度に得ているため、ビジネスモデル自体が画一化、硬直化していることが原因である」と、抽象的な説明をしている。

委託販売制は、確かに流通の効率化を遅らせている元凶だった。読者は、読みたい本を

注文すれば、二、三日で届くものと考える。それが手に届くのは、十日以上かかるのが通常だったのだ。

他の流通システムでは、こんなスローモーな時代錯誤のケースは皆無であるのに、出版界は十日前後もかかったのは、再販制度に守られ、業界内での熾烈な競争がなかったからだ。

この大きな落ち込みの中で、読書子に強い衝撃を与えたのは、2001年の人文・社会科学系の専門書を中心に扱ってきた取次・鈴木書店の自己破産だった。負債額は四十億円を超え、この倒産の荒波を最大に被ったのが岩波書店である。

鈴木書店の買掛金明細によると、岩波書店が七億円余、二位の東洋経済新報社は一億五千万円、三位の東京大学出版会が一億三千万円弱というもので、岩波書店は二位以下を五億数千万円も引きはなし、突出した債権者になっていたのである。

しかも、岩波書店の鈴木書店との取引額は、売上げ高の十五〜二十%を占めた年間二十五億円に上っていた。さらに、岩波は売掛金七億円に加え、金融機関に三億円の債務保証もあり、合計十億円となっていた。

マス・マガジンも持たず、手堅い学術、人文科学の出版と、古今東西の古典を主流とした岩波文庫が看板の岩波の前途は、端から見て容易ならざる危殆《きたい》を感じさせた。

卑近な例で、明治中期に創業した伝統ある総合雑誌の老舗・中央公論社が、読売新聞社の傘下に入っている前例から推して、

「岩波書店は朝日新聞社に買収される！」

「その買収額は、二百億円らしい……」

といった流言蜚語が飛び交ったのはこの頃のことだった。

岩波の大塚信一社長は、急遽記者会見を開いて、それらの憶測や蜚語に対し、

「経営危機に至るほどの決定的な影響ではない」

と、きっぱり否定したが、つづけて、

「大きな影響はある。従前から進めていた人員削減や、ビル売却なども含めた経営改革策を加速させることもありうる」

と、苦渋の補足をしていた。

経営規模、図書目録、執筆者の顔ぶれで量的なへだたりはあるものの、岩波書店とほぼ同じ道を行く社会思想社が倒産したのは、この騒動の最中だった。

同社の前身は労働問題、社会政策の研究で知られた、リベラリスト河合栄治郎の門下生が創立した社会思想研究会出版部だった。

処女出版が河合栄治郎の『学問と政治』で、つづくルース・ベネディクトの『菊と刀』のベストセラーで名を知られ、トインビーの『歴史と研究』、ラッセルの『哲学入門』、ケインズの『自由放任の終焉』などの名著を続々刊行した。

昭和二十年代の前半、信州は飯田市で高校生生活を送っていた私が、非才を顧みず愛読した書籍の刊行元は、これらの出版社だった。

社会思想社は、昭和五十二年度ベストセラー二位となる、アレックス・ヘイリーの『ルーツ』を刊行し、黒人文学は売れないというジンクスを破ったものの、倒産の憂き目にあっ

ていて、倒産の時点で日本資本主義黎明期《れいめいき》、労働問題の真摯《しんし》な記録を残した『横山源之助全集』全十一巻を刊行中だった。

この例で見るように、出版界は戦前、戦後を問わず、どの時代も深い谷間に渡した一本の綱の上を、バランスをとりながら危ない足取りで渡って行くような業態と見られていた。

私はこの出版界に、二十代の前半から六十数年生きて来ていて、前半の二十数年は編集者として数社を渡り歩き、後半の四十余年は執筆者の端くれとして、臆面もなく拙著を百十冊余刊行してきた。

幸運にも、雑誌が輝いていた時代を、身をもって体験することができ、いちどこの領域の水に浸ったら、免れ難い（？）魔力のあることも知ることができた。そして、この雑誌の黄金時代といっていい1992年から1999年に活躍した編集長諸氏にインタビュー出来たことは幸せだった。

さらに今回、このインタビューがあらためて書籍として刊行されることには、感謝の外はない。当時の雑誌界、出版界の動きを少しでも汲み取っていただければ望外の喜びである。

塩澤実信

あの頃、雑誌は輝いていた！――43誌の編集長に聞く●目次

はじめに……1
「週刊宝石」（光文社）……10
「週刊現代」（講談社）……17
「週刊新潮」（新潮社）……24
「サンデー毎日」（毎日新聞社）……31
「週刊大衆」（双葉社）……38
「週刊朝日」（朝日新聞社）……45
「週刊読売」（読売新聞社）……52
「アサヒ芸能」（徳間書店）……59
「FRIDAY」（講談社）……66
「宝石」（光文社）……73
「FOCUS」（新潮社）……80
「日刊ゲンダイ」（日刊現代）……87
「新潮45」（新潮社）……94
「潮」（潮出版社）……101
「中央公論」（中央公論社）……108
「文藝春秋」（文藝春秋）……115
「現代」（講談社）……122
「THIS IS 読売」（読売新聞社）……129
「世界」（岩波書店）……136
「正論」（産業経済新聞社）……143
「諸君！」（文藝春秋）……150
「Voice」（PHP研究所）……157
「頓智」（筑摩書房）……164

「週間文春」（文藝春秋）……171
「FLASH」（光文社）……178
「創」（創出版）……185
「BOSS」（経営塾）……192
「uno!」（朝日新聞社）……199
「テーミス」（テーミス）……206
「女性自身」（光文社）……213
「女性セブン」（小学館）……220
「プレジデント」（プレジデント社）……227
「週刊アスキー」（アスキー）……234
「週刊ポスト」（小学館）……241
「噂の真相」（噂の真相）……248
「婦人公論」（中央公論社）……255
「AERA」（朝日新聞社）……262
「SAPIO」（小学館）……269
「ダ・ヴィンチ」（メディアファクトリー）……276
「週刊東洋経済」（東洋経済社）……283
「実業の日本」（実業之日本社）……290
「週刊ダイアモンド」（ダイアモンド社）……297
「SPA!」（扶桑社）……304

装丁　新田純

★本書は1992年（平成4年）から1999年（平成11年）までに出版された月刊誌「政界」（政界出版社）に連載されたインタビューを再録したものです。
★連載当時の状況を伝えたいため一切の訂正をしないで連載当時のままを掲載しました。
★タイトル下の年号は「政界」発行の年・月号です。例えば1992・9は1992年9月号ということです。
★雑誌の表紙写真はインタビュー当時、またはそれに近いものを掲載しました。ただし当時の表紙写真のないものは別の時期のものを掲載。写真下に発行年月を付記してあります。
★本文中、敬称は省略させていただきました。

あの頃、雑誌は輝いていた！

――43誌の編集長に聞く

男性中心の都会型週刊誌づくり「週刊宝石」

編集長　高橋常夫

1992.9

政界は「永田町のプロレス」

塩澤　高橋さんが、森元順司編集長の後を継いで「週刊宝石」の二代目になられたのは、たしか昭和61年でしたね。

高橋　いえ、62年の4月です。

塩澤　すると編集長になって、満5年になるわけだ。週刊誌の長は3年もやると、心身ともにボロボロになるといわれますが、ますますお元気そうで……。

高橋　そうでもないんですが、うちは一人でやるシステムではなく、組織で動いています。それぞれのデスクが先頭に立って、旗をふる組織でしてね。チームにまかせてしまえばいいわけですから……。

塩澤　で、どのような編成ですか。

高橋　班編成で、特集班が4つ、あとはグラビアとかレギュラーもの担当の4つの8班になっています。編集部員は27名、取材スタッフが60名です。

塩澤　全部で87人！　ちょっとした会社が動いている感じですな。週単位の仕事ですが、かなり先行して動いていますか。

高橋　カラーグラビアなど2ヵ月、3ヵ月先行していますが、特集班など、たとえば昨日（7月21日）産経新聞社に、グループの議長である鹿内宏明氏を追放するクーデターがありましたね。明日発売ですが、校了を2時間のばして、1頁で叩き込みましたよ。

塩澤　鹿内氏ね。前にもやっておりますね。怪文書、タレ込みなど、かなりあったと聞きますが……。

高橋　週に4、5本はあるようです。が、私怨や、作為の情報、企業内の権力争いが多く、ほとんどがガセネタで、大きな記事になるケースはありませんね。

塩澤　権力争いは男の本性にかかわる問題、政治の世界にはつきものです。最近号を見ると、政界のタブー、金丸信の引退に切り込んだり、人物解剖で日本新党の細川護熙の虚像と実像をやっていますね。「週刊宝石」はどのような視点で、迫るわけですか。

高橋　永田町のプロレス！　永田町という〝リング〟の上の権力闘争で見るわけです（笑）。

塩澤　（笑）なるほど……。国会を村会レベルでかきまわす老政治屋など、叩き甲斐のある妖怪が永田町には多いですからね。

高橋　政治問題でも、PKO法案など、正面きっての議論は、なじまない。そこで牛歩国会の日、社会党の某議員が、夫人がこわくて欠席したとの情報があったので『奥さんこわくてPKO欠席』のプランで取材させました（笑）。誤報でボツになりましたが……。

塩澤　誤報にしろ、取材アクションを起こさせるような〝情報〟は、どのようにして集めるのでしょう。

高橋　編集長も知らぬ、スタッフ独自の情報網があるようです。大部隊ですから、誰がどのような人と会っているか、把握はしていません。ただ、校了の時、ネタもとを確認することは、時にはやっています。

塩澤　よく、不都合な記事への、外部からの圧力が噂されることがありますが、実際は？
高橋　私への政治的なアプローチの経験はありません。音羽の会社（註・講談社、光文社）は、政治的なつきあいのない会社ですしね。
塩澤　圧力をはねのけて、告訴沙汰になるような特集をやってこそ、誌面も活性化するでしょう。政治家は「天地神明に誓って……」ウソをつく向きもありますから（笑）。

人間に対するあくなき興味

塩澤　光文社には、女性週刊誌のトップを行く「女性自身」があり、高橋さんも先代編集長もその出身ですね。
高橋　ええ。森元も僕も、主だったものはすべて「女性自身」育ちです。
塩澤　女性誌から男性誌に移って異和感などはなかった……？
高橋　「週刊宝石」は男性中心の都会型です。読者対象は、25歳から45歳あたりまでと幅は広いのですが、だからといって「女性自身」のつくり方と異なるわけではありません。とりあげるテーマはちがっても、編集の方法論は同じだと考えています。たとえば、女性誌は、野球や政治はストレートにはとりあげません。うちはとりあげるが、その場合、人間に対するアプローチ——ヒューマン・インタレストの線でいく。
塩澤　人間に対するあくなき興味は、雑誌づくりの基本ですからね。
高橋　僕は女性誌から育ったわけですが、先輩から自分のなかに女性の読者像をつくるよう、きびしく言われました。いま、男性誌をつくっていて、やはり僕なりの平均読者像はあります。たとえば、週2回程度縄のれんをくぐる。職場のＯＬと人目をしのんだ恋はしてみたい。女房にだまってヘソクリをつくりたい……といった、年齢35歳程度の読者像ですね。その読者像を頭のなかにおいて、「このプランだったら、この読者はどう反応するか。読者の期待にはずれないのか」と自問自答をして、彼らの購買意欲をそそるような週刊誌づくりをしていくわけです。

塩澤　なるほど……。編集部員は夜の帰りは遅いし、朝のラッシュ時の電車にはまず乗らない。読者の生活パターンとは違っているのですから、そのあたりのズレを調整する必要はありましょう。ところで、先代編集長は「週刊宝石」は、おとなの実用誌だと言っていましたが……。

高橋　ええ。おとなの実用性に耐える、サラリーマンにとって得する経済学は、カラー頁で特集していますし、記事中でも住宅の得する情報、ボーナスの巧みな使い方、商品を買う知恵といったものは絶えず扱っています。それと、ニュース性に富んだ面白い読みもの——スクープ記事を入れるように頑張っています。

塩澤　男性中心の故か、お色気にもかなり頁をさいていますね。

高橋　僕らはエロチシズムと言っていますが、うちは女性の裸がダイレクトに多いと思います。だが、小説、劇画のなかにふくまれるエロチシズムを含めると、同類他誌よりは少ないでしょう。

塩澤　私も男性週刊誌の編集体験があります。エロチシズムの扱い方いかんで、売れ行きにかなりの差のあることを知っています。しかし、扱い方によっては品格を落としかねない危険もある。また、時にはキワもの特集も必要ですが、今年前半、20回連載の『〝悪女〟大林雅美の「人生相談」』は、やりもやったりでしたね。

高橋　（苦笑）読者調査で、嫌いだという意見は少なくなかった。だが、〝悪女〟がいて、それにいろんな人をぶっつけ、どんな反応をするかを見る……。ゲストと雅美さんとの人間分析をここころみたつもりでした。

塩澤　編集部内でも賛否半ばしたでしょう。

高橋　賛否両論でした。ただ、週刊誌は世の中を映す鏡、週間の現象を捉えるものと考えたとき、雅美さんはそのなかに出てくる時の人でしたから（笑）。

塩澤　賛否両論といえば、創刊以来のメイ、イ、企画『スミマセン　オッパイ見せて下さい！』と『処女探し』。初代編集長も、最初は反対だったそうですが、スタートさせたら大人気企画となった(爆笑)。

高橋　あっけらかんとしていて好評です。「スミマセン」は、声をかけても拒否され、打率は惨憺たる状態でした。スタッフは苦労の連続だったでしょう。謝礼も2万円程度でしたしね。ところが、1回10万円で募集してみようと、今年に入って応募に切りかえたところ、危惧していたより来ましてね。たとえば、ボーイ・フレンドと一緒に来て撮影し（笑）手をつないで帰っていくといった子や、海外旅行の資金稼ぎ、いまでしかできないといった理由で、応募してきています。

塩澤　お遊びの軽いノリですか。

高橋　それは『処女探し』のほうにあります。打率も悪くなく、「処女？　卒業？」と聞くんですが、彼女らはユーモアのセンスで応じてくれます。創刊のちょっと後、面白い話がありましてね。ある女性を「卒業」とミス・プリントしたため、そのコから「私は処女だと話したのに解答欄に卒業と書かれてしまった。それを見て両親が塞ぎこんでしまっている。なんとかして」という電話がありました。これは大変と、会って話すと、「実は、卒業しているんです。私はどちらでもいいんですが、両親が……」（笑）というので次号で訂正しました。

塩澤　本当は卒業（爆笑）。

クォーター・ライフの充実を

塩澤　創刊から520余号――現在につづく不倒企画にどんなものがありますか。

高橋　『YYジャーナル』『ビジネスマン最先端講座』『人物日本列島』……それと、『スミマセン』『処女探し』などですね。

塩澤　硬軟、実用、エンターテイメントなどをとりまぜた企画ですね。これからは、どのような誌面づくりを志していきますか。

高橋　スクープ・ニュースをめざしたい。それと、「週刊宝石」を手にとっていただいた方々に、新しい生き方、新しい価値観を提案する週刊誌でありたい。

塩澤　具体的に言うと？

高橋　サラリーマン生活をやめて、北海道へ移住し、大自然のなかでのびのびとした人生を送っている人びとがいます。その生活ぶりを取材し、「こういう生き方もある」といった提案をする。あるいは「今度の日曜日に、東京の下町を自分の足で歩くすすめ」をする。そこから新しい価値観の発見もあると思うのです。

塩澤　新しい生き甲斐を満たす誌面づくりですか。たしか創刊準備段階で、森元氏とともに数百人のサラリーマンに会い、彼らの生き方をさぐって「四分の一分割世代」を発見。彼らのクォーター・ライフを演出する週刊誌をつくろうと考えたそうですね。

高橋　そうです。あれは読者調査をやっていて、ある人が会社からの帰り、毎日、必ず喫茶店の決まった席に座り、詩なり小説、不平不満など、とにかく文章に書いていると聞いて、それをヒントに考え出しました。この人は、自分だけの充実した時間を持ちたがっている。つまり、会社が全エネルギーの二分の一とすると、残りの四分の一が家庭。残りの四分の一が自分の時間というわけです。このヒントから、自分のための時間を満たす生き方を提案する週刊誌となったのです。

塩澤　その方針は、いまも持続している？。

高橋　創刊のときの価値観というものは、雑誌がつづくかぎり、最後までひっぱっていくと思うのです。うちの週刊誌のライバルとみられている「週刊現代」「週刊ポスト」は、前者は昭和34年、後者はその10年後に創刊されています。当時は、高度成長期でサラリーマンは、早く課長、部長になりたいという上昇願望。早くマイ・カー、マイ・ホームを持ちたいというのが生きるうえでの価値観のようになっていた。ところが、うちが創刊された56年頃は、高度成長に疑問が出てきた時でした。課長だの部長、宝クジに当たるような社長になることに人生を賭けるより、自分自身の人生を充実させたほうがいいという価値観の時代でしたから。

塩澤　「現代」「ポスト」の読者が、戦後の飢えの時代育ち。「宝石」はその後の豊かな時代という図式ですね。

高橋　ええ。両誌に比べて〝真反対〟といったらいいのか。生まれた時から豊かで、食べたくなければ残す。捨てていい時代です。そのなかで育ってきた読者をイメージして誌面づくりをしていますから、うちは課長になるという特集はありませんし、出世競走には冷やかなんです。平均読者層を25歳から35歳――いまは、最初からの読者が雑誌とともに10年は年をとりましたから45歳になっていますが、その年齢層の読者に、癌の記事はお呼びではありませんから、その種の記事もないわけです。

塩澤　「新潮」「現代」「文春」「ポスト」「宝石」は、男性総合週刊誌といわれていますが、読者層は微妙に異なっていて、棲み分けていることになるわけか……。

高橋　僕は女性週刊誌に10数年いました。女性誌は同一線上で火花を散らし、同じテーマ、同じ人物をめぐって過当競争を繰り返しています。ところが、男性週刊誌は同じテーマ、人物を追っかけても、切り口、狙いどころは微妙にちがいますし、競合する部分はあっても、マイペースでいける。同類他誌が何をやっているか知りようがないし、一日や二日前に知ったところで、どうすることもできません。

塩澤　読者像を見定め、それに合わせて編集コンセプトを決めていればいいわけだ。これからも、クォーター・ライフを満たす実益情報と、彼らの遊び心をくすぐる眼福グラビア、特集を意欲的におつくりください。ありがとうございました。

いまの永田町にはスーパースターがいない
「週刊現代」
編集長 森岩 弘

1992.10

サラリーマンのための週刊誌

塩澤　「週刊現代」は創刊から34年になりますが、編集長に就任されたのは。

森岩　平成元年の秋です。足かけ3年になりますか。講談社には、昭和四十四年に入社し、「月刊現代」「週刊現代」「ペントハウス」「ＦＲＩＤＡＹ」と移った後です。

塩澤　総合雑誌から週刊誌、ビジュアル誌、写真週刊誌と、一応、男性誌の諸分野を渡り歩いた大ベテラン。「週刊現代」は四代目編集長の牧野武朗さんの時代に、編集の基本路線をつくられましたね。

森岩　ええ。あのあたりから、サラリーマンのための週刊誌という自己規制をしております。

塩澤　年齢層はどのぐらいにおいていますか。

森岩　30代の後半から40代前半。家庭をもって、子供もいるというところでしょう。都会が圧倒的で、女性読者は考えていません。平均読者の年収はどのぐらいになりますかねぇ。

塩澤　７から８００万円程度ではないですか。地位からいったら、ヒラから管理職に就き、その上を望む年代ですね。当然、平均読者層に合わせて、課長の役得だの権限、各社の給料情報などがよく取りあげられているし、癌特集をはじめ、健康問題を常時、扱っていますね。

森岩　読者の親や、上の世代が癌年齢でしょう。親や上司が癌で倒れていけば、関心もあります。その意味で必要なテーマです。サラリーマンは体が資本との発想がありますから。

塩澤　いま一つ、金儲け、株の記事が「週刊現代」の読者を支える伝統的な底流になっているようですが。

森岩　牧野編集長の時代から始まったもので、週刊誌の株の欄は、うちがいちばん最初でした。いまはどこでもやっています（笑）。

塩澤　サラリーマンにとって、出世・金・女は、いちばんの関心ごとですからね（笑）。ま、明確な実益路線で、「週刊現代」が目に見えて伸びはじめた頃、「週刊欲望」だというカゲの声があったものですよ（笑）。

森岩　いまでも株は北浜流一郎さんの固定欄が2頁あります。だが、16000円を切っている時代では、そうインパクトはありません。それより、カード破産の大特集をやったところ、大反響がありました。特集は普段は5～6頁ですが、倍の12から13頁でやりましてね。

塩澤　8月8日号の『総力特集「カード地獄」自己破産の甘いワナ』ですか。なかなか読み応えのある特集でしたね。

森岩　うちの読者と、「カード地獄」に陥っている人たちとは、若干異なりますが、その溝を埋める特集をすれば、サラリーマンが読みたいと思うわけです。

塩澤　これだけの大特集を組むとなると、かなりの先行取材と時間が必要でしょう。いま、どのような取材構成になっていますか。

森岩　編集部は26人。外部の専属が37か38人です。編集部の者4、5人に、外部7、8人で1班を編成し、グラフ、連載コラム、特集3班と、5チームでやっています。

塩澤　特集班は、政治経済とか事件ものなどに分かれているのですか。
森岩　政経中心、スポーツ芸能、国際その他の社会事件と、おおよその色分けはあります。その班のなかでも、得意、不得意がありますから。
塩澤　ジャーナリズムの宿命として、彼らは特ダネを追うわけですが、情報網は、それぞれの取材記者が個々に持っているのかな。
森岩　情報は人から人へ伝わるものです。だから、いい人脈、目ききの人とつながっていないと、いい情報もつかめないわけで、彼らは個別にネットワークを持っています。
塩澤　ま、それが編集者の財産ですからね。
森岩　ええ、組織でつかめるものではなく、独自の人脈から得ているわけですよ。

スーパースター不在の永田町

塩澤　森岩さんとは、以前、戸川猪佐武さんの事務所でよく顔を合わせましたねぇ。
森岩　もともと、政治方面が好きでしたから、ヒラ、デスクの時代から、政治にかかわっていました。
塩澤　田中角栄の天下だった頃だ。
森岩　ええ、彼が日本の政治を動かしている大スーパースターでした。週刊誌も、角さんの動きを追えば記事ができた、よき時代でした。
塩澤　その彼が総理をやめ、ロッキード事件で捕まり、倒れてしまった……。
森岩　そうですよね。いま、永田町にはスーパースターは不在で、その意味で政治面のインパクトはありません。私個人では、政治をもっと取り上げたいのですが、読者の関心は少なくなっていますしね。
塩澤　金丸、竹下といったところは、小粒でマイナーな感じは否めないですしね。しかし、小沢一郎など面白いのでは……。
森岩　大下英治さんの『小説・小沢一郎』を連載しています。もう10数回になります。父親の小沢佐重喜から語り起こしていますが。

塩澤　小沢さんは、若手のなかでは出色ですね。10数年前、戸川猪佐武氏のお嬢さんの結婚式に招かれて、小沢氏をはじめ政治家10余人と新幹線で名古屋へ行ったことがありました。その車中、他の政治家は与太話を楽しんでいましたが、小沢氏は熱心に、「朝日ジャーナル」を読んでいました。勉強家ですね。

森岩　小沢氏は「経済大国から政治大国へ」と言っています。泰平を謳歌していた日本ですが、去年あたりから、バブル経済の崩壊でガタガタになり、国際摩擦も激しくなりました。この状況下で、日本のこれから進むべき方向を考えなくてはならない。当然、政治が見直されてくるわけで、週刊誌も、それに対応していかねばならんでしょう。また、この秋の天皇の訪中から、ロシア大統領の来日など、政治問題は目白押しでしょう。政治の季節になってくれたらいいと考えています。

塩澤　しかし、正面切っての政治問題は、週刊誌にはなじまないところがありますね。

森岩　むろん、天皇の訪中の是非を正面から取り上げても、読者はよろこばない。が、訪中の推進の陰に竹下登がいる。「竹下はなぜ、噛んでいるのだ？」と、そのあたりを人間臭い、週刊誌的な切り口でやれば、読者の興味を惹く誌面はできると思います。

塩澤　なるほど……。一誌の編集長になって、その面で自慢に価するスクープはありましたか。

森岩　いやあ（苦笑）。私が編集長になって間をおかず、湾岸戦争になりました。あの戦争は、映像のメディアの大勝利で、活字メディアの大敗北でしたね。ああいうのを、どう扱ったらいいのか、その切り口が見つからぬうちに、戦争は終わってしまった。読者の関心は大いにあったのに、私たちはそれに応えられなかった。ビジュアルにも対応しきれなくて、週刊誌にはアゲンストだった……。

塩澤　それは「週刊現代」一誌の問題ではないですよ。あなたの失敗、責任ではない（笑）。そういえば、昨年創刊されたビジュアルな硬派雑誌「バード」「ビューズ」「マルコポーロ」など、大手出版社で創刊した新雑誌では、軒並みに、湾岸戦争やソ連崩壊などの国際問題を中心にとりあげています。が、苦戦中ですね。

森岩　うちの雑誌で、『渦中の人』という大変評判のいい4頁企画があります。もう70回近くになりますが、いままで外国の要人、クレッソン、ゴルバチョフといった企画の時は、人気がないですね。

塩澤　外交、国際問題は選挙の票に結びつかないというジンクスがあります。読者も、身近な直接自らの利害に結びついた特集でないと買わないのかもしれませんね（笑）。

森岩　参議院選で返り咲いた外交問題に熱心な椎名素夫さんも、衆議院選で落選した例がありますね（笑）。

〝ド・実用〟だけでは駄目な時代

塩澤　ライバル誌は「週刊ポスト」ですか。

森岩　読者対象、週刊誌づくりのシステムが似たようなところがあり、その意味からライバルといえばライバルでした。しかし、このところ、ポストはちょっと元気がない。で、劇的に変わって成功を収めている「週刊文春」を、ライバルではないが、参考にしたい。

塩澤　どのような点を？

森岩　「週刊文春」は、花田編集長になられて、ドラマチックに変わりましたよね。ネチッこいし、スキャンダリズムというのか、一つのネタを長期にわたって追及しています。ネタの仕込み方は巧みですし、どのあたりを狙うか、何をするか、かなりの時間をかけて、ほじくりかえしていますね。

塩澤　かつては、「週刊新潮」のしつこさに対比して、喰い下がりがさらりとしているところから、「ゴーカン新潮」「サワリの文春」とヤユされたものでしたが……。

森岩　三浦和義の『疑惑の銃弾』あたりからの

ノウハウでしょうね。あのシリーズは、テレビからスポーツ紙まで巻きこんだすさまじい社会現象になりました。

塩澤　たしかに、「週刊文春」の伸びは目を見はるものがあります。しかし、「週刊ポスト」「週刊宝石」「週刊現代」「週刊新潮」、いわゆる総合週刊誌部門の総部数310万部前後を、5誌で喰いあって、「文春」の伸びた分は、「ポスト」とか「宝石」「現代」、「新潮」が喰われているのではないですか。つまり、総合週刊誌の読者は、5誌のなかで購読誌を変えることはあっても、他の大衆娯楽誌や、女性週刊誌の分野へ、斬り込んでいることは少ない……。

森岩　いえ、「週刊文春」と同類他誌とのちがいは、従来の「文春」の読者に女性がふえた。女性読者が40%を超えているようですね。

塩澤　最近、花田編集長と会ったとき、女性読者はかなり意識して、とり込んでいると話していました。連載のコラムなどで女性に人気の高い書き手を意識して登場させるとか、女性に嫌悪感を抱かせるお色気ものは抑え、グラビアで多少のお色気を出す程度にしているそうです。

森岩　その点、ほかの週刊誌は努力が足りないと思います。

塩澤　ま、男性を主要読者と考えていても、女性にも読んでもらえば、一挙両得ですよね。「FOCUS」「FRIDAY」といった写真週刊誌が、すさまじい勢いで伸びた時代は、若い女性が一種の格好づけで持っていたもんでした。

森岩　僕ら、これから考えなくてはならないのは、主なる読者——サラリーマンに喜んでもらえる、面白くて、読みたいと思える情報を、どれだけ提供できるかということです。先にふれたカード破産特集など、彼らの読みたいと思う情報だった……との感触がつかめました。

塩澤　カードの2枚や3枚持つのが、ステイタスのように見られる時代ですものね。

森岩　それと、バブル崩壊で、銀行が不良債権をいかに抱えているかが問題になっていますが、大どころで33兆円は抱えている……この情報など、うちの読者対象にぴったりでした。頁数を大幅にさいてやったところ、当たりはよかった。

塩澤　「週刊現代」なりきの鉱脈発見ですね。

森岩　ええ。ですから、この面を強化することで、本来、うちが持っている読者――サラリーマンに訴えていく特集ができると考えています。いま一つは、「文春」さんが開拓したネタを掘りつくし、さらに、テレビ、新聞をも動かしていく、メディア・ミックスの手法を学んでいきたいですね。

塩澤　打つ手はいくらでもあるわけだ。

森岩　よく週刊誌が長期低落傾向にあると言われていますが、私は「そんなことはない。つくり手が、読者をつかまえきれなくなっている、それが原因だ」と言っています。つまり、つくり手である私たちが、世の中の流れが見えなくなっているので、それをきちんと見定める目をもてば、まだまだ有効な手段は出せると思いますね。恥ずかしい話ですが、会社では、雑誌、新聞を沢山とっています。だが、編集者が最初に持っていくのはスポーツ紙、次が一般紙。日本経済新聞は残っている。サラリーマンをターゲットにしている週刊誌記者が、日経を読まないんじゃ、しょうがないですよね（苦笑）。

塩澤　私も、ほとんど読みませんがね（笑）。

森岩　「週刊現代」はサラリーマンの週刊誌です。彼らの喜び楽しみ、苦しみ怒りをすいあげていく誌面づくりは変えません。その流れのなかで、一つは、どういうものに、より力を入れていくか。大所高所からの論議はせず、彼らの身近に関心のあるもの、さらに期待される情報を拾いあげ、それを読んで面白い記事にエンターテインメント化していく。ド・実用だけでは駄目だと考えています。その二は、ジャンルは問わないから、スクープをつかみ、それをキャンペーンにもっていく。

塩澤　力強い抱負、ありがとうございました。

2020年6月4日号

哲学も思想もない時代の独創的な雑誌づくり 「週刊新潮」

編集長 山田彦彌

1992.12

ナマの声、事実だけを徹底追及

塩澤　「週刊新潮」は出版社系週刊誌の魁《さきがけ》で、創刊されてから37年になりますね。山田さんはその三代目ですが、編集長になられて何年になりますか。

山田　この1月で11年目です。でもねえ、外国にはもっと長い例がけっこうありますよ。

塩澤　二代目の野平健一さんは長に在職18年でしたか。日本の週刊誌編集長では、最長不倒記録でした。週刊誌の長は、3年が限度説もありますが……（笑）。

山田　じゃあ、僕は3倍、4倍もガタがきている（笑）。

塩澤　確か、創刊と同時に入られたのですね。

山田　ええ。記者として、編集取材をやっていました。この時、コメントだけで構成する特集スタイルをつくった。新聞記者のように取材したものを自分でまとめると、ロクなものはできない。イメージを先につくってしまい、ものごとを見ていないのですね。で、記者に思う存分に取材させ、その談話だけをつないで全体を構成する、NHKの録音構成に似たものです。

塩澤　アンカーとして参加されていた、井上光晴氏が名づけた〝藪の中スタイル〟ですか。芥川龍之介の「藪の中」にあやかった、三者三様の取材コメントをアンカーが忠実につなぐ手法ですね。

山田　井上さんの考えに呼応してコンビを組んだわけです。事件にしても徹底的に追い込んでいったとき、最後に証拠はということになる。だが、解決もついていない時点で犯人像はつかめない。その場合、両極の意見を並列してしまい、あんまり結論は急がない。その結果、中間の人間の生臭さとか、いろんなものが現われてきて、これがむしろ小説より面白くなる——。

塩澤　〝事実は小説より奇なり〟を地で行くわけですか。井上氏は「世の中には、殺したといいながら殺してなかったり、殺さないというが実は殺していたり、いろいろな人がいる。そんな人たちの、筋の通らない発言をへたに解説すると、必ずまちがう。だから、私はナマの声をなるべく正確に伝えるためにコメント中心主義をとった」と述べていましたね。

山田　そのつみ重ねがいまみたいなスタイルになったわけです。

塩澤　かなりハードな取材ですから、クレームはつくでしょう。

山田　簡単に告訴をやる時代ですから、訴えはどこからもきますよ。訴えても減りはしないですから。だいたい、戦いますね。

塩澤　「週刊新潮」は常時３００件の訴訟を抱えている（笑）という伝説がありましたが……。

山田　（笑）いや、５、６件……もう少しありますかね。やる以上は相当に研究して自信をもって戦いますよ。

塩澤　かつて（昭和48年7月8日号）に特集した、自民党総裁選で、巨額の現金が乱れ飛んだ記事では、名ざしで書かれた派閥の領袖は、「天地神明に誓って事実無根だ、名誉毀損で断固、告訴する！」と憤ったことがありましたね。知りえて当然の代議士のコメントまであって、絶対に負ける戦いではなかったが……。

山田　一部を匿名にしたが、中川氏のコメントでした。が、中川代議士が中曽根氏に新聞でワビ状を出してしまい、流れが変わってしまったのです。

塩澤　特集の翌週号に、野平編集長が、取材から記事掲載までの経過を載せ、あわせて『編集報告』を発表して、立場を明確にしていました。その編集姿勢に感動したものです。

政治家の取材に気負いなどない

山田　訴えは受けても、民事裁判ではどういうわけかいちどとして起訴されたことはない。検察庁は、われわれの言い分を聞いて最後は和解をすすめますね。これは特捜部検事が判決文を書くことを回避するために、和解にもっていくらしい。その場合、相手の弁護士にいくらかの車代を出してやってほしいというが、こちらは5万円程度と思っているのに、20万円ぐらいと言うのです。僕らはそのほうが不満ですよ（笑）。書かれる側と書く側には表現の問題もありますね。たとえば「バカヤロー」というのは措辞の場合はよくない。相手方を必要以上に傷つけてしまうから……。憲法では言論の自由を謳っているが、その言論の自由というヤツをあまり大袈裟に考えないほうがいい。

塩澤　あるベテラン記者の話では時間をかけて徹底的に取材すれば、かなり踏み込んだことを書いても抗議はないと言っていましたが……。

山田　その場合「このことを書いたら傷つくな……そこを書いて傷つける必要があるのか……」と、相手の立場を見てやる。一般論ではなく、ケース・バイ・ケースで考える。ただ、懸命に取材すると、相手の発想がわかってきますからね。

塩澤　今日までに数々のスクープをものにしていますが、政治家――権力を握った者に特にきびしい姿勢をとっているようですが……。

山田　政治家だといって、取材に気負いはありませんよ。今週（10月8日号）でも特集でやっていますが、（注・『「金丸」と「小沢」も割れた「検察」も割れたという流言』『竹下元首相が右翼を怖れたアンタッチャブル「三つ」』）あれでわかることは、検察がおかしくなっている。三権分立というが、裁判と国会の動きをみると、検察は独立していず、分立はないのではないかと思えてくる。

塩澤　検事を辞めたヤメ検が、弁護士についたりして情緒的もたれ合いが跋扈《ばっこ》しているようですね。

山田　法務大臣は派閥の人選ですしね。かつて大阪地検の岸本検事長が退任後、立候補して大選挙違反を起こし、摘発されたとき、橋本龍太郎さんの叔父の橋本さんの「ギロチンそっくりだな」の談話を載せたことがありました。岸本氏は「俺をギロチンとはなんだ！」と怒りましてね（笑）。フランス革命の時の断頭台は、ギロチンという人が発明したもので、彼は自らのつくったギロチンで死刑になったのにひっかけたのです。その時、橋本氏は「俺が言ったから」と毅然として言ったところ、岸本氏は「先輩だから」と怒りをおさめました。僕は10年弁護士をした者が、判事になるといった、いまと逆の構造をつくったほうがいいと思いますね。戦後、GHQがさわりかかった時、司法関係者がゴマ化した報いがいまのイビツになってきている。検事を買収したわけではないが、以心伝心となってしまう。

塩澤　丹念な取材をつづけるためには、相当な特集班が必要でしょう。

山田　編集全部で50人――それをグラビア、テンポ、特集の3班に分け、特集班は25人でとり組んでいます。

塩澤　毎号あれだけ読み応えのある特集を組むためには相当なベテランを配置しているように見えますが……。

山田　特集班の年配は、うんと若いですよ。平均30歳ちょっと上が中心。その若さからくるケアレス・ミスはしょっちゅうある。で、50歳代のデスクが目を光らせているし、うちは校閲がしっかりしていますから、表現から事実関係のおかしい点は、きびしくチェックしています。

既成概念を打ち破る〝言論の自由〟

塩澤　いまや伝説となっていますが、編集の基本姿勢を金銭欲・色欲・権力欲——人間の本性から目を離さない週刊誌づくりにおいたそうですが……。

山田　創刊当時は、いろいろと欲などインパクトがありましたが、いまそれだけではない。そりゃあ世に名を成す人間は名誉欲、金銭欲が強く、多少の普遍性はありますよ。だが、現代はそれだけではつかまえ難い。ここのところ、混沌としてきていて、敗戦直後の瓦礫の時代と同じようになっているでしょう。あの当時は食べられなかったが、いま食べられるというその違いだけだ。物がありすぎることは無いと同じ——貨幣の表と裏ですよ。闇市時代は、哲学も思想もなかった。現代も何もかも行き詰まってしまい、戦後のあの時期と同じに考えられます。

塩澤　たいへん面白い指摘ですね。「週刊新潮」は創刊以来、新聞の逆手に出るハードな取材で、反権力・反骨ジャーナリズムをつらぬいているようですが……。

山田　権力があるから、藪から棒に取材をかけるのではなく、多少偽善めいたものを発見した時書くわけでしてね。多少、暗いといわれるが、相手にして不足のないことをやっている。

塩澤　その偽善者を斬って、結びの数行で読者のカタルシスをはたしていますね（笑）。

山田　さんざん相手を書いてきて、自分の足もとをみる……。特別のことを言っているわけではなく、読む人を多少は考えさせたい。

塩澤　マスコミの世界には、同業者を叩かない不文律のようなものや、少年犯罪者の名前は伏せるといったタブーがありました。しかし、「週刊新潮」は時と場合によって、敢然とその暗黙の掟を破ってきましたが……。
山田　凶悪犯罪を犯した少年の名前を出したことはあります。批判は当然ありました。一橋大学の植松正教授は「一つの見識だ」と述べてくれました。社会党や日弁連など、かたくなに少年の名前を出すべきではないと言っていますが、いい加減に少年法を改正し18歳未満にしてくれないとおかしいですよ。女高生殺しの少年を家裁に送ってもなんにもならないでしょう。
塩澤　大新聞にも真っ先に挑みましたね。
山田「朝日ジャーナル」の「アカイ・アカイ・アサヒ・アサヒ」の時とか、ベトナム戦争の報道のあり方、中国の文化大革命の時にさんざんやりました。ベトナム戦争の例では「ベトナム解放！」と書いている朝日の記者が、米軍のヘリコプターで脱出していましてね。米軍の援護のもとで取材活動をやりながら、北ベトナム側に有利なことを書いていた……。普通の感覚から言って、これでは通じないでしょう。
塩澤　解放軍がハノイに入ってきたんだから、ふみとどまるのが当然だ……（笑）。出版社系週刊誌の魁として、独創的な誌面づくりを次々手がけていますね。一例をあげれば、いま各誌でやっている「ワイド特集」など……。
山田　あれは最初オムニバスといっていた。中宮寺門跡の駆け落ち事件とか、モデルの交通事故といった女の問題を、当事者に会って全部コメントで構成したものです。他の文はリードの事件の概要だけ、何回かつづけるうちに、オムニバスでは対応できなくて、ワイドになった。
塩澤　共通の分母を持った話題を10数本も集めると、読み応えが出ますね。
山田　うちの週刊誌は、60年安保前のあの頃からエンジンがかかってきました。創刊からの一年間は、恥ずかしいかぎりです（笑）。たとえばフルシチョフのスターリン批判も載せていない……。60年安保といえば、あの寸前、全学連の唐牛委員長とか共産党の宮本顕治氏に会って談話をとりました。宮本氏は全然、会わない人だが、やっと会えた。しかし談話を見せてくれと言われ「歴史の皮肉な弁証法」か「皮肉な歴史の弁証法」――この言葉で長時間考え込みました。自ら言った言葉を、妥協せずに直していた。

塩澤　宮本顕治氏といえば、日共のナンバー2の地位を追われた袴田里見の独占手記は山田さんの大スクープでしたね。宗教関係も、得意のターゲットですか。

山田　「宗教法人から税金をとれ」と主張しているのですが、宗教とか医師問題は、国会はとりあげませんね。

塩澤　票田であったり、金蔓《かねづる》だからでしょう。政界はこのところ、おかしいことだらけで……。

山田　いまの金のかかる選挙では、立つ人はいなくなり、二世ばかりが出てくるでしょう。国会に立候補する人には厳しい試験を課するとかしないと……。

塩澤　そんなことをしたら二世は全滅する(笑)。

山田　最近はっきりしてきたことは、永田町は別社会になってしまったことです。向こうからこちらを見たら、モヤにつつまれた新宿の副都心のように個々の人間は目に入らないのではないですか。

塩澤　金丸問題にしても、別社会の常識で動いているとしか考えられない。

山田　永田町の論理では、「金はもらった、勘弁してくれ」ですむ。宮沢首相のゴミ処理場の視察など、太平洋戦下での、東条首相のゴミ箱あさりと同じことですよ。とにかく、自民党の竹下派は昔の関東軍みたいなものだ。統帥権も犯し、検察も動くと思っている。彼らは庶民とは関係のない動きをしているわけで、その横暴さは普通ではありません。

塩澤　10月8日号から、新企画のカラーグラビアも登場する。出版系週刊誌の魁の面目をかけて、腐敗した権力側への筆誅を期待しています。

誌面大刷新で71年目の勝負
「サンデー毎日」編集長 福永平和

1993.2

週刊誌は2、3日が勝負です

塩澤　新聞から週刊誌へ、いつ移られましたか。

福永　平成4年2月からです。その前は、新聞の題字から紙面改革を含めて研究をすすめていた「MAP運動」の事務局委員を11カ月やっていました。編集委員も兼任でしたが……。

塩澤　同じジャーナリズムでも、新聞と雑誌では、移られてずいぶん戸惑いがあったでしょう。

福永　社会部に18年いました。出版ははじめてでしたから、新聞からみて、まるで違いましたね。

塩澤　いちばんの違いはどんなところ……。

福永　新聞ではキャップ、デスクも経験していますが、事件が起きれば、まず紙面展開を考える。一面から社会面へ、こういう項目を立てようと、パッと思い浮かぶ。週刊誌は、それをこっちへおいといて、そのあと何をするか。切り口を考えなければならない。そのあたりの発想の差がありますね。

塩澤　新聞は、事件をストレートに伝えることが、まず第一。週刊誌はその事件のどの部分を切っていくか。その切り口、ひねりによって記事に差が出てきますからね。

福永　それと、売れないとどうしようもない。

新聞記者時代には、売れ行きなど考えたこともなく、スタンドものぞいたことはなかった。しかし、いまはいつも見ています（笑）。

塩澤　週刊誌は、2、3日の勝負ですから、その点はきびしい（笑）。

福永　新聞だって読者に読まれないとダメです。1年間「毎日新聞」のコンセプトをどうするかで、かなり議論を重ね、それなりのことはやってきました。その紙面づくりの方法が、週刊誌に適用できる部分がかなりありますからね。

塩澤　なるほど、自らつくっている刊行物を客観的に見てきたわけで、生かせる部分が大いにあった……。

福永　しかし、今週はいい出来だと思った号が意外にダメで、心配だったものがよかったりして……。売るということは、なかなか難しいですね（笑）。

塩澤　私も、10年ほど週刊誌の編集長をしていましたから、そのあたりは身にしみてわかりますよ。

福永　私が思うのは、新聞社系の週刊誌は読者にそれなりの見方をされている。記事の信憑性を意識して買われているようです。

塩澤　ま、出版社系の一部には、売らん哉主義が旺盛で、羊頭を懸けて狗肉を売るものがないとはいえませんが……。

福永　新聞社系は、そのへんのところを、反映させる誌面づくりをやっていると思います。今回の佐川、金丸問題も、かなり危険なスクープをやっています。それをやらないと、新聞社系のニュース性のある週刊誌の働きができないですから。

塩澤　当然、新聞で鍛えあげられた腕ききの記者たちが活躍している？

福永　半分以上が新聞記者上がりで、事件関係で訓練もされており、蓄積もあります。しかし、新聞のようにストレートにやっていては、週刊誌ではダメですね。スジ追いではなく、切り口を考えないと……。

塩澤　事件があれば、鋭敏な猟犬のような動きをする（笑）。しかし、いつも大事件が起きているわけではないですしね。

福永　……事件のないときはどうするか。新聞社系の難しさでしょうね。出版社系とちがい、芸能系には弱い。芸能を取りあげたくないと思っているわけではないが、情報は集まりにくく、興味をひくものが向こうからやってきませんしね。

塩澤　出版社系には、長年の蓄積とネットワークがありますからね。

目次から記事中まで全部変えた

塩澤　雑誌は編集長が変わると、自ずから変わってくるものですが、最近、誌面がかなり変わってきていますね。

福永　11月（平成4年）初めから改革しはじめました。今風のビジュアル化ですか。新聞も変えましたが、今度は週刊誌で、レイアウトからタイトルまで、かなり変えています。誌面全体が黒っぽかったので、目次から記事中でも、タイトルのベタ白ヌキは、1～2本程度にしました。一挙には変えられないが、徐々にこう……。

塩澤　（目次を見て）なるほど、たいへんスッキリしましたね。目次の囲みの中の『今週のことば』、去年の12月6日号では長嶋茂雄の『今は持ち合わせがなくて……』の狙いは……。

福永　中吊りの見出しの感じを狙いましてね。ここを見て「何の話だろうな?」と気にして、買ってもらおうと……。

塩澤　購買にむすびつけるためのＡＩＤＡの法則のアテンション――注意の喚起ですか（笑）。表紙とか目次は、その最重要の部分ですね。「サンデー毎日」の呼びものといえば、『東大合格者発表』がありますね。

福永　あの号はズバ抜けて売れ、人気も定着していて、本誌の決め玉です。一時は、「週刊朝日」「週刊読売」も加わったこともあります。

塩澤　いつから始められたのですか。

福永　昭和39年からで、最初は高校別東大ランキングだったのを、昭和51年から全氏名掲載に踏みきりました。62年からA・B日程方式採用でダブル受験となり、大学号は二つに分かれている。

塩澤　東大前期合格者発表とほぼ同時に、2200余名の全員の名前を割り出して、掲載するわけですから、大変な取材力が必要ですね。

福永　1年がかりの専任デスク、アルバイトも常時2人います。最盛期の2月からはアルバイトも80以上に膨れ上がる……。

塩澤　80以上！　大変な努力だ。

福永　膨大な労力と経費をかけても、続けているのは〝需要〟があるからです。需要があるとすれば、それに応えるのが週刊誌の役割でしょう。

塩澤　短日時に全氏名を割り出すには、蓄積されたノウハウもありましょう。

福永　情勢をいかに正確に迅速に伝えるか、と同時に、それなりのスクープをやらないとダメです。毎年、どのように多面的に加工し、新しい価値をつけていくかを研究しています。

塩澤　スクープといえば、宇野内閣を倒した愛人三本指問題……鳥越編集長時代でしたか、見事でしたね（笑）。

福永　あれほどの大砲を一発やると、その号はむろんのこと、伸びますねぇ。

塩澤　あれは女性からのタレ込みでしたか。

福永　その部分も一部にはありましたが、新聞社系週刊誌には、全体的には制約がありましてね。ただ面白いからやればいいというものではない。記事に対する読者の信頼性に応え、やっぱり家へもって帰って、奥さんや家族に部屋で読まれる週刊誌でないと……。

塩澤　週刊誌のなかには、電車の網棚や駅のゴミ箱へポイされるのも少なくない。あれはつくる者にとって、空しいですねぇ。

福永　そのシフトのなかで、女性が興味のもてる記事もやらなければならない。新連載で嶌信彦さんの『国際情勢解読塾』はその一つ。家が近所で話す機会もあり、女性向き記事として、やっていただくことになった。

塩澤　新連載の皆川博子さん、群ようこさんなど、女性向きですね。「朝日ジャーナル」の呼びもの本多勝一さんの『貧困なる精神』も、同誌休刊後、こちらへ移っている。

福永　私は「ジャーナル」をずっと読んでいて、本多さんからも話があり、連載をひきつぎました。彼の意見に同意する、しないは別として、こういう意見、見方もあるからと。本多ファンは多いですから、読者はジャーナルからこちらへ参入したでしょう。「本多連載がつづくかぎり、サンデーをとりましょう」という読者もいます。

塩澤　本多さんとは同郷でしてね。鋭い視点と、妥協を排した筆鋒の方ですね。

スタッフは一騎当千のツワモノ

塩澤　新聞社系は、政治経済といった硬派記事に長い伝統がありますが……。

福永　生ネタがあったら、それなりの扱いはします。先に、奇手妙手でリアクションを覚悟で、架空の金丸審問をやりました。

塩澤　架空審問ですか。

福永　ええ。週刊誌はそれぐらいのことをやらないとマズイ。一般の国民感情のちょっと先を行って、（当面の政治問題の）材料を提供する役割があると思います。

塩澤　不況のカゲが強いですが、経済面では……。

福永　ライフ・スタイルも含めて、そのなかでどういう知恵を出していけばいいかを、毎週やっています。『平成大研究　医・食・遊』を新連載ではじめていますが、これは健康をキーワードとする記事です。

塩澤　『ウソのような本当の痩身術』『突然死10人に1人時代の自衛策』ね。新連載が7、8本、レギュラーものを含めて、定期ものがかなりの数にのぼりますね。編集部の編成はどのようになっていますか。
福永　うちは変則的になっていて、特集記事を取材、執筆しながら、一方で外注ものの編集者も務めていますから、前任編集者が言っているように人手不足です。兵隊が30人ぐらいで、そのうち編集委員クラスが10人。実際の兵隊は20人──うち半分が社員です。
塩澤　全部で30人！　大手出版社系週刊誌の陣容の半分ですね。そりゃ大変だなァ。前任の牧太郎編集長が、40代半ばで脳卒中で倒れた理由も、オーバーワークにあったのかな。彼の『『編集長日記』東京・竹橋発午前一時の深夜便」に、倒れる三週間ほど前に、こんなことが書いてありましたね。
「編集部員の『数』についてである。ここ10年の間に部員の数は、3分の2に激減している。当方が編集長になってからも、ギリギリの合理化を進めているが、ここへ来て『新聞革命』の毎日新聞本紙に、見返りなしに、ベテラン部員を配転した。もう限界という状況である」云々と……。
そして、大手出版社の友人に陣容を聞かれて、正直に答えたら、「本当なら、奇跡。よくまァ、そんなに少人数で！」と、絶句されたとか。その後につづく言葉が、牧さんの前途を予言しているようですね。「人員削減が、取り返しのつかないミスを犯すことになりかねない」と。
福永　人員は少なくても、各記者は取材力があります。ヨーイ・ドンでやればきっと勝てますね。残念ながら、週かけてやる体制は、なかなかつくれない。が、その中でよくやっています。いまにして、新聞は潤沢だったなァ（笑）と思いますよ。
塩澤　記者の平均年齢はどのあたり……。
福永　兵隊は30歳半ばぐらいかな。
塩澤　読者の平均年齢と同じくらいですか。
福永　30代半ばから40代というところでしょう。男性7に対し女性3。都会型ですね。「サンデー」としては、もっと都会の女性と若い層に読まれることを目ざしていて、表紙も誌面も、そこを意識して変えつつあります。
塩澤　外部や、社内の広告部からの掣肘《せいちゅう》はどうですか。
福永　あんまりないですね。広告の意見は聞かないことはない。新聞より拒絶反応はないでしょう。しかし、やれる部分とやれない部分がありますからね。広告も一種の情報ですから、広告連動のカラーグラビアの頁を増やしていきたいところですね。
塩澤　記事をめぐる告訴沙汰は、どの程度抱えていますか。
福永　5、6件ですか。私が編集長になってから二つあります。一つは他誌もやられているもので、中吊りの見出しが誤解を与えたという……。
塩澤　前任の鳥越さん、牧さんともに担当編集長としてのカラーを出していました。福永色は、どのように出しますか。
福永　難しい問題ですね……。問題が起きたとき、キッチリ対応して、記事の展開を図っていくとともに、連載ものを含めて、読み応えのある週刊誌としたい。うちは、それぞれの特集記事は、署名入りで書いていますから、書いた人の持ち味が出ています。特集には目を通しますが、よっぽどでないと注文をつけたりはしない。各デスクにまかせていますね。
塩澤　全国紙がバックにあるわけですが、連携プレイはどのようにして？
福永　あんまりない。いま、新聞の夕刊は週刊誌化しているので、新聞からなるべく離れようとしています。むろん、新聞社の財産であるネット・ワークと蓄積は利用しますよ。だが、切り口は新聞と離れないとだめですからね。
塩澤　各メディアがクロスオーバーしている時代ですから、そんな中で特色ある誌面づくりはますます難しくなっていますね。「サンデー毎日」は、「週刊朝日」とともに、日本における週刊誌のさきがけ。創刊七十年ですね。さらなる躍進を祈ります。

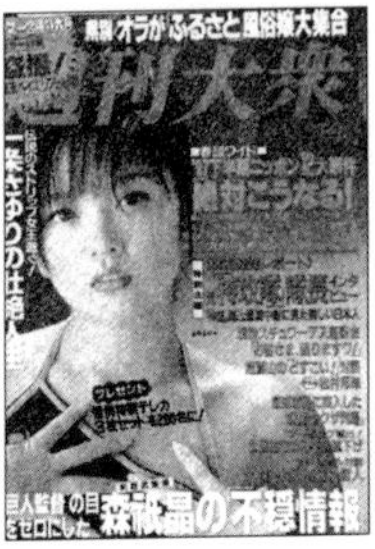

演歌の心で週刊誌づくり
「週刊大衆」

編集長
是永 徹

1993.3

関西の発想が誌面に生きる

塩澤　このところ「週刊大衆」の売れ行きがいいですね。是永編集長になってからだが、長になって何年目?

是永　62年5月からですから、5年目ですか。

塩澤　週刊誌の長になる前の足どりは。

是永　43年に双葉社に入社して、すぐ「週刊大衆」に配属されました。途中で大阪支社に行き、七年半、大阪にいました。

塩澤　7年半も!

是永　20歳代の後半から、30歳代前半にかけてですが、これが編集長としての私に大きな影響をもたらしました。

塩澤　どのような点で……。

是永　関西は関東と価値感がちがいます。私は、大阪で藤本義一先生をはじめ、多くの書き手や同業者との交際《つきあい》を通じて、関西の発想法というのですか、関西風のものの見方、考え方が身についたと思います。

塩澤　なるほど、〝関西風〟ねぇ。

是永　もともと、私は九州出身ですから、大阪には違和感はなく、すんなりとけこめました。大学は早稲田でしたから東京からものを見ることも、ある程度できますが、いちばん大事な時に、二番目の街から日本を見ることができたんです。

塩澤　複眼思考とでもいうのかなぁ。価値観多様の時代に、実戦を通じて叩き込まれたその発想法は、価値がある(笑)。他にプラスだったことは？

是永　原稿を毎週、航空便で送っていましたから、締切りは厳守しなければいけません。飛行機は原稿の遅れを待ってくれませんから（笑）。それで、遅れないために、原稿書きの段取りをつけ、その時間の制約の中で仕事をしました。その習性が大きなプラスになっています。

塩澤　マイナス面では？

是永　大阪で結婚をしていますし……（笑）、ないと思いますね。経済活動の活発なところで、いろんな人と知り合い、ヤクザを含めて裏の社会の人との交際も願いました。ジャーナリズムの仕事の上で、表裏を通じて知ったことは、発想、行動パターンの上に生かされていると思いますね。

塩澤　ジャーナリストは、ホワイトもブラックも重要な情報源です。どちらにも通じることは、プラスでしょうね。

是永　大阪支社時代は「フリーでやっているみたいだ」と言われたほどです。自分で自分を律していかないと、誰も叱ったり、注意をしてくれませんから……。

塩澤　若い頃をちょっと知っているが、いつもニコニコした、ボンボンだったよね（笑）。それが浪華の水を飲んで、たくましくなったわけだ！

是永　……（笑）。

塩澤　大阪で骨格をつくって、本社へ戻りデスクを経て編集長になったわけだが、ちょっと低迷が長かったから、大変だったよね。

是永　「週刊ポスト」「週刊現代」と発売日が同じ月曜日でして、どうしても、それらの週刊誌が気になってしまう。歴代の長、編集部全体に、オーソドックスな編集に対するあこがれのようなものがありました。

塩澤　その気持ちは痛いほどわかるなぁ。格好よく編集して、売ってみたいもんね。

是永　（苦笑）。いま考えてみると、「ポスト」や「現代」と、同じような雑誌づくりをしていて勝てるわけがない。1年やって、それがわかりました。部数が伸びないのですね。

塩澤　お説の通りだ（笑）。

開き直って路線変更をした

塩澤　先行誌と同じ編集コンセプトだったら、厖大な編集費をかけ、スクープを連発しないことには、追い抜き、追い越すことはとうてい不可能だ。で、一年後に、どのようにしたの。

是永　その頃、先輩や他社の方々に、どうしたらいいか聞いてみたものです。すると、「何をやりたいのか」と聞かれました……。よく考えてみると、何をやりたいのか……。自分自身でふわっとしたイメージしか思いうかばないのです。

塩澤　「天は自ら助くるものを助く」というから、まず、自らの方針がないと駄目かも知れない。

是永　私はここで「週刊大衆」という〝商品〟を売るには、どうすべきかを考えました。編集会議で、その時、「君たちはジャーナリストでもいい。だが、僕はこれから、セールスマンに徹して、売れる本づくりを目ざす」と宣言をしました。

塩澤　関西で鍛えられた根性が出ましたね。そういう言葉は、なかなか言えないものですよね。よくぞ決断した。

是永　雲の上の話ですが、「これ以上不振つづきだったら……」云々を洩れ聞き、開き直ったこともあります。

塩澤　いちかばちかの勝負は、背水の陣をひいた時にこそ、できます。

是永　そう心に決めて、それまでの気取った連載ものは一切、カットしてしまいました。表紙の左上片端に、ハダカを入れ、日本一の広域暴力団の山口組の記事を毎週入《こ》れる。照れないで、若くてきれいな、可愛い女性のヌードを入れていく。「可愛いくてきれいな女性だったら、毎週同じポーズでもいい」と、僕は命じたものです。
塩澤　編集する側が照れたり、屈折していたら、読者をひきつける本づくりはできませんね。その徹底した言動、よくわかる。
是永　諸先輩から、「編集コンセプトとして読者の半歩先を行け」と教えられていましたが、僕はこの時から、「半歩下がる」というセールスマンの発想に切りかえました。「こういうものをつくりましたが、買っていただけますか」の控え目の姿勢ですね。
塩澤　半歩下がる……ねぇ。面白い考えだなぁ。
是永　そして、タイトルで読者を啓蒙するとか、記事で戒める。説教をするといった編集の原則を、一切捨てました。柄ではないですからね（笑）。
塩澤　……（笑）。
是永　それから、ヌードは毎週載せますが、汚ないヌードは、読者をバカにしていることですから、絶対にやめる。読者に横着でないと思われる、きれいなものにしました。
塩澤　なるほど。ヌードはとにかく、毎週山口組のオンパレードをやっているが、空気にも爪をたててイチャモンをつける渡世の彼らには、神経を使うだろうなぁ。
是永　ええ、それはもう。彼らの取材で学んだことは、彼らは「書いて欲しくない。書かれて得になることは一つもない。それを勝手に書く――そして間違えた。どうしてくれる！」という論法です。そのあたりを波だてないために、ジャーナリズムのもつ威丈高さとか、高いところから見下げて書くといったことをなくしました。
塩澤　とは言っても、彼らは反社会集団であり、彼らの渡世をホメることはできない……。
是永　むろんそうですが、叩きの記事などは、ヤクザにかぎらず、手控えています。
塩澤　手控える？
是永　有名人に対しても、ひねったり、からかったりする、ケナシのためのケナシ記事は、ゆえない敵をつくることにもなりかねない。彼らの人脈、交遊、学閥などをふくめると、たいへん広いですから、下手に怒らせると、みんなを敵に回すことにもなりかねないでしょう。

塩澤　それはそうだが、読者は有名人のスキャンダルを、マスコミに叩いてもらい、カタルシスを味わいたい願望もある。

是永　もちろんです。ですが、スキャンダルのためのスキャンダル企画ではなく、別の角度、切り口でいこうとしています。

超有名人には噛みつく！

塩澤　金丸の5億円。暴力団に右翼封じをたのんだ竹下のホメ殺し事件など、昨今の政界がらみのスキャンダルは、どうしてるの？

是永　これはバッチリやらせていただきます。どこから叩かれても揺るがない超大物、竹下、金丸、小沢、中曽根など、政界、財界のボスは、徹底して叩いていく。飲み会や談議でどんなに批判されようと、彼らの地位は揺らぐものではありません。読者はそれを読んで溜飲を下げ、カタルシスの役割をはたせてくれれば、満足です。

塩澤　かつて総裁選にからみ、田中角栄から大金をもらったとスッパ抜かれた大物が、「天地神明に誓って事実無根だ」と「週刊新潮」を訴えたケースがあった。彼らは、真っ黒けの黒でも、天地神明に誓うとか言う破廉恥漢だが、もし、訴えられたら？

是永　けっこうです。超大物と同じ土俵で戦えるなら。そう励ましあって、やっています。天下の大物さんよ、どうぞ覚悟の程を！（爆笑）。

塩澤　関西的は発想は、したたかなだな（笑）。売れ行きに比例して記事の売り込みやら、モミ消しやら、クレームは多くなったろうね。

是永　売り込み、怪文書のたぐいはすごくふえています。電話からＦＡＸ、刷り物などですが、基本的にコピーなどは見ません。どこへでも売り込んでいるわけですから。記事への手加減、事前に見せてほしいといった申し込みも多いですね。

広告部を通して……。ケース・バイ・ケースで処理はしていますが……。

塩澤　読者層はどのあたりですか。

是永　うちのキャッチフレーズが〝お父さんのアイドル誌〟ですから、若者は狙わずに40から50代中心に本づくりをしています。

塩澤「週刊大衆」の第一次好調期は、阿佐田哲也の『麻雀放浪記』、川上宗薫の一連のお色気もの。そして充実した連載読み物や、特集でした。麻雀がサラリーマンの遊びとして認知された時代と、歩みを共にしていますね。もう、あの時代からホワイトとブルーの境界はかなりぼやけているようだ。

是永　先輩にそれを聞いて、心強く思います。

塩澤　いま、編成はどうなっていますか。

是永　長の下に副が2人。その下に特集、グラビア、定期ものの三つに分かれ、特集は4人1組で4班に分かれています。社員が25人、外部のフリー記者20人といったところです。

塩澤　年齢は。

是永　社員は平均で40代前半です。取材のフリーも30代半ばと、やや高いでしょう。でも、〝お父さんのアイドル誌〟ですからね（爆笑）。

塩澤　ちがいない！（笑）。ところで、目次を見ると、安藤昇の『男の生き方』原作劇画の『ブヤ』、梅宮辰夫、村田英雄のエッセイ。それから、大下英治の『艶歌よふたたび』、成田アキラのカラー・マンガ『ニッポンおんな巡り』……と、〝東映・演歌路線〟といったところだな。

是永〝東映・演歌路線〟ですか？　考えればそうですね（笑）。演歌といえば、この間、美川憲一の対談のゲストに、田端義夫さんを招きました。たまたま、僕も顔を出したんですが、その時、美川憲一が「先生、これからどんな歌にチャレンジをされますか」と聞いたんですね。すると田端さんは、「僕は十年一日の如くやってきた。メロディーの傾向もキーもかえず、歌い方もデビュー当時そのままできた〝十年一日歌手〟だ」と言うのですね。そして、演歌が凋落してしまったのも、詞だのリズムなどをあれこれ変え、変に若者に迎合しようとしたからだ、といった意味のことを言いました。

塩澤　十年一日の如く……か。それは演歌一筋歌手の立派な哲学だね。バタやんにして言える言葉だ。演歌は、楽曲からみれば、いくらでも批判も、貶すこともできる。しかし、古賀メロディーをはじめとする演歌が、かくも長く大衆の心をとらえ、日本人の心情にフィットしている点を決して忘れてはいけないいな。ともかく大衆を侮ったらいけない。それこそ見事なしっぺ返しを喰らうからね。

是永　……僕は、田端さんのその言葉を聞いて、よし！「週刊大衆」も十年一日の如く行くぞ、と心に決めました。

塩澤　いちどつかんだ編集コンセプトは、大切にしなければなりませんね。開き直りというが、部数が目に見えて上がり、固定読者がしっかりついたのも、「週刊大衆」に他誌にない特色、面白さが誌面に横溢してきたからです。読者は正直ですからね。

是永　おっしゃるとおりだと思います。僕が平成元年の3月、表紙から連載、レイアウトに至るまで、誌面の大刷新をしたとたん、憂慮されていた返品率は目に見えて好転し、10パーセント台が、連続して出てきました。

塩澤　多くの雑誌は、30パーセント、40パーセントの返品率で四苦八苦している。格好をつけているから、好転のきざしをつかめない。休廃刊が雑誌の死としたら、そうなる前に死んだつもりで、誌面大刷新をすれば、生きのこりの道もひらけるだろう。勝てば官軍だ。

是永　僕も、どん底だから、やれたと思うんです。

塩澤　その心やよし！〝演歌の心の雑誌づくり〟、勇気をもってすすめなさい。……実は、僕は演歌が好きでねえ（爆笑）。

若い女性層にモテる内容を「週刊朝日」

編集長 穴吹史士

1993.4

"伝統"という重さの苦しみ

塩澤　編集長に就任されたのは、いつでしたか。

穴吹　昨年六6月ですから、まだ8カ月です。その前は「AERA」の副編集長をやっていましてね。私は、新聞と雑誌の間を、いったりきたりしています（笑）。

塩澤　そうですか。出発点は新聞でしょう。

穴吹　佐賀支局をふり出しに、福岡総局を経て、「週刊朝日」に10年。「アサヒグラフ」にちょっといて、それから、東京の社会部に2年。また「週刊朝日」にもどって、「AERA」というところです。

塩澤　お聞きすると、雑誌畑のほうが長いですね。

穴吹　そうですね。入社して24年目になりますが、そのうち新聞は10年ですから……。

塩澤　じゃあ、雑誌づくりの大ベテランですな（笑）。

穴吹　大ベテラン（笑）といっても、読者層は時代とともに変わり、雑誌に対する社会の見方が変わってきていますから、昔の方法論では通用しません。経験があるから、すぐれているとは言えないですよ。

塩澤　たしかに、編集者は〝時価〟のようなところがあって、経験の長さでは推し測れないですね。

穴吹　……。

塩澤　新聞社系の週刊誌は歴史は古く、それなりの雑誌をつくってきていますが、最近は出版社系の進出に、やや押され気味で……。

穴吹　出版社系では、「週刊文春」が突出しているだけで、ほかの総合週刊誌は、似たりよったりではないですか。読者は30歳代から50歳代のサラリーマンで、電車の行き帰りに読んでいるといった……。

塩澤　新聞社系はその点？

穴吹　小、中学生から、80、90歳まで読んでいます。つい先日も、89歳の方が「『旬刊朝日』時代から、ずーっと読んでいたが、最近は記事が多く、若い人向きになってしまい、ついて行けない。こういう老戦友も忘れないでほしい」という投書がありました（笑）。

塩澤　旬刊からの読書だったら、大正11年の創刊あたりからだ！

穴吹　その方の中学生頃からでしょう。その老戦友と、いまの若い人との共有は難しいですよ。

塩澤　たしかにそうですね。それに「朝日新聞」というノレンがバックでは、ただ売らんかなの雑誌はつくれないし……。

穴吹　うちの雑誌は、ヌード誌のように電車の網棚に捨てられないで、家庭へ持って帰り、おじいちゃんやおばあちゃん、奥さん、子供にも読まれるゼネラルな、幅の広い読者層があります。それが逆に、足をひっぱっているといえます。

塩澤　ただ売るために、つっ走ることはできないわけだ……。

穴吹　限られた頁で、全員が満足する雑誌はつくれない。40～50代の読者をムゲにはできない。かと言って、その人たちを大切にすると若い人がそっぽを向く。それがジレンマですね。

塩澤　昭和30年前後に、１５０万部も出ていた時代がありましたが……。

穴吹　あの頃の読者の関心は、今のように多様化していなかった。年代によるへだたりがなかった。今は、年齢、地域、学歴などによって、それぞれちがい、読者は一枚岩ではないから、存在しないターゲットに向かってつくっている感じで、そこが苦しいところです。

オーソドックスな取材姿勢

塩澤　表紙は篠山紀信さんで、女優とか女子大生をモデルに、スッキリした感じを打ち出していますね。

穴吹　篠山さんは12年間一貫してやっていただいています。彼を越えられるカメラマンは、いまのところいませんから……。

塩澤　穴吹さんになって、かなり女性層を意識した誌面になりましたねぇ。

穴吹　うちは男でも女でも、同じように読める雑誌でした。それが、「週刊文春」に女性読者をとられたようなので（笑）、昔のお得意様をとりこむための、女性層へのアプローチを試みています。

塩澤　〝女性よ今日は、おじさんよさようなら〟ですか（笑）。

穴吹　「朝日新聞」は、女性記者が他紙に較べて圧倒的に多いんです。うちの誌にも、今4名いますが、もっと増えていくでしょう。

塩澤　女性向きの誌面は容易にできるというわけですね。今、どのような編成でやっていますか。

穴吹　私を含め34人が編集部員で、フリーを含めると、その倍、70人ぐらいですか。

塩澤　担当は決まっていますか。

穴吹　グラビアとかコラムは決まっていますが、政治でも経済でも、その都度、取材した記者がほとんど書いています。担当した記事には「本誌、誰々」と名前を入れていますから……。

塩澤　新聞との交流は深いですか。

穴吹　政治、経済、社会部とは、定期的に記者を交換していて、交流は深いですね。基本的には社内でまかなう主義で、外部へ頼んだにしても、本誌の班に入らずにやってもらう。

塩澤　出版社系が、フリーのデータマンの集めた材料を、アンカーがまとめるといった分業システムが多いのに較べ、オールマイティーでやるわけだ……。

穴吹　私が現場の頃、ある事件の取材に一人でトコトコと警察へ行ったら、「いま頃、何しにきた？」と言われましてね。そして「『週刊新潮』は朝から3人で来ている。しかも、九州の実家まで取材に行ってきて、新しい情報を教えてくれたよ。君のところは、何を教えてくれるの」（爆笑）と言われましてね。

塩澤　警察へ情報の反対給付か……これはいいや（爆笑）。ところで、今、政治がらみの問題が多いのですが、政治ものには、どのような姿勢で取り組んでいますか。

穴吹　うむ……なかなか難しい質問ですね。（間）うちの雑誌は、政治部からの記者も来ています。派閥記者とか、平河クラブにいた記者もいて、割と政界の取材に入っていけます。政治家はフリーには、なかなか会ってくれないが、うちは新聞記者と同じように、ダイレクトにニュースはとれる。つまりは現場に近い取材ができるわけです。

塩澤　ということは、新聞の紙面に近い記事になることですね。

穴吹　そうですね。二次ではなく、直接、政治家に取材をし、書くわけですから……それが特徴ですね。

塩澤　出版社系が、憶測とか、周辺からの情報を集め、政治評論家あたりに裁断させるのと、根本からちがいますね。

穴吹　そうです。うちはちょっとした伝聞で書くことはない。伝聞の伝聞で書けば面白いのでしょうが、うちは一次情報で書き、しかもいろんなことがわかり過ぎて、相殺されてしまい、ギスギスして、面白い記事にならないきらいはあります（苦笑）。

塩澤　私は、新聞社系のその種の取材方法は、鮮度のいい素材主義。出版社系は加工度が高く、味が濃いと言っているのですが（笑）。

穴吹　たしかに、われわれには味つけの薄さのジレンマはあります。オフレコと言われたら、面白いところを全部、カットすることもありますから……。しかし、オーソドックスな取材姿勢は保持していきたい。小沢、橋本、羽田、奥田といった政治家も、うちには直接、出ていてくれます。また、「週刊朝日」の伝統の重みとでもいいましょうか。専門の記者が中核となって、つくっている強味ですね。

銀座の松屋デパート方式で

塩澤　伝統の重みといえば、「週刊朝日」は創刊71年になりますね。

穴吹　……なかなか苦しい重みです。親子三代の読者がいるのは嬉しいが、投書をみると、親子三代が分裂しかかっている……。

塩澤　子供がよろこんでも、おやじは楽しくないといった二律背反？……。

穴吹　自由な実験は、しにくい面はあります。

塩澤　見るところ、この一年で目次からはじまって、テーマ、レイアウトを含め、ずいぶん変わってきていますね。

穴吹　わかっていただけますか。伝統的な読者は保守的ですから、新しいものに対しては反発しますしね。虎屋の羊羹を例にとると、羊羹を知っている人と、最初からのれんの重さと、羊羹だけの先入観で入らない人とがある。入ってみれば、羊羹以外にいろいろな菓子があるのに……。伝統というのは諸刃の剣でしてね。熱心な伝統的な読者層と、まったく無関心の読者層がいて、それを、新しく誌面を変えて、どちらも満足させて迎え入れることは、たいへん難しい。

塩澤　その難しいことを、やりはじめているわけですが、穴吹色はどのように出していくつもりですか。

穴吹　デパートに例えて言いますと、銀座の松屋で、伊勢丹専務から副社長として来た山中鏆氏がまず手がけたことは、1階の目につくところにあった呉服コーナーを、縮小して8階へ持って行きました。呉服店からスタートした松屋ですが、銀座の一等地にあるのに、伝統を重んじて1階へ置いたのでは、店も煤けた感じになって、客層も古い。そのイメージを変えるために、八階へ持っていき、トイレを若向きにし、店内のレイアウトもガラリと変えて、客に気持いい感じをもたせるようにしたのでした。

塩澤　トイレもですか（笑）。

穴吹　お寄りになるとわかりますが、銀座ではいちばん感じがいいんではないですか（笑）。ま、私も、同じことを考えましてね。「週刊朝日」はデパートだ。専門店ではない。子供にも、おじいちゃんにも愛される、気持のいい誌面に変えなければと、まず、レイアウトを統一しました。普通の人には気づかれないかも知れませんが、松屋のデパートのように、歩き易く、商品（記事）がわかりやすく、感じもよくなって、いちど手にした人が、気持のいい雰囲気で雑誌を閉じてくれるのではないかと……。

塩澤　なるほど。面白いお考えですね。で、品揃えはどのように……。

穴吹　若向きのファッション頁とか、アウト・ドアの頁をひろげて、女性読者や若い人が入ってきやすい感じにしつつあります。

塩澤　デパートは、しかし、なんでも揃えておかないといけないし、目玉商品も必要ですから（笑）。

穴吹　ロールスロイスから30円のモチを焼く網までもね（笑）。

塩澤　何もかも揃えた上で、目玉商品はスクープですね。

穴吹　欲しいですね。まあ、スクープをとるというのは、編集の力量にかかっている。編集長である私の指揮能力にかかっているといっていいでしょう。歴史的にみて、力のない雑誌ではない。今後も期待していただいていいのでは……と（笑）。

塩澤　過去に幾多の大スクープがありますものね。太宰治と情死した愛人の日記を全文載せ、完売したこともありましたから……。

穴吹　あれは鬼の編集長といわれた扇谷正造に、若い永井萠二記者が「取って来い」と厳命されて、愛人の父親に会いに行き、「そんなものは渡せない」と拒絶されて、「私はこれを取って帰らないと死ぬしかない！」と、玉川上水へ向かって走り出した。驚いた父親は、娘に死なれた上、若い記者にも死なれてはたまらないと、ようやく手に入れた特ダネだったと聞いています。

塩澤　定期ものをとっぱらい、全頁をその日記で埋めるについては、社内の大反対があったそうですね。

穴吹　扇谷さんは吊し上げられ、販売部長にまで反対された。気の強い扇谷氏は、屋上に販売部長を呼び出し、「君まで反対するのか」と、殴る格好だったか、殴ったか、したそうです。

塩澤　血の気の多い人だから、多分、殴ったでしょうよ（笑）。編集長は時にはそのぐらいの迫力も大切ですよね。話は変わりますが、最終頁の「OFFSHORE EDITION」、編集者と読者の立場を超えた声が出ていて、面白いじゃないですか。

穴吹　あそこは解放区と考えています。漁船の沖合い取り引き（笑）で、記事をケナしたり、ケシカランという批判も、載せています。

塩澤　解放区ね。それはいい（爆笑）。

穴吹　うちは大政翼賛会型の、なんでも賛成といった投書欄はやらないつもりです。他誌からの批判も、入れていきます。

塩澤　伝統の重みに加えた活気をよみがえらせて、オーソドックスな週刊誌の真価を世に知らしめてください。

臆測の政治家攻撃は慎む

「週刊読売」

編集長 伏見勝

1993.5

特ダネがいちばん売れる

塩澤 「週刊読売」は、新聞社系週刊誌では「週刊朝日」「サンデー毎日」につづく老舗。創刊から半世紀以上になるわけですが、伏見さんは、いつ編集長になられましたか。

伏見 3年前の平成3年の元旦ですから、2年3カ月ですね。写真部長を4年やった後で、それまで23年間は、新聞の社会部一筋でした。6年半のデスク、その前は警視庁詰めのキャップを3年。サブが2年半。その前の11年も警視庁にいましたから。

塩澤 ほぉー、根っからの事件記者ですね。斬った張ったの世界から、どちらかというと軟かい雑誌へ移って、とまどいはありませんでしたか。

伏見 いやァ、まあねぇ……いまでも正直言って、とまどいはありますよ。新聞は売上げには関係はない。いい紙面をつくり、いい原稿を書けばいい。

塩澤 ……。

伏見 ところが、雑誌は何が特ダネなのかわからない。売れるのが、いちばんの特ダネともいえる(笑)。

塩澤 (笑)一号一号、シビアに数字があらわれますからね。
伏見　そう……売れないと困る。いちばん念頭にありますよ（苦笑）。
塩澤　売るという面からみると、新聞社系は、久しく出版社系の風下に立たされていますよね。
伏見　正直言って、事件もので負けたことはない。が、出版社系には売れ行きでは到底かなわない。「文春」一強で、あとはダンゴ状ですが……。僕はしかし、「敗北主義は捨てろ！　いまに見ていろ！」と（笑）。
塩澤　出版社系はセンセーショナルな記事の扱い方とか、タイトルの付け方など巧みですからね。
伏見　こちらは新聞社の権威があるから、家に持って帰って大丈夫な誌面づくりを心がけ、エログロは外している。しかし、出版社系が売れているのは、エログロの強さではない。われわれに気付かない切り口があり、「まいったなァ」と降参することもあります。
塩澤　出版社系は、返り血を浴びるような誌面をつくりますから……。
伏見　訴えられることも多いようですが、僕は、そうですね……。
塩澤　告訴されたことは、まったくありませんか。
伏見　古い事件ではあるが、僕は差別語まで全部チェックし、やかましく言っています。デスクとも、月に一回くらいは話し合いもしています。
塩澤　ずいぶん慎重ですね。編集部の編成はどのようになっていますか。
伏見　全部で40人で、うち社員が30人。30歳前後が主力です。出版社系は社員より外部のスタッフが多いようですね。そこが新聞社系とは基本的にちがう。
塩澤　しかし、バックに新聞がひかえているから強いじゃないですか。新聞との交流はさかんでしょう？
伏見　いままでは社会部が多かったが、これから必要なのは、経済に明るい記者とか、外国のニュースに敏感な外報部との交流ですね。外国ネタといえば、ベルリンの壁が崩れたとき、たまたまあちらへ行っていた女性記者が、英国のＢＢＣ放送を聴いて、単身ベルリンへのり込み取材しました。言葉がわかったから迅速に行動できたわけです。いま、編集部から、エジプトへ留学させていますよ。

塩澤　エジプトですか！

伏見　湾岸戦争の時、新聞も雑誌も同じ条件で戦いました。これからは、外交問題も、政治、経済もわからないと誌面づくりは難しい。読ませる記事が書けるという文学性もないと……。

塩澤　語学力もあり、政治、経済に通じ、しかもリーダブルな記事が書ければ、鬼に金棒ですよ(笑)。

伏見　……。

政治家にも人権がある

塩澤　誌面を見たところ、政治がらみの記事が少ないようですね。

伏見　政治は、国民生活を豊かにするのが第一の目的で、それが出来ているかどうかにいちばん関心を持っています。竹下の金屏風事件とか、証人喚問とかで、野党が当面国民の生活にかかわる予算問題をそっちのけに、時間をつぶすのは、相当、国民をバカにしていますよ。東京地検が捜査をしていないことを、調査権しかない先生方が暴いて何ほどのことが出来ますか……。あれは一種の人民裁判ですよ。僕は、「クロでなければシロ。灰色はないのだ！」と思っています。

塩澤　野党のポーズもあるんでしょう……。

伏見　うちは、金屏風はやっていません。バックリベートの事実があれば、事件になっているでしょう。僕は、長年、事件記者をやっていて、幾つかの事件をみています。で、確実に事件にならなければやりません。政治家にも人権はありますからね。

塩澤　ある新聞社系週刊誌の編集長も、「憶測で特集はやらない」と言っていましたが……。

伏見　いや、確信犯で金屏風をやらぬわけではありませんよ（苦笑）。ロッキード事件からグラマン、KDD、リクルート、佐川と政治家がらみの事件が続きましたが、アメリカから渡されたロッキード事件は、刑事事件として、しっかりしていました。証人喚問を見ていて、あれがなくても事件の立証はできたでしょう。

塩澤　アメリカ側の政略で暴かれた事件でしたからね。

伏見　僕は静岡で生まれ、戦争中、艦砲射撃、機銃掃射を受けて、火の中を逃げ回った体験をもっています。それだけに、平和の現在、政治の力で、戦争から遠いところにいてほしいと願っています。政治家は、世界の中で、日本人として発言する時期に来ていると思いますね。

塩澤　疑惑の政治家をつついて、国会を空転させていないで、野党は大所高所から国全体と、国民のことを考えよ！ということですか。

伏見　……。

塩澤　読者層はどのあたりですか。

伏見　35歳から47、48歳がターゲットですが、若向きのエッセイ、読み物を増しています。人物ワイドでミーハーの話題をぞろーっと並べ、OLを対象に酒井順子、泉麻人、小説で大沢在昌の『無間人間』とか。中高年向きでは、寺澤芳男、岩国哲人、立松和平、竹西寛子、宮崎緑に真面目なものをと、若向きと中高年向きを、はっきり分けています。

塩澤　顔ぶれからみて、真面目度も半端ではない（笑）。で、都会と田舎に分けると？

伏見　首都圏が多いですね。僕は「売れることを意識しない雑誌づくりでは駄目だ！」と、もっとどぎつく商売に徹しなくてはと考えていましてね。新聞社系はその面で、どうしてもおっとりしている。それをどうなくすか……ギリギリのところでの勝負をしなければと……。

塩澤　たしかに出版社系にくらべると、親方日の丸的に見分けられますよ。

伏見　新聞社系は、２７０円で売る雑誌をつくるのに、いくらかけられるか。この人数で一人増やすと、採算ベースにどうひびくかといった採算点の意識に薄いところがある。

塩澤　同類他誌では表紙から目次、レイアウトまで変えたところもありますが……。

伏見　表紙を変えて売れたケースはないでしょう。「週刊新潮」は、創刊から変えていない。売れる売れぬは中身じゃないですか。表紙で買ってもらえるほど、この業界は甘くない！

塩澤　伏見時代に入って、読者の動きは……。

伏見　部数は若干増えたでしょう。しかし、読者の数はほぼ決っていて、うちのいいときは「サンデー毎日」、「週刊朝日」が落ちる……。その中でシェア争いではないですか。

塩澤　新聞社系と出版社の五誌の壮絶な喰い合いですよね。ま、その争いの中で、「週刊読売」としては、どのような企画、決め玉で勝負をするかだが……。

大手スーパーの商法で

伏見　データをとって検討したところ、ニュースでは――2年の経験で言うと売れません。選挙もよくない。その意味で、政治が国民の信頼を得るよう、もっとしっかりしてほしい。うちでよかったものは、金。財テクではないカード・ローンに飛びついてきました。

塩澤　「週刊現代」もカード破産特集がズバ抜けてよかったそうです。

伏見　うちは、カードのローンでニッチもサッチもいかなくなった人たちに、「自己破産をしたらどうなるか」を説いた特集でした。「追い詰められて死をえらぶより、自己破産をして救われた方がいい……官報には載りますが、若いうちだったらこわくない」といった特集で、完売でした。

塩澤　借り得といった匂いもしますね。

伏見　そうです。自分だけいい思いをして返さないでは、公序良俗に反する。それで、「借りたあなたが悪い」と、書くように記者に指示しました。

塩澤　昨今、身近な生活情報には飛びつくところがありますね。

伏見　健康問題も当りがいい。『ガンの自己診断』特集もよかった。人間には、死の恐怖がありますから、ガンへの関心が高い。この企画をどうすすめていくかが、頭の痛いところですが、自己診断の切り口で成功しました。

塩澤　売るということでは、セックスものは「皇室・スキャンダル」を含めて三種の神器、といわれていますが……。(笑)

伏見　女性誌の常套手段のようなところがある。かつて女性誌の何社かの編集長に「セックス特集は楽しいか」のインタビューをこころみたところ、「売れるからやらざるをえない」の答えでした。やっている人は「またか！」の気持が強いようですね。

塩澤　女性誌編集の名手、故今井田勲さんは、「ミセス」の創刊のとき、三種の神器を抜くことで雑誌のハイレベル化と、特徴を出したと語っていました。2年間は本当に苦しかったが、3年目に軌道に乗ったそうです。

伏見　僕も、セックスものは売れても、世のために多少の意義がないとやりません。面白い話がありましてね。警視庁の親しい人に「僕のところのグラビアで、ヘアを出したらどうするか」と聞いたところ、「これ以上、やめてくれ！」と言いましたよ（笑）。僕もそんなことで売れる……それほど日本人は興味本位で生活をしているとは思いたくない……。

塩澤　とは言っても、売るためにはヘアを出しているのが現実だ（爆笑）。

伏見　たとえ、出すときがあっても、興味本位のヘアはやりたくない。新聞社系もハダカで勝負するようになっては……いやですね。もっとほかに、知恵の使い方があるのではないかと。

塩澤　たしかに、出版社と新聞社系列ではつくり方に差がある。私は出版社の面白さは味付けの強さ、加工度が強いと言ってるんですがね。
伏見　味つけにしても、プライバシーや人権を侵害しない切り口でやりたい、いま、その切り口を模索していて、その形で出版社系と肩を並べるようにしたい。
塩澤　なかなか難しいですね。
伏見　いまは告発の時代で、人間性をおとしめることも載ってしまう。それがジャーナリストとしての自分の首を締めている。ヨーロッパの特派員だった人が、「日本ぐらい茶の間に、セックスの入る国はない。セックス天国・日本の茶の間」と言っていました（笑）。
塩澤　何年ぶりかに帰ってくれば、そんな感じを持つでしょうね（笑）……それはとにかく、これからの抱負を。
伏見　いずれにしても、多少は下品でも、売れるのが有難い（笑）。しかし、家にもって帰れない雑誌では困りますね。つい最近の読者の投書に、「週刊読売」をはじめて買った。新聞ニュースのなぞりと思っていたが、読んでみると、読むところがけっこう多い。いままでのイメージとちがう、と書いてきました。確か30歳ぐらいの人でしたか……。
塩澤　最新号（3月21日）にも、25歳の女性が、同じような投書を寄せていますね。先に「週刊朝日」の穴吹編集長に、松屋デパートのイメージ・チェンジ作戦にまねた、紙面刷新の話をうかがったんですが、「週刊読売」はいかがですか。
伏見　え？　デパートですか。うーむ、いまは三越、松屋の時代ではない。大手スーパーの時代でしょう。多くの目玉商品をおいて、大勢のお客さん集めないと……。ただし、商品にイチャモンがつくようではダメですがね（笑）。うちは、大手のスーパーを目ざして行きますよ。
塩澤　大手スーパーが、デパートの売り上げを陵駕する時代です。ご発展を祈ります。

2020年6月4日号

〝コンビニ層〟もターゲットに「アサヒ芸能」編集長 秋元一

1993.6

〝アサ芸〟編集部一筋22年

塩澤　秋元さんは、入社以来「アサヒ芸能」編集部一筋だそうですね。

秋元　えゝ、昭和46年に入社以来、22年間、この編集部にいます。

塩澤　じゃぁ、「アサヒ芸能」の生き字引といってもいい（笑）。

秋元　（苦笑）僕ばかりではなく、前編集長の松崎之頁さんも、1年先輩で22年間いましたし、その前の松園光雄さんも20何年でした……。

塩澤　ほぉ！　で、いつ編集長になりました？

秋元　去年の6月15日です。

塩澤　長になる前の編集部の担当部署は？

秋元　うちの編集部は担当がありません。スポーツでも、色もの、事件……オールマイティで、なにからなにまでやらされます。僕は入社した4月に、いきなり群馬県で起きた大久保清事件。それから、その翌年の連合赤軍事件などの大事件の取材をやらされました。その一方で、ソープランドなどの風俗ものも……（笑）硬軟とりまぜて。

塩澤　入社して、いきなり連続暴行殺人の大久保清事件ですか。そいつはハードだ！

秋元　担当部署はおかないといいましたが、ただヤクザものだけは、特殊なコネを必要とします から、専属班があります。
塩澤　お宅はヤクザものでは、知られた存在で すからねぇ（笑）。飯干晃一さんの『山口組三代』の連載や、山口組のドン『田岡一雄自伝』を連載して、独自のパイプをもっているようですね。
秋元　そのヤクザの取材に3人が動いていま す。しかし、いまは毎週はやっていない。「暴対法」が施行されてから、彼らは、ドンパチの派手な喧嘩はやらなくなった。彼らは、マスコミに接することはご法度で、話すと譴責処分を受けるので、表向きには取材協力は得られない。かといって、一次情報だけのつっ込みのない記事では、読まれなくなっています。
塩澤　「アサ芸」さんのヤクザ記事は定評があ りましたからね。襲名披露のグラビア特集とか、山口組と分裂抗争をしていた一和会の山本広会長が、足を洗う時に独占インタビューもしていた……。あれは特ダネだ。
秋元　たしかに、ヤクザ組織へのルートはつか んではいる。しかし、サカズキごとは、「暴対法」以降、お上の方針で動けなくなっています。ただし、ドンパチがあった山一戦争のような時はきちんとやっています。
塩澤　沽券にかかわりますものね。競合する二 誌で、ヤクザを毎号トップにすえて、部数を伸ばしているのもあるが……（笑）。
秋元　あー「週刊大衆」ですか（笑）。AV・エロ・ヤクザの三点セットで伸びましたね。うちとしても、エロは欠かせないし、ヤクザものも欠かせない。で、ヤクザをストレートに扱わないで、皇民党事件にひっかけて、ヤクザと政治。江夏豊麻薬事件では、スポーツと結びつけるというように、社会現象としてとらえ、別の方法で力を入れています。
塩澤　最近号に短期連載した『江夏豊「シャブ と女」転落の軌跡』といった方法ですか。
秋元　……（うなずく）。

〝暗さ〟からの脱却を目指す

塩澤　創刊が昭和22年。芸能オンリーから離れて、いまのような誌面になって30数年になっていますね。歴史が長く、伝統があるだけに、秋元色を出すのも大変でしょう。

秋元　うちは、ヤクザと色ものの強さ。それにワイド特集の『一時代を画したスターの今』などで女性読者を増やしてきましたが、やり尽くした感があり長い間に暗いイメージが定着してきた。

塩澤　暗い？　というと……。

秋元　「文春」「新潮」のオーソドックスな編集に較べて、誌面が暗くてちょっとつらい。部内では〝SKD〟、つまり、助平、暗い、ダサイと自虐的に言っていましてね（笑）。

塩澤　SKDね。アトミック・ガールズの松竹の踊り子たちではないSKD（爆笑）か。かなり屈折した言葉ですな。

秋元　そのSKDから、もうちょっと明るくしたい。いまの若者は、面白ければ飛びついてくる。流行に敏感で、本もの志向ですから、その彼らをひっぱり込み、一緒に遊ぶ頁をいくつかつくりたいですね。

塩澤　それが秋元色になるわけですね。

秋元　「アサ芸」は、本屋で四割、鉄道関係で三割二分、コンビニエンスストアで二割八分の売れ行き分布となっています。コンビニエンスには、女性と若者が多いですから、その彼らが手に取ってくれるような誌面づくりをしていきたい。

塩澤　コンビニの顧客に合うイメージですね。具体的には？……。

秋元　若者たちの面白がり精神に呼びかける……たとえば、いまモツ鍋が流行していて、銀座のど真ん中の大ホールに、若者が何千人と食べに入っている。パッとしなかった吉本新喜劇も若者をつかんで大ブームになっているし、ダサイとみられた12チャンネルも、そこそこにいい。つまり、ちょっと工夫をこらしてやると飛びついてくるわけです。
塩澤　そこいらに若者を呼び込むノウハウがあるということですね。……ところで、一国の総理が暴力団の手を借りたり、与党の副総裁だった男が、ヤミ献金の数10億円をフトコロへ入れたりして、政治家大スキャンダル時代となっていますが、「アサヒ芸能」としては、この腐敗した政治をどうのように扱いますか。
秋元　「アサヒ芸能」の読者は、ストレートの政治特集を期待していません。彼らは、もうちょっとひねった特集を読みたがっている。言葉をかえていえば、噛みくだいた人間的な泥臭さい特集です。
塩澤　政治では、金丸某の逮捕のときを例にとって説明すると……。
秋元　金丸が拘置所でどういう生活をしているかに焦点を合わせる。独房の中の様子とか、寒い夜をしのぐためのユタンポの借料はいくらかといった、人間臭い、身近な切り方でやるわけです。
塩澤　お宅のオーナーは、名うてのマルチ人間――。政財界、文化、芸能あらゆる面に人脈はありますね。一例をあげれば、田中角栄サンとは、郷里を同じくし、大正会で深い交流もあった。その人脈から取材に掣肘《せいちゅう》が加わるようなことは……。
秋元　田中さんはうちのパーティによく来てくれました。だが、誌面では悪く書きまくりましたが、上からの圧力は何もありません。ご自分も初代編集長をやっていますから、編集現場の気持はよくわかっていると思います。個人の付き合いのうえで、迷惑をかけているやもしれませんが、何も言いませんね。
塩澤　そのオーナーが、具体的にハッパを掛けてくるのは、どんな時ですか。
秋元　売れ行きの部数が落ちたときです。
塩澤　私も多少の経験があるが、売れ行きの低下は、経営サイドにとって、切実な問題ですからねぇ（苦笑）。

秋元　特集によって、売れ行きには波があります。最近いいのは、ＳＫＤのＳの部分、ヘアの写真ブームですから（笑）。あれをやると売れます。

塩澤　ヘアねぇ（笑）

秋元　ビデオが駄目になっていますから、その代償をグラビアのヘアで間に合わせているのでしょう。裏ビデオの特集も売れ行きはいいですね。ただし、読者は、裏ものの新作紹介だけでは満足せず、どこで、どうして手に入れることができるかという、読者にアクションを起こさせるような特集を組まないと、雑誌を買いません。

塩澤　匂いだけではなく、彼らの胃の腑を満足させないと駄目なわけだ（笑）。正直なもんだなぁ。

狙いは女性と若者を読者に

塩澤　新聞社系、出版社系と、あまたの週刊誌がありますが、「アサヒ芸能」をどのように位置づけていますか。

秋元　朝日新聞社の「ＡＥＲＡ」の対極にあるのが「アサ芸」だと思います。「ＡＥＲＡ」は知的欲求に応えるハイセンスな週刊誌ですが、うちは、スタンドで売るのが、ちょっと気恥しいところがある。しかし、ホテルで気取って食べる、値段の高いカレーライスが「ＡＥＲＡ」としたら、街の定食屋にある、安くて気楽に食べられるうまいカレーライスが「アサ芸」。読者は、安くて気楽に食べられるうまいカレーライス――「アサ芸」も読みたいはず。そこが狙いどころです。

塩澤　「ＡＥＲＡ」対「アサヒ芸能」ね。「週刊朝日」ではないわけだ。面白い位置づけですね。庶民はつねに定食カレーライス派でしょう（笑）。で、その香辛料ともなる特ダネにどんなものがありますか。

秋元　それを聞かれると思っていました（爆笑）……「アサ芸」には、スクープ案外ないんですね。まぁ、記憶に残る大スクープとしては、松川事件の真犯人の３週連続の『真犯人は俺だ！』とか、45年のプロ野球黒い霧事件で、小川健太郎をつかまえて告白させたものなどがあります。……まぁ、うちはホンネの部分でやってきていて、特筆するスクープは少ないが、平均的ではないかと。

塩澤　なるほど。私の印象では、ヤクザ、風俗ものの強さはもちろん、事件に強い感じがありますね。それと、吉行淳之介、野坂昭如氏ら、後年大成する書き手を、いち早く登場させている。

秋元　たしかに、それらの方は常連でした。瀬戸内寂聴先生も、晴美時代に書いていただきましたし、小沢昭一さんも、うちがジャンピング・ボードであったことは事実です。しかし、世に知られた存在になったり、トップ級になると、「アサヒ芸能」にはなかなか出ていただけない……。

塩澤　もの書きには、たしかにその傾向がありますね。

秋元　世間の評価の高まりとともに、離れていってしまう。当然、引き止める誌面づくりをしなければならないわけですが……。一部の閉ざされた支持者によりかかって、つくり手側が、外へ広くひらかれた姿勢に欠けているせいもあります。もっと明るく、笑いにあふれた頁もつくっていかないと……。

塩澤　誌面のイメージと、稿料の問題もありましょう。談話料にしても、2万か3万円支払う雑誌もあれば、５０００円。いや、謝礼どころか掲載誌紙さえ送ってこない失礼なところがありますから。

秋元　それはひどい……。

塩澤　平均読者層はどのあたりで。

秋元　かなり前のアンケート調査では、30歳台のサラリーマンでした。

塩澤　都会と田舎に分けると。

秋元　東京と大阪で8割。男女比率では9割以上が男性でした。

塩澤　誌面の構成上、圧倒的に男性でしょうな。

秋元　これからは、もうちょっと女性読者と、読者年齢を4～5歳、若くしたいですね。僕はいま44歳ですが、30代読者を想定して誌面づくりをしていても、彼らの関心のターゲットと、意外とブレている。微妙なブレに気づかないでいる。

塩澤　そのブレをどのように調整していますか。

秋元　うーむ。若向きに誌面をかえると、いままでの固定読者が減る。それを失いたくないため、誌面のイメージを固定されたままできてしまった。編集部も、そのため「企画を出しても、このネタではやらないだろう」といったトレンディができていた。ここの部分を根本的に直して、やってやろうという意気込みを編集部全体に出し、活性化しないといけませんね。

塩澤　編集部員の平均年齢と、人員構成はどうなっていますか。

秋元　デスクは40歳。記者が30歳ぐらいですか。50人の半分が社員で、残り半分はフリーの契約記者です。

塩澤　「週刊新潮」も一線の取材記者は30歳と言っていましたよ。

秋元　えっ、「新潮」が……。じゃあ、デスクは年配でしょう。さもないと、あのような誌面はつくれませんものねぇ。

塩澤　当然、要所々々は年配のベテランが目配りをしているようですよ。最後に、近々中に誌面革新の企画はありますか。

秋元　スポーツで、長嶋巨人の同時進行のドキュメントと、サッカーのJリーグの裏から覗いた実態の連載をスタートさせます。いま、読者が絶対読みたがっているものですから。それと合併号から、北野たけしの徹底解剖。ゴールデン・ウィーク号から、作詞家の秋元康対談が登場します。この企画はつくりの体裁を変えた仕掛けのある頁で、若い連中に呼びかける面白さにみちていると思います。

塩澤　読者のニーズに応えようとする意気込みが感じられますね。今日は、ザックバランで風通しのいいお話が聞けました。伝統ある週刊誌の一層の発展を祈ります。

2020年6月12日号

素朴な疑問に答える本格ニュース週刊誌「ＦＲＩＤＡＹ」編集長　鈴木　哲

1994.8

「たけし事件」によって何かが変わった

塩澤　（ＦＲＩＤＡＹ６月24日号を手にとり）私はこの雑誌を創刊前後から知っています。創刊編集長だった伊藤寿男さんとの関係で。あれからもう12年！　通巻で５２２号になりましたね。

鈴木　私は、一昨年7月に編集長になりました。その頃は知りませんが……。

塩澤　ちょうど満2年ですか。それ以前はどこの所属だったのですか。

鈴木　昭和52年に入社して、「週刊現代」に3年。それから第二編集局の新雑誌へ移り、女性誌の「Ｗｉｔｈ」の創刊に参加して6年。また「週刊現代」にもどって5年、そして「ＦＲＩＤＡＹ」です。

塩澤　過半が週刊誌ですね。で、担当は……。

鈴木　事件をはじめ、生のものといった週刊誌らしいことをやってきました。「週刊現代」へ戻ってすぐ、田原総一郎さんの『直撃インタビュー』を担当しました。

塩澤　田原氏は活字にテレビに、八面六臂の大活躍。そのテイク・オフの時期にコンビを組んでいたわけだ。いい勉強になりましたね。

鈴木　……。

塩澤　「ＦＲＩＤＡＹ」に移られたのは、「たけし事件」後の写真週刊誌の受難時代だったから、苦労も多かったでしょう。

鈴木　あれに関しては、当時の状況を知りませんので、ちょっと発言を差し控えたいのですが……。中の人間として公正なことはしゃべれませんし。

塩澤　私はあの事件の前日、前社長の野間惟道さんに会っていましてね。それだけに思い出が強い。それにNHKをはじめ、各媒体から執拗に、写真週刊誌批判の取材を受けました。私の口からきびしい批判の言葉を引き出す魂胆が見え見えでしてね（笑）。

鈴木　私は彼の対応にボーゼンとしました（笑）。単純な暴力事件ですし、その背景に写真週刊誌5誌の総発行部数が700〜800万部時代のマス・ヒステリーの面も……。

塩澤　たしかに5誌がそろって、取材に過当競争が見られ、批判される面はありました。

鈴木　「たけし事件」によって、取材する側、される側の双方が変わりました。

塩澤　する側からの変わり方とは……。

鈴木　「たけし事件」の当事者でもあったし、写真週刊誌のイメージが強かったので、その固有の見方ではなく、内容で見てほしいと、〝本格ニュース週刊誌宣言〟を行い、ニュースをきちっと報道できる週刊誌を目指しました。

塩澤　70頁のなかに、毎週30本のテーマが入っていますね。誌面にとりあげる写真は、どのような基準で決めていますか。

鈴木　その週に起こったことを、編集部が独自にとらえて、政治、経済、芸能のできごとをフォローする体制でやっています。

「編集部全員、表紙担当のつもりでやれ」

塩澤　掲載する写真のアングルは……。

鈴木　きれいな写真、感銘を受ける写真ですね。

塩澤　きれいと感銘ですか。6月24日号で示すと、どんな写真になるのかな。

鈴木　篠山紀信さんのルビー・モレノ、韓国で素人ヌードのカムサハムニダ、メキシコからの〝熱い風〟中嶋美智代などですか。
塩澤　あの、「月はどっちに出ている」主演のモレノね。
鈴木　モレノの写真は、次号表紙に使うものです。私は表紙を31本目の記事だと言っているんです。部内でも「全員表紙担当のつもりでやれ！」とハッパをかけていましてね。
塩澤　いちばんの客引き（笑）商品というわけですね。
鈴木　ええ（笑）。表紙には、篠山、細谷、沢渡さんなど、すぐれたカメラマンに登場していただいています。
塩澤　当然、ヘアも登場する（笑）。
鈴木　女性のハダカ、ヘアは美しいことが第一です。これもニュース価値といえますから……。
塩澤　この号でいえば、ベトナム枯れ葉剤の戦慄を扱って、水頭症の子供の写真は衝撃ですね。
鈴木　現地取材で、この子の母親の話も聞いています。感銘、喜びとともに、驚きも与える写真も掲載しているわけです。動物カメラマンの宮崎学さんの連載『アニマル黙示録』――今週はトビの巣がブラジャーでつくられている写真ですが、これも驚きに通じています。
塩澤　宮崎さんが「ＦＲＩＤＡＹ」に登場！うむ、驚きだなぁ。私は彼と同郷でしてね。その生い立ちを「動物と話せる男」にまとめ、第36回全国感想文コンクールの課題図書に推されました。すごい動物カメラマンですね。
鈴木　宮崎さんは、「ＦＲＩＤＡＹ」で連載することに最初、戸惑いもあったようです。しかし、環境問題、食品、産業廃棄物、健康問題などに目を光らせているという編集姿勢を了解され、日本国中を飛び回って取材されています。
塩澤　彼のエコロジーに対する取り組みは見事なものですからねえ。
鈴木　じつは、『アニマル黙示録』の連載が始まって間もなく、女性読者から投書がきて、「フライデーを読むのは恥ずかしい気がするが、宮崎さんの写真で買っている。なんでやっているのか」と聞いてきました（笑）。別に女性向けにやっているわけではなく、環境、産廃、健康関連の一つとしてやっているわけです。つい最近、アトピーの治るパジャマを扱ったところ、ものすごい反応がありました。

塩澤　女性は健康に関心が高いのでしょうね。

鈴木　金曜発売のその日に、バンバン電話が入ってきます。一日、１００～３００本も……。ですから、30本のテーマと情報の結果が、即日わかるわけです。

読者の素朴な疑問に答える誌面づくり

塩澤　女性は新しい商品情報には敏感ですからね。いま、読者の男女比率は……。

鈴木　九対一ぐらいでしょうね。なんとか15～20％へもっていきたいのですが、女性は固定イメージが強いのか、たけし事件で減ったまま。事件前は20～30％でしたが……。

塩澤　思い込みが強いですからねぇ（苦笑）。

鈴木　ハダカも載っているが、女性に読んでいただいて得になる情報はたくさんあります。政治、経済もどぎつくないですし……。私の前の三代の編集長が、過去のイメージを払拭するために努力されました。私はおかげで過去にこだわらないでつくっていますが……。

塩澤　ところで、芸能ものには定評ある「ＦＲＩＤＡＹ」ですが（爆笑）。

鈴木　ニュースのひとつとして、いろんな形でやっています（笑）。

塩澤　張り込みは当然。

鈴木　ええ。うちがいちばん先に情報を出すから、派手に思われているようですが（苦笑）、スクープをものにするには、手間ヒマがかかります。計算どおりにはいかず、バラつきはありますよ。

塩澤　〝決定的瞬間〟は、簡単に撮れるものではないですからね。しかし、芸能、著名人では決定的瞬間をずいぶんものにしていますね。

鈴木　うちのスクープがもとで結婚した芸能人は多いでしょう。山口百恵をはじめ……。

塩澤　ニュースキャスターの森本毅郎氏の艶聞ショットもそうでしたね（爆笑）。

鈴木　悪いことと弾劾しているわけではありませんよ。彼はすごい人気者で、中年男性の願望の体現者です（爆笑）。うまく処理したと思いますよ。活字だと、あの先をドンドン追及し、表現がどぎつくなる。その点、うちは写真で判断すればいいことで……。

塩澤　検事や裁判官ではありませんからね（笑）。政治の扱い方はどのようにしていますか。

鈴木　政治は大きな柱です。現在の政界は動きがあって面白い。しかし、活字誌のように、たくさん語れるわけではないし、解説もできない。そこで、最初の突破口になる情報を出していく姿勢で、こくには欠ける部分がありますが、読者の素朴な疑問に答えるようにしています。

塩澤　具体例で示すと、どんなふうに……。

鈴木　細川さんが右翼に狙撃される3日前に、渋谷の家賃80万円の家を載せました。80万円の家賃の家に住める金のある政治家に、庶民は腹を立て、「なぜ住めるのか？」の素朴な疑問をもちます。が、誰も答えてはくれない。そこで、「あなたの疑問、聞きたいことを、フライデーが聞いてやるよ」というわけです。政治、経済、芸能も同じ気持ちでやっている。

塩澤　読者に代わって取材しているわけだな。

鈴木　……偉そうなことや、卓説をのべているわけではない。が、「どうもおかしい」という疑問に応えて、毎週30本のネタをまいているのです。こんないいメディアはないと思いますよ。

塩澤　なるほどねぇ。

鈴木　時にはカラ振りがあったり、相手が強くて、打ち返されることもありますが、「フライデーが来たよ」と言えば、うちの突っ込んでいく力は、取材される側は承知されているようです。

塩澤　喰いついたら離れないスッポンのような取材魂、力がわかっているのだなあ。

鈴木　このパワーは一朝一夕ではできません。昔から積み上げられたイメージとパワーでしょうか。

塩澤　どのような編集体制で、そのパワーを生み出しているの。

鈴木　部員は30名強で、専属の取材記者とカメラマン20数名を加えると100名くらいになります。

塩澤　平均年齢は若いでしょう。

鈴木　20代の後半です。創刊からいる人も含めて。

塩澤　取材班は何班ですか。

鈴木　6班ですが、機能別ではありません。政治、経済、芸能などと分けなくて、各班から出てきたプランが優先権をもつわけです。

塩澤　面白い方法ですねぇ。

鈴木　能力的には問題がないわけではありませんが、私は自分のやりたいこと、自分の興味をもったこと、疑問をもったことなどの資料を集めて、「やれ！」と言っています。

塩澤　すぐれた編集者の企画の原点は、鈴木さんの言っているその言葉につきていますね。

鈴木　私は、これをやっていて、一人前になればいいと、口を酸っぱくして言っています。

塩澤　女性は何人？

鈴木　2人ですが、担当はハダカでも事件でも、なんにでも取り組ませています。中華航空機事故の時にも、真っ先に飛び出していきました。

塩澤　ハードな取材姿勢をとると、モミ消しだの、ある面からの懐柔策だのがあるのでは。

鈴木　私自身にはない。直接どうということはありません。そのような話があったら、「ちゃんと話してくれれば、きちんと誌面に反映させます」と申し上げるでしょう。私たちは、逃げれば追いかけます。(笑)。疑問に応えていただいた方の正義には答える考えです。
塩澤　モミ消しとか、圧力がかかってこない？
うむ、それは意外だなあ。
鈴木　まあ、「ＦＲＩＤＡＹ」はどうにもならんという評判らしいです（苦笑）。とくに芸能界では……。
塩澤　言うだけ野暮か（笑）。しかし、講談社は数十誌の雑誌を出していますよね。他誌への影響は……。
鈴木　う～む。他誌には迷惑をかけているかもしれない。が、私はこの誌をつくっているのであって、「ＦＲＩＤＡＹ」にいいこと、と判断してやっています。
塩澤　もっとも、ほかの雑誌の立場を忖度《そんたく》していたら、手も足も出せないな（爆笑）。
鈴木　講談社の刊行物には絶対に登場しない芸能人もいますから、その原因がうちかもしれないですが……（笑）。
塩澤　幸福の科学で話題になりましたが、告訴もありでしょうね。
鈴木　幸福の科学の関連で、16件も抱えています。告訴問題は社の全面的なバックアップ体制で、編集総務と顧問弁護士陣が完全にやっていてくれます。「たけし事件」以来、社も体制をきっちり敷いています。
塩澤　それは心強いかぎりだな。ネタのタレ込みは……。
鈴木　毎号、ホットライン０３・３９４３・５１１０を銘記し、「あなたのとっておきの情報をお待ちしています」としてありますから、タレ込みは多いほうでしょう。編集部は「日本一多い雑誌になろう！」そして『「ＦＲＩＤＡＹ』だったら読者の声を聞いてくれ、代弁者の気持ちになってくれるだろう」といった信頼をもたせたいと考えています。
塩澤　読者の声を反映させるツーウェイ・システムですね。その面をより強化されるよう期待します。

「宝石」

650円で買ってくれる読者を考える

編集長　末廣紀雄

1994.10

「F6セブン」の編集長からスタート

塩澤　末廣さんは、この「月刊宝石」の編集部一筋だそうですね。

末廣　ええ、昭和46年の争議の真っ最中に光文社に入社して、以来今月までですから23年です。

塩澤　珍しいケースですね。それ以前は……。

末廣　ベースボールマガジン社の「F6セブン」の編集長からスタートです。24歳でしたが、「平凡パンチ」「週刊プレイボーイ」と同世代の読者層を狙う雑誌でしたから、同じ編集方針では勝負にならないと、ニュースを追わない企画だけの週刊誌に徹しました。テディ片岡氏などに企画を手伝ってもらい、12～13万部からスタートして、一年後には40万部にもなりました。しかし、社の事情で休刊になってしまい、河出書房で男性週刊誌を出すということで、編集者としてスカウトされ、片岡氏と一緒に行ったのでしたが、一年間でダメになり……。

塩澤　「週刊女性」のあと企画された「週刊文藝」ですか。

末廣　いえ、男性週刊誌ということで……。

塩澤　昨日、私の事務所へ前社長の河出朋久さんが見えていましたね。

末廣　懐かしいですね。それから、伯父（魚博士で高名な末廣恭雄氏）と、学研の古岡社長が親しかったので、週刊誌の企画があるということで行ったのですが、話だけでやめになり……。

塩澤　企画だけのケースばかりですね。（笑）。伯父さんが魚博士……というと、おじいさんは、日本における政治小説の草分けの末廣鉄腸氏では？

末廣　ええ、まあ（苦笑）、そうですね。鉄腸さんはまったく記憶にない人ですが、伯父は僕の父が早く死んでいますので、親がわりに育ててもらいました。河出の後は日経へ入って、「ショッピング」を創刊から手がけて二年間。雑誌は、10万部で創刊して、30万部になっていました。

塩澤　「F6セブン」といい、「ショッピング」といい、長足の伸びでしたねぇ。ヤング向けの週刊誌から買物の情報誌、そして、月刊の総合誌になったわけですが、総合誌は難しいでしょう。

末廣　創刊当初は、三鬼陽之助さんの経済もの、梶山季之さん、松本清張さんの小説で売れたようで、最盛期は44か45万部でしたか。

塩澤　書き手もよかったが、時代の追風もありましたね。私も、川野邊文雄編集長時代に、何年か連載ものでお手伝いしたことがありました。

末廣　どうでしたか。

塩澤　『明日のドン』とか、ドキュメント戦後歌謡世相史『この人たちの運命を決めた一曲』などですね。

末廣　「月刊宝石」が40万部を超えたら週刊誌を出すということで、「週刊宝石」に発展するのですが……。

塩澤　「週刊宝石」は、森元編集長、高橋編集長で見事に成功させましたね。その点、月刊誌はしんどいのでは……。

末廣　「文藝春秋」が総合雑誌ではトップに立っていますが、「文春」にしてからが、入広が減っていて、最盛期の半分という噂があります。

塩澤　バブルがはじけた後遺症でしょうが、部数も伸びず、広告が減っては、どこも大変ですよねぇ。

末廣　「文春」「現代」「新潮45」「諸君!」「潮」などが、「宝石」と競合しているわけです。それぞれが大変で、文春以外は嘆いているのではないでしょうか。

カリスマ性、話題性ある人物がいない

塩澤　総合誌の範疇にあるものが、おしなべて、なぜ低調なんですか。

末廣　政治に例をとると、昔は角サンを書いていれば売れました。ところが、このところの政変劇は一つも面白くない。興味あるところは、テレビ、新聞、週刊誌がやってしまうので、よほどのスクープがないかぎり、古いネタとなってしまうんですよ(苦笑)。

塩澤　田中角栄氏は、特異なキャラクターの持ち主で、どこを切っても絵になりました。

末廣　経済ものも『奥の院探検』シリーズで松下電器、トヨタ、新日鉄といった大企業の内情報告をすれば、ある程度の反応はあったものです。経営者も、松下幸之助氏のインタビューをすれば、ビジネスマンは今の時代に生きていく参考になると買ってくれた。

塩澤　ホンダ、ソニーを含めて、一代で財をなした創業者は、カリスマ性もあり、読者の心を打つ何かがありましたからね。

末廣　ええ、いまはそういう人が亡くなってしまったから……。スポーツにしてからが昔はON——王と長嶋を書いていればよかった。今、落合、原を書いたところで、タレントの域を出ないでしょう。芸能界にしても、聖子がどうかこうか、話題になる程度で……。

塩澤　彼女は都合よく、スキャンダラスな話題をつくり出してくれますからねぇ(笑)。

末廣　政財界、スポーツ、芸能界をとおしてそういうカリスマ性のある、話題性のある人がいなくなった……。

塩澤　ここへ来て、国際政治で最後のカリスマ性をもった金日成も亡くなったし……。
末廣　月刊誌が追っかけても、新聞、週刊誌に荒らされたド真ん中へ入って行く（笑）ようなもので、ニッチもサッチもいかぬ。総合月刊誌は、どの世代にアピールするか、岐路に立たされているわけで……。
塩澤　岐路というと……。
末廣　これだけぶ厚い雑誌を手にする年代――活字世代は確実に高年齢化しています。僕が「宝石」編集部へ入ったのは30歳でした。当時、その年代は係長か、係長補佐といったところでしたが、「宝石」を読んでくれていた。いまの読者は、年齢は上がって来ていますし、月刊誌離れが激しい。
塩澤　売れている「文藝春秋」の読者は、40代、50代と高齢化し、30代はほとんど読んでいないというデータがありますね。
末廣　それに、ビジネスマンは専門誌の「ダイヤモンド」を読んだり、永田町を扱ってもそちらの専門誌「政界」など（笑）で情報を得ている。小説の連載をやっても、単行本になるまで待って、そちらを買うんですね。
塩澤　まさに、総合誌受難時代といえそうですね。新聞の社説ではないが、この種の雑誌には出版社の姿勢、オピニオン・リーダーとしての立場を担う面がありますね。
末廣　わが社の場合、エンターテインメント誌、女性向けのファション誌がありますす私どもの「月刊宝石」はその中にあって、どういう位置を占めるかです。
塩澤　その位置づけによって、社の心がまえも変わってくるでしょう。講談社は戦後、文芸誌の「群像」を出しました。文芸誌は恒常的に赤字を宿命（？）づけられていますが、「群像」を発行していることで、講談社のステイタスは上りましたし、書籍、文庫、文学全集で見事な図書目録となっています。
末廣　総合雑誌を持っていると、社会にものが言えますね。7、8月号に元防衛庁長官中西啓介氏に、日本をどう守っていくか。自衛隊はどこまで持ちこたえられるか。正服組は今、何を考えているかを正しましたが、月刊誌である強味で、真剣に答えてくれました。僕はオピニオン雑誌の長であるかぎり、このメディアを大事にしていきたいと考えています。

永田町の情報をどう料理するかの時代

塩澤　総合雑誌となると、どうしても政治経済といった硬派記事が主流となり、売れる要素に欠けますね。

末廣　僕は30年この仕事をしていて、考えることは決まっているので、今、若い人の力を活用して自由に仕事ができるようにしています。巨人軍が40代の落合と20代の松井で前半戦を突っ走ったように、若い力と年寄りの力が交った総合の知恵が出るように心掛けています。徐々に変わってくるのでしょう。

塩澤　週刊誌はヘアで上昇気流をつかみましたが（笑）……。

末廣　女性は大好きだが（爆笑）、記事にするのはうまくない。昔はヌードもあったが一切やめてしまった。しかし、これはイケない。目下、ヘアにまさる活字はないが、どういう形でお色気を扱うかを偵察中です。活字のほうがはるかに興奮するはずですから（笑）。

塩澤　単行本一冊分の50頁特集を入れていますね。

末廣　一年前からスタートした〝誌中本〟です。50頁をかけて毎月いろんなことをやったが、ある意味では成功、ある意味では大失敗でした。「釣り」を例にとると、まず釣りに興味のない人は読みませんから、企画を慎重に吟味しないと駄目ということですね。

塩澤　成功例ではどんなものがありますか。

末廣　『忠臣蔵の謎』とか、田中角栄秘書の早坂茂三さんの『鈍牛にも角がある』でした。忠臣蔵は、筆者が東京から赤穂までオートバイで走り抜け、その体験を江戸時代と照らして書いたり、早坂さんには「好きなことをやってくれ」と50頁をまかせました。後に加筆して単行本になり、10万部のベストセラーになっています。

塩澤　早坂氏は毀誉褒貶半ばする、したたかな書き手ですから……。

末廣　この頁は、ノンフィクション作家、評論家、政治家等に50頁、好きなものを書かせて、後に単行本化し、ベストセラーを狙っていきたい。それと9月号から、1回130枚、3回連載で、広瀬隆さんに『兜町の妖怪』にとりかかっていただいています。

塩澤　3回でゆうに単行本になりますね。政治の記事はどのような扱い方を……。

末廣　永田町ものは好きですね。地方の読者には読まれていました。しかし、それはあくまで角サン中心でして、いまはクセのある政治家不在で難しい。ですから、永田町の情報をどういう風に料理するかの時代ですね。

塩澤　出版社系の週刊誌、写真週刊誌は、ある政治家に「金と色」という付加価値をつけて、読ませるようにしていると言っています。

末廣　一時、「文藝春秋」が公明党の大橋代議士の手記で売り切れたことがありました。その公明党も、いまは駄目ですしね。

塩澤　国際ものは……。

末廣　カタカナが入るとまず受けません。うちには、NHKにいた日高義樹さん、落合信彦さんを抱えていますが、これで売れるというものではない。

塩澤　うむ……。難しいですね。

末廣　30年編集をやっていて、初めてしみじみと、「この企画で650円出して本誌を買ってくれるか」を考えましたよ。編集者と執筆者が、親しいからと原稿を頼むのではなく、650円出してくれる読者を考えなくてはいけないと……。

塩澤　「暮しの手帖」の花森安治さんは、常に「暮しの手帖」の価格を口にして、「読者の人たちが、本屋さんの店先で落さないように、すられないようにとポケットやふところ、ハンドバッグの中に大切にしまってある財布をとり出し、その中から520円出して『暮しの手帖』を買っていってくださる。これは大変なことだということを、君たちは考えたことがあるか」と編集部員を叱咤したそうです。

末廣　……。昔は、梶山、三鬼のレポートで売れたが、名前で売れる時代は終りました。いま、いちばんわれわれに課せられたテーマは、どのような企画で、どうやって650円の雑誌を買っていただくか……です。そのためには、毎月は無理でも、年に何回かは世に認められる企画、情報を出していかなくては……。

塩澤　おっしゃるとおりですね。誌面構成はどうなっていますか。

末廣　400頁のうち、100頁は政治。100頁が経済社会。50頁が手記やインタビュー。あとはその時々のバランスです。レギュラーものは、コラムが8本で32頁、小説一本で30頁、活版広告30頁といったところですか。

塩澤　編集の編成は。

末廣　女性1名を含めて9名。年齢はいちばん若い者が27歳、上が58歳で、平均をとれば40歳前後です。読者の平均年齢は52～53と高いですが……。

塩澤　最後に、ここ1年間での自慢のスクープを一つ。

末廣　一昨年、前後2回にわたってやった東英機の『獄中記』がよく売れました。これは東条家から出た資料を大切に保管していた東条家の方に、ライターの佐藤早苗さんが信頼をえて、公開していただいたものです。

塩澤　名企画、名特集は一朝一夕には出ないものですね。光文社のステータスをあげる総合誌として、これからも頑張ってくださることを期待します。

2001年8月15/22日号

写真で時代を読んで13年「FOCUS」編集長 田島一昌

1994.12

スリリングな一発勝負が写真の決め手

塩澤　田島さんは、「ＦＯＣＵＳ」の生え抜きですか。

田島　創刊されたのは13年前の昭和56年（１９８１年）の10月ですが、準備室ができたのはその年の１月で、私は６月から参加しました。後藤室長と５、６人が新雑誌の形をつくる準備をしていて、私が移る前に、だいたいのコンセプトはできていましてね。

塩澤　懐胎期の後でしたか（笑）。

田島　ダミー版をつくったのが８月ですから、私はどのように記事をつくるかなどの具体的な準備をやったわけです。

塩澤　「ＦＯＣＵＳ」の前は「週刊新潮」でしたね。

田島　ええ。知り合いに、週刊誌やらないかと言われて、フリーの記者をしていて、43年に入社しました。当時のいちばん若い世代だった。特集班で扱《こ》き使われましたよ（笑）。

塩澤　野平編集長の下に、後藤幸夫次長ら名うてのベテランがいたわけですから、相当な鍛えられ方だったでしょう（笑）。逆に「ＦＯＣＵＳ」では、デスクとして若い記者を扱き使ったわけで……。

田島　「ＦＯＣＵＳ」では、記事を書くことに気を使いました。行数が短いから楽ということはない(笑)。私もやりましたが……。編集長(後藤)が、若い記者が書くのに、徹夜してつきあっているのを、しばしば見たものです。

塩澤　徹夜ですか。

田島　書き上がってくるまで待っていて、それから手を入れるわけですから……。

塩澤　それも、〝写真で時代を読む〟週刊誌ですから、初めに写真がないとダメですね。

田島　そのとおりですね。こういうことをやると予定をたてて、組み上げておいても、写真が撮れていなくてはダメです。たとえば、九州で撮ってきたものも、暗室へ入って現像し、ベタが出てくるまでわからない。

塩澤　なるほど……。

田島　それはスリリングなことでしてね。カメラマンの個性もあって、シャッターは2回しか押していないから……とか言って、感じではわかっていても、安請合いしない。ヒヤヒヤしていると、うまくいくときと、ダメなときと。

塩澤　失敗しても、九州まで撮り直しには行けませんよねぇ（笑）。

田島　基本的には週刊誌ですから。もう一回撮り直しはできても、ネタとしては取り上げられませんね。また、相手の状況があってのことだから、やり直しはきかない。

2頁（ワン・テーマ）を数人で取材する

塩澤　文字どおりの一発勝負ですね。

田島　タテマエとしては、話の内容から推して、どんな写真を撮るか、あらかじめ考えておかないとダメです。ゆっくりしたペースではないですからね。そのうえで、ハプニングの要素があるから、その面白さもあるわけです。

塩澤　私は創刊から「ＦＯＣＵＳ」は読んでいますが、福田文昭氏とか、磯俊一氏といった創刊以来のベテランが、通巻６５７号の現在も活躍しているようですが。
田島　スタッフとして活躍している20人のなかに、10人ぐらいはいるでしょう。うちは１００人くらいのカメラマンに協力を願い、それぞれ得意の分野の写真を、こちらからお願いしたり、売り込みを受けたりする、恒常的な仕事関係にあります。
塩澤　舞台とかスポーツといった専門分野をもつ著名な写真家などですね。編集部の陣容は……。
田島　40数名です。外部記者はいません。創刊以来のリライト専門記者が2人と、あとデータ原稿の取材や、取材して原稿を書く記者たちです。テーマによって、一人でやるものもあるし、キャップの下に5人で取り組むものもあります。
塩澤　毎週68頁のなかに、20数本入っていますね。基本的に2頁がワン・テーマになっているようですが、その一本に数人が取材にかかることもあるわけですか。
田島　コラムは、18字で60行がだいたいの長さです。ものによっては書ききれなくて、80行、90行になるし、場合によっては4頁ものもある。仮に60～70行としても、結局、取材をする場合、もっと長い5頁、6頁ものと変わらないわけです。記事のヘリはどこにあるか……で、４人、５人で取材をすることもでてくる。
塩澤　「週刊新潮」で4、5頁ものが、2頁のコラムになっている例が、よくありますものな。
田島　そのうえ、カメラマンがセッティングに手間はかかるし、写真を拾うための作業もあります。
塩澤　拾うというと……。
田島　写真を借用することですよ（笑）。
塩澤　ああ、被害者とか、加害者の顔写真とか、関係写真などね（笑）。取材班はどのように組んでいますか。
田島　その週、その週で、取材によって分けていて、恒常的に、5班とか4班にはしていない。
塩澤　出たとこ勝負の強い雑誌だから、常に臨戦体制にわるわけですね。
田島　臨戦状態ですが、13年もやっているから、もうそういうもんだと思っています。（苦笑）。まともな時間……10時頃には家に帰っていますよ。
塩澤　……とは言え、週休二日制ではないでしょう（笑）。
田島　週一日休みの体制で。
塩澤　あらかじめコンテを立てておけない誌面ですから「ファミリー」とか「ヒーロー」「アウトロー」などと、コラムタイトルを細分化していて、なんでも料理できるようになっていますね。
田島　コラムタイトルは、40ぐらいあります。
塩澤　政治がらみのテーマは、「ヒストリー」だの「パーティ」と生活感覚のなかで巧みに区分けして入っていますね。
田島　必ずというわけではないが、バランスを考え、おおむね政治がらみの話は、毎号一つは入れていて、社会的事件として、できれば人の知らない話で、面白い独自のものを見つけたい！　と考えていますが……。

別の視点から花も実もある記事を書く

塩澤　偶然のチャンスで撮った素人の売り込み、タレ込みは多いですか。
田島　それほど多くはないですね。持ち込まれたものでも、撮れていないことがある。たとえば、交通事故の一瞬を目撃して撮ったつもりでも、目は見ているが、シャッターを押していない（笑）。
塩澤　一コマぐらいズレているんですね。
田島　それに標準レンズだと、撮れていても小さい。
塩澤　タレ込みから大スクープのケースは少なくないですからね。
田島　ええ。読売の黒田さんの『武器輸出』は、タレ込みからスタートして、時間と手間をかけて、スクープに持ち込んでいます。少々、奇想天外の話でも、むしろ目を光らせて、耳をたててよく聞かないと。むろん、いい加減な話もありますがね

（爆笑）。

塩澤　田島さんのスクープを一つ……。

田島　うーむ（長考）。そうくるだろうと思っていたんですが（笑）。政界がらみだと、日本皇民党の竹下ホメ殺しの時、佐川急便が稲川会の石井会長に頼んで、動きを止めてもらいましたね。その代償として竹下が、田中邸へ行き門前払いを食った。この一件で佐川急便、金丸、石井の関係が明らかになったわけですが、うちは92年8月に『「日本皇民党事件」に提示された5億円の核心』のタイトルで、大島総裁にインタビューをして、もっとも早くまとまった記事を載せています。その時点で、政界関係事件にも触れています。

塩澤　ずいぶん早かったですね。写真などは？

田島　亡くなった党主のその後を継いだ大島新総裁の写真などで、写真的には面白いものではなかった。その点、どうしても一定の限界はある……。

塩澤　活字を主体とした週刊誌との差でしょうね。芸能もので面白いものは。

田島　松田聖子の愛人のジェフ君が前回来日した時、聖子とジェフ騒ぎになりましたが、うちは、日本の愛人を暴露しました。これなど、「いま起こっていることを、別からみたらどうなるか」工夫した視点で、記事、写真を移動してみることで面白くできたケースですね。正面のみでとらえないで、後から上から視点を移動して捉え、花のある実のある記事をシコシコと書いていくことです。

塩澤　ビートたけしと細川ふみえの朝帰りの写真は、ねばって撮ったが、残念なケースでしたね。

田島　六本木で飲んで、たけし軍団のマンションに二人は泊まり、翌朝、別々に出てきたところを撮った、ツーショットですね。あれなど、「そういうこと　ありました」と写真は語っているが、写真に面白さはない。

塩澤　一緒に出てきたとこを撮れば、ニュース・バリューも大きいのに（笑）。

田島　写真のよさと、記事のバリューがうまく合えば反響を呼ぶんですがねえ（笑）。

“倫理規定《コード》”はケース・バイ・ケースで

田島　話題は飛びますが、「FOCUS」が創刊されて、発行されているなかで新聞の写真もずいぶん変わった。ただガン首が載っているのではなく、もうちょっと踏み込んできた。

塩澤　新聞ばかりか、週刊誌のグラビア、テレビもですよ。

田島　よかれ悪しかれ、どこへも押し込んでいくようになった。どこまで許容されるかの問題はありますがね。

塩澤　テレビが写真週刊誌と同じ手法で撮るようになると、テレビのほうが早いから苦しい立場になりますね。

田島　ええ。テレビで離れてない新しさをどう伝えるか……、その有効手段を考えなくてはならないんで、それは苦しいですよ。

塩澤　“3FET”と言われた、後追いの同工異曲誌が撮った時も、その差別化に苦慮されたのでは。

田島　あのときは、各媒体からさんざん同じことを聞かれましたよ（笑）。私は、編集部がちがうんだから、風合のようなものがあって、それぞれの出版社の匂いが暫くやっていれば出てくる。フォーマットは同じでも、やがて違ってくると言ったんですよ。それはそのとおりになった。

塩澤　おっしゃるとおりですね。

田島　私どもは社会風俗を含めて、ニュースを伝えるよう頑張っている。他に能がないから、コケの一念でやっている（笑）、二誌は芸能色、お色気が濃かったりして。

塩澤　後藤さんから田島編集長へと変わったわけですが、基本的なスタンスは変わらないのですね。

田島　こういうふうにやっていこうという線は変わりません。ただ、その線をどうやって時代の変化に合わせていくか、記事のつくり方をどうすればいいか、その時々に、いろんな困難はある。思うようになかなかいかぬものですよ。なんでもそうですがね（苦笑）。

塩澤　交通事故などの死体を、正面から載せたのは「ＦＯＣＵＳ」でしたね。最初の頃は衝撃的でした。

田島　百聞は一見にしかず……事故とはこういうもんだということを、即物的に一枚の写真で伝えたわけです。世の中はキレイごとばかりではない。無いふりをしたままで、すむことではないですから……。しかし、死体の写真も、マンネリ化してきたから、近年はやっていません。

塩澤　ある写真週刊誌は、５００余名が死んだ日航機の大惨事の時、凄惨な写真のオンパレードでした。また最近はヘア・オンパレードで（笑）。

田島　よく「倫理規定《コード》はありますか」と聞かれますが、「ケース・バイ・ケース」と答えているんですよ。そのときどきで判断するから面白いのであって、はじめからコードを決めていて、記事ができるわけはない。ヘア・ヌードにしても、うちは二歩先を行かない。ヘアの中がどうなっているか、それまではやらない（爆笑）。家庭もあり、友人や喧嘩友だちもある普通の生活のなかの常識を持たないと。

塩澤　そのうえで、誌面を面白くさせていくことですが、難しいですね。

田島　まず、自らが面白がらないとダメですね。目に訴えるものを見せていく。そこで荘重になってはダメですね。私は50をすぎていますが、この仕事は若さがないと勤まらない。

塩澤　最後の頁、マッド・アマノの『狂告の時代』は、創刊以来愛読しています。見事ですね（笑）。

田島　目線がいいでしょう。そのときどきの面白さ、生気のよさを出している。同時性の面白さですか……。

塩澤　誌面全体からも、同時性の面白さを噴出され続けることを祈ります。

ゲンダイ
視力低下防ぐ5カ条
テラハ
フジ常務の影
東京第2波
危スポット
小池圧勝なんて、とんでもないぞ!
宇都宮氏の主張はすべて真っ当

2020年6月1日号

〝1時間半の情報量〟で勝負
「日刊ゲンダイ」編集長 下桐 治

1995.1

週刊誌の経験者でつくる〝日刊雑誌〟

塩澤　下桐さんは、「日刊ゲンダイ」の生えぬきでしたね。

下桐　ええ。講談社で「日刊現代」の編集部は6年やっていまして、30歳からこちらへ入社しました。出向という制度はなかったので、依願退社して入社したわけです。

塩澤　講談社から来た川鍋さん（現社長）や、鈴木さん（専務）もですか……。

下桐　出向はやらない時代ですから、講談社から来た数名——編集でいえば4人すべてそうです。

塩澤　私は創刊準備のころから、川鍋さんをはじめ、柴さんを知っているのですが……。

下桐　いまでも勤めていますよ（笑）。

塩澤　それは見事な経営姿勢だ……。

下桐　昭和50年10月27日の創刊ですから、20周年が過ぎたわけです……実はその日に社長が「今日は、20回目の創刊日だった」と、言いましてね（笑）。

塩澤　創刊20周年の日にですか（笑）。

下桐　当社は、本日何千号とか、何周年といってパーティはやらないし、関心はないんですね

（笑）。読者には関係ないことですから、気にしていないんですよ。

塩澤　なるほどねえ（爆笑）、さっぱりしていいですなあ。で、「日刊ゲンダイ」は、新聞ではなく、日刊雑誌を標榜していますが……。

下桐　週刊誌の経験者ばかりです。で、その週の出来事、事件の推移を追っていては、新聞、テレビに先を越されて、真似をしていく予感がありました。

塩澤　それで新聞の雑誌化を考えた……。

下桐　いま出ている新聞は、全紙が同じ誌面をつくり、編成です。このままではあきられて読者ばなれが起こると考えました。その一方、週刊誌は、サイクルが長いが、原稿を書き、割付けして印刷所へ入れ、長い時には1週間もかかることがあった。このあたりを考えて、週2回のペースで出る週刊誌があってもいい……それなら、一冊の週刊誌を毎日出していいではないかとなったわけです。

塩澤　日刊紙と週刊誌の間隔を埋め、その利点だけを取る考えですね。しかし、週刊誌をつくってきて日刊マガジンになり編集上で戸惑いはなかったですか。

下桐　誌面編成にはこだわらず、新聞の面割《めんわり》が、週刊誌の台割《だいわり》に近いと考えればいいわけですし、「日刊」となっても、男ものの週刊誌をつくっている心づもりですから……。

塩澤　発想の転換ですね。ところで、編集は二局制になっていますね。下桐さんは第一局長ですが、担当、分野はどうなっていますか。

下桐　1面から7面までで、週刊誌で考えれば1折、2折の外側の担当です。二局の浦上局長が内側ということになりますか。分担するのは、政治、事件、経済、企業、株と、野球、ゴルフ、競馬などですね。第二局は、実用もの、コミック、健康、人物、芸能、五木寛之さんの連載や小説といったところ……むろん一局とクロスすることもあります。

記事には余計な枝葉をつけない方針だ

塩澤　「日刊ゲンダイ」と聞いて、ピンとくるのは、見出しの激しさです（笑）。

下桐　うちは、宅配は1％、99％は即売で毎日、100円を払って買っていただいています。つまり、毎日が勝負ですから、意識して、どうやって買ってもらうかを考えています。

塩澤　見出しの強さも、そのため？

下桐　いや、売らん哉《かな》だけで、こんなしんどい仕事はやりたくない。頭の中にはジャーナリズムの道〝世のため、人のため〟になることを考えています。しかし、毎日、電車で通っているサラリーマンに、どうやったらアピールするものができるか、車中で読んで、家へ持って帰って奥さんに読んでもらえる誌面ができるかを考えています。

塩澤　一面は、当然、政治、経済といった硬派記事ばかりではないわけだ……。

下桐　週刊誌のトップ記事と一緒です。サラリーマンに関心のある、重大な影響のあるもの……野球のペナント・レースとか、土曜日だったら菊花賞や天皇賞の競馬、あるいは大きな事件は一面でとりあげています。

塩澤　その一面は、常にインパクトのあるタイトルですが、クレームはつかないですか。

下桐　よく、同じようなことを聞かれますが、日本はその点、民主主義の社会だと思う。メディアの相手もきちんと対応してきます。記事やタイトルについて、圧力のかかったことは、ほどんどないですね。

塩澤　出版社系の週刊誌では、記事の差し止めとか、トラブルがけっこうあるようですが。

下桐　個々の記事で名誉毀損で訴えられたことはあります。が、むしろ、他誌に較べて、少ない方ではないですか。

塩澤　ほう……そうですか。

下桐　誌面について、圧力がかかってきたら、全然、話がちがうから、その時は戦わねばならぬことですが……。

塩澤　読者の不満や、時の為政者への憤りをかきたてるようなタイトル、記事づくりですから、当然、権力者側からの圧力には、果敢な抵抗をしていただかないと……。

下桐　うちはエキスキューズ――按配《あんばい》することがないから、タイトルも記事もすっきりしてわかりやすいのではないですか。夜、読者から電話で、『わからぬことが、よくわかったよ』という声があります（笑）。僕は「記事に余計な枝葉をつけたり、飾りをつけるな」「エキスキューズはいらぬ……」と言っているんですよ。

塩澤　相手の立場を考えて、斟酌《しんしゃく》はしないことですね（笑）。トップの人柄が反映しているわけだ（爆笑）。

"役に立ち、得をする情報を書け！"

塩澤　15万8800部で創刊し、創刊号はわずか2時間ほどで売り切れたそうですが、その後の2年間はしんどかったようですね。たしか、ロッキード事件あたりから、上昇気流に乗って伸びはじめたのでは……。

下桐　いや、あのころはまだ、さんたんたるもんでした（苦笑）。創刊から4、5年は、前年比で伸びはあったが、部数は相当少なかった。それが、55年の大平さんのダブル選挙あたりから、上昇気流に乗れたわけです。

塩澤　どのようなきっかけで……。

下桐　ロッキード事件とか、疑惑事件などでは、一般紙にはやれないことがある。システムとか、伝統的にそうなっているのですが、大新聞がやれないとなれば、「では、僕らがやろう……」と、少ない影響力でも斬り込んでいった。それが読者に受け入れられたと思いますね。

塩澤　天（大新聞）に、代わって、不義を討つ形だな（笑）。

下桐　その思い切った記事やタイトルが、読者の溜飲を下げたのかも（笑）……一般紙は、事件が終わると、後追いしたり、しつこくはやらない。だが、大きな事件には、繰り返し書くことがいくらでもあります。たとえば、政治改革など、うちは、「これでいいのか……」と、何回でも書いています。

塩澤　大新聞に代わって、キャンペーンをやっているわけですな。

下桐　大マスコミ批判をやるのも、そのあたりを、ちゃんとやるという気があるからです。

塩澤　川鍋社長は、「週刊現代」編集長時代から、硬派で鳴らしていた人ですから、その流れは、「日刊ゲンダイ」に継承されているわけですね。

下桐　川鍋社長が、創刊当初から口酸っぱくして言ってきたのは、「サラリーマンの役に立つ記事、得する情報を書け……」ということでした。芸能、スポーツにしても、彼らが生活していくうえに役に立つこと……読者の関心は多種多様ですが、それを満足させる分野を、全部揃えていないといけないと。

塩澤　講談社を創業した野間清治社長は、「面白くて、為になる」という言葉をかかげている。「役に立って得をする」は、創業精神にも通じますね……創業といえば、「日刊ゲンダイ」の初代社長野間惟道氏には、生前、胸襟を開いたお話をうかがったものでした。社長は、講談社社長になられた後でも「日刊ゲンダイ」にふれると、創業時に苦労された皆さんを「戦友ですよ」と、特別の親愛感を披歴されていました。

下桐　（しんみりと）惟道社長は、創業前の準備期間2年を入れ、55年まで丸7年、「日刊ゲンダイ」で苦労されました。講談社社長にもどられて、経営体質の若返りを図られ、これからという時に、49歳の若さで亡くなられた……。

塩澤　その晩期、親しくしていただいただけに、早逝が惜しまれてなりません。

タイトルを決めるのは発売四時間前に

塩澤　部数はいま、どのくらい？

下桐　公称165万部ですね。その内訳は、東京117万部、大阪35万部、去年から名古屋へ進出して、12万部です。

塩澤　固定読者は。

下桐　週に2回、3回買っていただく人も固定読者と考えていますから、相当います。

塩澤　ある夕刊紙の編集長ですが、朝刊とちがって、「家路に急ぐサラリーマンに、財布を開かせて、夕刊を買わせることは並大抵のことではない」と言っていました。それで一面の見出しを特大活字でエキサイティングにするのだと。

下桐　同感ですね。「日刊ゲンダイ」は「タケノコ積み」と言って、丸めて高く積み上げて行きます。で、題字横と、題字下のタイトルを決めるのは、発売四時間前の朝の仕事になる。

塩澤　100円を出して買わせるだけの惹きつける記事が、必要なワケだ。

下桐　プロ野球や競馬で買う人、お色気にひかれて買う人もいる……どこで買ってもらってもけっこう。デパートのショーウインドウは、品物が多い方がいいという話があります。新聞も、売りものを多くして、各分野トータルが固定読者になると考えています。

塩澤　「夕刊フジ」は、スポーツでも芸能記事でも、人間ドラマに仕立てるのだと言っていましたが、「夕刊ゲンダイ」の編集方針は？

下桐　フジさんは、即売紙の分野を開拓してくれた8年先輩です。あそこは、一面で人物をやっていたことがあり、人間が伝統的に一つの柱になっていますね。うちは、「役に立ち得をする」「人間への興味」「サラリーマンの健康と会社の情報」「遊び・エンターテインメント」それらの記事を通して、世のため人のためになるということですか。

塩澤　それをつくり出す編成は、どのようになっていますか。

下桐　東京が、整理・校正・写真を入れて100人に、営業・広告が40人の140人体制です。そのうち、記者は70人余ですね。大阪は広告・

販売も入れて50人です。

塩澤　編集局は、政治・経済とか、文化部に分かれていますか。

下桐　一局がニュース編集部と、経済情報編集部、二局が生活情報編集部、レース編集部、芸能文化編集部と分かれています。

塩澤　フリー記者は？

下桐　創刊当初は、社員30人くらいで、フリー記者をおきましたが、雑誌とちがって毎日が締め切りで、難しいので、フリーもまもなく社員にしました。

塩澤　毎日が締め切りの切れ目のない仕事となれば、責任の所在を明確にしなければならず、フリーにはまかせきれなくなりますね。

下桐　一般紙はローテーションを組んで、月に2本ぐらいの80行程度の記事を書いて「書いたー」と言っている（笑）。「日刊ゲンダイ」は、特集の350行を2人で書いていて、書く量は圧倒的にちがいますよ（爆笑）。

塩澤　質にもよるが、80行で「書いた」とはうらやましいかぎりだ。

下桐　この仕事は、業績がすごく大切ですね。知識、取材体験、年輪も含めて……むろん、若い発想・感覚も必要ですが、中心の仕事は経験が大きい。日刊は若い記者を一から手をとり足をとって教育する時間がないから、本人が自ら鍛えていくことが大事でしょう。

塩澤　そうですね。女性読者の対比率は。

下桐　クイズ・プレゼントに女性の応募は非常に多い。これは「日刊ゲンダイ」が、1時間半の通勤時間に、車中で読めるよう、盛り沢山の情報を入れてつくっている。それを車中で読み、持ち帰ったものを、奥さんが読んで、クイズに応募してくる故でしょう。

塩澤　1時間半――90分の購読に耐える役に立ち、得をする記事と、情報というわけですね。ますます、充実した誌面になるよう、期待しています。

「新潮45」

他誌に惑わされず独自の路線を行く

編集長
亀井龍夫

1995.2

「日記、伝記の雑誌」としてスタート

塩澤　「新潮45」は亀井さんが担当されてから、表紙をはじめ誌面、フォーマットが一変しました。

亀井　いろいろと試行錯誤の繰り返しですが、先輩諸雑誌のマネだけはすまいということですね。

塩澤　どのようなきっかけから、そのベースにしたのですか。

亀井　昭和59年の年の暮れに、社長に呼ばれて「45＋《プラス》がよくない。君に任せるから好きなようにやってみてくれ」と言われましてね。準備期間を3カ月かけて、45＋《プラス》をやめて60年の5月号から「45」にしました。

塩澤　その＋《プラス》をとった時からというわけだ。

亀井　準備期間の間に、担当の斉藤十一専務に「君たちの好きで読みたいもののリストを出せ」と言われました。で、編集部は前編集長以下4人でしたが、走り回ってテーマを書いてもらいたい著者のものを40本集めました。一夜漬けですかね（苦笑）。

塩澤　40本もですか（笑）。

亀井　そしたらねぇ。40本を整理してみると、日記と、日記をもとにしたエッセイ、伝記を読みたいという意見が多かった。ルソーの有名な「懺悔録」を例にとれば、あのなかにどれだけの嘘が書かれているか……といった批判的なものです。

塩澤　フランス革命の父は陰で私生児を次々とつくった人物ですものね（爆笑）。

亀井　とりあえず「新潮45」にした時、キャッチフレーズに「日記と伝記の雑誌」として、その最初の号に、文化庁長官に就任された三浦朱門氏の初体験日記を書いてもらいました。それから、石川達三氏の未発表日記を、未亡人からお借りして2回にわたって連載して……。

塩澤　あの合理主義者で強い人が「寂しい」とか、「寒い」とか書いていましたね。

亀井　そうでした。伝記は、経団連会長だった石坂泰三氏を、岩川隆さんにまとめてもらい、一挙に100枚を掲載しました。これは石坂氏の学生時代から始まって、貧乏時代も含めて経団連会長をやめるまでの日記が、豪華私本にされて関係筋に配られたものを手に入れ、それをモトにしてまとめたもので、文字どおりの日記と伝記の雑誌になりました。

塩澤　フィクションが入らぬだけに、集めるのが大変ですねぇ。

亀井　まったく恥かしい話ですが、日記と伝記だけでは大変です。それで、ルポルタージュ――ノン・フィクションを始めたわけです。最初は吉岡忍さんに日航機事故を書いてもらいました。マスコミあげての日航バッシングのなかで、日航一万人の社員は、事故の時何をしていたかですね。一回のつもりが連載となって、非番でたまたま大阪の実家に帰るために乗り合わせ、奇跡的に助かった川上恵子さんの独占手記も掲載して、その号は完売しました。

死を直視する「人は死ねばゴミになる」

塩澤　「太陽と死は直視できない」というコトワザがありますが、「45」は死の特集をよくやりますね。

亀井　デス・エディケーションを始めたのは、柳田邦夫さんの『死の序章』あたりからです。それまで死はタブーで、上智大学のアルフォンス・デーケンさんの『死の準備』『聖霊エスピス』ぐらいしかなかった……。

塩澤　そうでしたね。

亀井　最近でこそ死はタブーでなくなり、「大往生」など、ベストセラーになっています（笑）。

塩澤　新聞でも尊厳死、安楽死が論じられるようになっていますから（笑）。

亀井　私が「45」を担当して3年目の新年号で、曽野綾子さんに『私の死の準備』をやってもらいました。その年は『死ぬための生き方』をやり、反響が大きかったので何回かに分けて続けましたが、開高健さんにもお願いしました。

塩澤　たしか癌で手術をされた後ですね。

亀井　ええ。それでお願いするのが難しかったのですが、出来上がってきた原稿を見た時、「もしかして、自分が死ぬことを知っているのではないか」といった感じを受けました。

塩澤　……。

亀井　「45」になってからは、逆に健康のための頁、生きるための頁は一頁もありません。その種の記事は、他誌にお任せしています。新聞やその雑誌でやらぬことをやれば、結果的に死の問題やボケの問題になるわけで……。

塩澤　伊藤検事総長の『人は死ねばゴミになる』も、インパクトの強い手記でした。

亀井　あれは、伊藤さんの高校時代の友人が私の知り合いで、伊藤氏が入院中『死ぬための生き方』をお読みになった旨を聞いていました。さすがに、ひるんだのですが、原稿を書いていただくよう手紙を書きました。その返事をいただく前に、検事総長は記者会見して、癌であるから任期半ばだが、おやめになることを明らかにしたのです。

塩澤　連載はその直後でしたね。

亀井　３回連載をやりましたが、発売３日間で完売となり、その時、やっと「45」も定着したたなと感じました。私が編集長になって3年目でした。
塩澤　それにしても『死ねばゴミになる』とは、ものすごいタイトルです。
亀井　タイトルは、伊藤さんの手記の中の会話にあり、それを生かしたものです。ところが、電話と手紙の読者反応がありましてね。いずれも未亡人からでしたが、「死ねばゴミになると言わないで」といった反論でした。私は「お亡くなりになった方は、仏さんになっているから大丈夫です」と、返事を出しておきました。
塩澤　胸をうつ話ですね。最近では薬九層倍の内幕とか、抗癌剤のおそるべき副作用など、きびしく告発していますが……。
亀井　抗癌剤や薬は、書くところがない。新聞がなぜ載せないのかは、製薬会社は最大のスポンサーだからです。「45」は残念ながら、薬の広告は一つもない（爆笑）。
塩澤　広告のない強味（爆笑）！
亀井　癌は、専門家でないと迫力がない。ずいぶん書き手を探して、慶応医学部の放射線科講師の近藤誠さんに書いていただきました。
塩澤　身近に癌で逝った者がいましたから、身にしみて読みました。癌の撲滅は不可能のようですね。
亀井　癌の撲滅と地震の予知は、絶対不可能でしょう。「45」はこういうものは、遠慮なくやってしまう（笑）。抗議が来ないかと、首を長くして待っているが、来ないですねぇ（笑）。
塩澤　地震など、起きる前にナマズが泳ぎ回っていたとか（爆笑）。あい変わらずだ……。長寿社会への批判も熾烈ですね。
亀井　日本人の平均寿命は、20年前までは先進国では最低でした。それがいまは世界一の長寿国となっているが、外国では笑いものになっている。日本は血液剤の世界一の輸入国になって、それはすべて老人の延命のために使われているわけです。長生きはめでたい話ではなく、悲惨なんです。
塩澤　恥ずかしい話ですね。

亀井　その後、私の気のせいか、平均寿命は毎年更新して世界一になったが「めでたい」という論調は減ってきたように思います。

塩澤　見事な先見性です（笑）。

亀井　しかし、株の大暴落の予測とベルリンの壁の崩壊予測は、2年早かった（笑）。株の暴落は、バブルの最盛期に朝日、読売といった大新聞が、主婦に株を勧めていた。それを見て「45」は「一日千秋の思いで待つ兜町大暴落」とやったが、2年早かった……（笑）。

塩澤　いずれにしろ大暴落にはなっている。

亀井　ただ、朝鮮半島の北と南が手を握るだろうといった予測は、一行も書いていません。よそのやることはやらない——自らの立てた法則に縛られたところはありますが、絶えず反省しながら、暗中模索している毎号です。

悪口のないジャーナリズムは退屈だ！

塩澤　政治の扱い方はどのようにしていますか。

亀井　政治記事の扱いは「45」では非常に難しい。もっぱら、西部邁さん、藤原弘達さんにやっていただいています……。一つ面白い話がありましてね（笑）。金丸ヤメロの狂乱フィーバーの時『金丸』でなければ政治家はつとまらない」と、ホメ殺しの手法でやりました。そうしたら、ある銀行の重役から「竹下登をやってくれないか」と言って来ました（笑）。ごていねいに編集部からお断わりしましたが……。

塩澤　「45」に対しての認識不足もはなはだしい（爆笑）！　そういえば、「45」は政治改革だの細川内閣の礼賛は一つもやっていないですね。

亀井　行政改革、地方分権もないですよ。細川内閣なんて、あれだけ騒いだが、なんだったんでしょうねぇ。

塩澤　小沢一郎はやったのでは？

亀井　「小沢対ビートたけし」はやっている。それから、村山内閣もやっています。早坂茂三さんに『誰が本気なの「村山総理大臣」』のタイトルで。その要旨は、トンちゃん自身は本気で総理大臣をやっているらしいが、国民は本気で彼を総理だとは思っていないと。政治家は清く正しく美しくの宝塚歌劇をやっているのではない、ということですね（笑）。

塩澤　早坂さんは田中角栄さんの秘書だったから、そのあたりはお手のものですね。彼の筆法は、親分の説法に似て読ませます。

亀井　新潮社から3冊出していますが、200万部の売れ行きです。早坂さんは書きたいものは、ツボを心得ていて、原稿も早い。さすがですよ。

塩澤　角栄氏の秘書といえば、佐藤昭子の『私の「田中角栄」日記』、いいタイミングで掲載しましたね。

亀井　角栄氏が亡くなられてからのつき合いです。よくやったと思います。

塩澤　12月号のたけしの『死ぬための生き方』も、なかなか読ませました。ポスト、文春等、事故後の彼の〝独占手記〟とやらが各誌をにぎわせていますが、「45」はもっとも読みごたえのある整理をしていて、感心しています。

亀井　たけしさんは「週刊ポスト」が先鞭をつけていました。それを読んでいて「かくも正論を大胆不敵に書ける人は、この人しかいない」と、ご登場願ったのでした。「45」は、ポスト流の毒舌だけではなく、政治、経済、風俗と、毎月10ぐらいのテーマの質問を準備して思う存分、まともにやっているわけです。

塩澤　文章のキレがいい。

亀井　彼はアドリブの天才！　立板に水です。じつはたけしさんの『死ぬための生き方』は、早い時期に書いてもらっていました。だが、ポスト、文春より後にということで、1カ月以上待ちました。「かまわないからやっちゃえ！」の声もありましたが、彼との信頼関係でオクラにしていたのです。

塩澤　生き馬の目を抜くマスコミ界で、いい話ですねぇ。いままでに、いちばん受けた企画はなんでしたか。

亀井　雑誌が1冊もなくなったのは、匿名で、音楽批評家を斬った『タイコ持ち批評家の座右の銘』でした。かくも外来音楽家が来るのに、誰一人悪口を言う者がない不思議さを衝いた。権威の仮面をひっぱがすのも「45」の仕事でしてね。

塩澤　悪口って面白いですからね（笑）。

亀井　椎名誠さんと対談した時、「『45』は悪口が面白い。悪口のないジャーナリズムは退屈だ、その意味で『45』は最高だ」と（爆笑）。

塩澤　同感ですね。私が創刊以来、愛読しているのも、むべなるかな（爆笑）。

亀井　見る雑誌でないと売れない時代に、活字でグラフに対抗するのは、悪口しかありませんね。ずいぶん、編集部としては悪口の研究をしました。「この人は、立派そうな顔をしてるが、頭はカラッポだ」といった表現（笑）。酒のまずくなるような悪口はやりません。

塩澤　う……む、まさに活字でのみできる芸当だ（爆笑）！　性はどのように？

亀井　宇能鴻一郎、山田詠美、阿部牧郎、近藤啓太郎氏らに、連載小説の形でやってもらっています。文芸誌のように年来のテーマで書いてもらわないで、編集部で考えたテーマで書いていただく。

塩澤　林真理子さんの『女文士』も面白いですね。

亀井　林さんには、下田歌子さんをモデルにした『ミカドの女』を書いてもらい、いま真杉静枝さんと2回目の登板です。小説は、性をテーマか、日記、昔の新聞を材料にして評伝を書いてもらう。その二つが柱になっています。

塩澤　これから試みたいことは……。

亀井　ノン・フィクションをやりたいですね。

塩澤　ぜひ力のこまった作品を掲載してください。

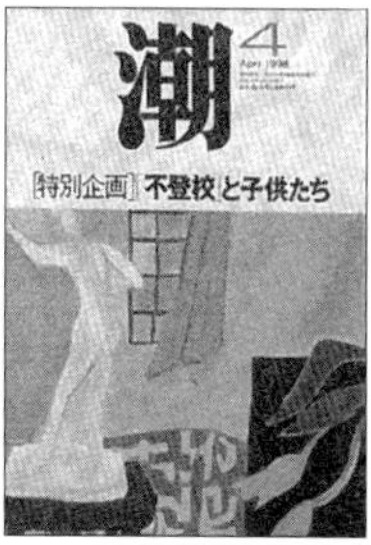

読みやすくわかりやすい総合誌を「潮」

編集長 西原賢太郎

1995.4

ビック対談が柱

塩澤　「潮」の躍進が著しいと聞いています。総合誌のトップに立つ「文藝春秋」に迫る勢いですね。部数はどれくらいですか。

西原　有り難うございます。この新春2月号は、発行部数70万部でした。

塩澤　70万部！　たいしたものですね。新春号は多いものですが、急激に増えたんですか。

西原　去年から名誉会長の対談で増えてきて。

塩澤　ほう……伸びた原因は、ミハイル・ゴルバチョフと池田大作対談。

西原　そうです。対談は相手によりますが、対談のテーマ、内容にもよります。今回の連載対談は、ペレストロイカの象徴ともいうべき旧ソ連の大統領で世界的に知られたビッグな方。テーマが「二十世紀の精神の教訓」という、はっきりしたものですから……。

塩澤　読者には実にわかりやすいし、興味のあるテーマというわけですね。

西原　ええ。これからの文明のあり方についても大いに語っていただいて、と思っています。

塩澤　その対談テーマは編集部から出されたものですか。

西原　対談のタイトルは、ゴルバチョフさんから出されたものです。
塩澤　ほう！（感嘆）ゴルバチョフ側から。下《げ》種《す》の勘繰りですが、謝礼は相当でしょうねぇ(笑)。
西原　まぁ、多少、多目程度（苦笑）。
塩澤　連載対談ですし、終了後、当然単行本化され、印税も発生しますね。日本とロシアに離れていて、長期連載となると、どのようにして行っているのですか。
西原　昨年五5月にも、モスクワで対談していますが、あとは双方から質問状を出し合って、それに答えていただき、まとめていくわけです。一回が40～50枚になりますか。
塩澤　それで一年間を通せば、ざっと６００枚。単行本にすると、相当なものになりますね。
西原　上下二巻になりそうです。一昨年、モスクワ大学前総長の物理学者アナトーリ・ログノフ博士との対談『科学と宗教』が上下二巻になりました。これがその本です。
塩澤　（手にとって）Ａ5判上製の……なかなか存在感のある本ですね。お！　司会は西原編集長がやっている（笑）。
西原　（微笑）この時は、年に2、3回モスクワへ行きました。まぁ、ビッグ対談は「潮」の柱であり、売りものですから……。
塩澤　もともと「潮」は、池田氏が会長に就任された１９６０年に創刊の〝平和と文化に貢献する〟をモットーにした雑誌ですね。当初は、創価学会内部に向けた理論誌の色合いが濃かったのですが、すぐ一般総合誌へ路線変更されましたね。それから30年あまりになるわけですが、西原さんは、いつから編集長に？
西原　平成2年からです。この4月で丸5年になりますが、その前に昭和47年から5年あまり、一回やっています。
塩澤　今、二度目ですか。その間の足どりは？
西原　大学を卒業した昭和40年に聖教新聞社に入社し、1年半後に潮出版社へ移って、5年間ほど「週刊言論」の編集をやりました。
塩澤　２回目と合わせると10年間の編集長生活ですね。それは大変ですね。で、１回目と２回目の間は……。
西原　営業を３年半やって、それから出版部へ移り、再び「潮」編集部です（笑）。

臨場感のある誌面に

塩澤　「潮」で記憶に残るのは、ノン・フィクションに力を入れていたことですね。
西原　ええ、おっしゃるとおり、ニュー・ジャーナリズムの時代ということもあって、ノン・フィクションに重きを置きました。
塩澤　手間と金のかかる路線ですが、どんな方法で切り込みをかけました？
西原　初めは「一〇〇人の証言」という手法でした。だが、それだけでは構造的なもの、深層が見えてこないので、証言取材を踏まえた上で本田靖春さんとか、岩川隆さんに『日本の新聞を考える』とか、週刊誌、テレビについて数百枚、一挙掲載のものを書いてもらいました。
塩澤　一〇〇人の証言……ああ、『娼婦にされた日本人の体験』とか、『日本人は中国で何をしたか』といった加害者の欺瞞《ぎまん》を問うたものでしたね。私は、資料として今でも保存していますよ。インパクトのある企画でした。
西原　３００枚、５００枚ともなると、脱稿するまでにカンヅメにして１カ月もかかります。最後の追い込みは大変で（笑）、ま、物量で驚かせたということもありますが……。
塩澤　岩川さんなど遅筆ですから大変だったでしょう(笑)。岩川さんと言えば、週刊誌だったか、劇画特集で読み応えのあるものがあったなぁ。やはり、資料として保存しているはずです。
西原　劇画特集は、井上光晴責任編集ということを考えて、私たちの力量の足らないところを、企画面などで補ってもらったりしました（笑）。
塩澤　人のフンドシで相撲をとる（爆笑）。私も20年あまりの編集経験があるから、よくわかります。それも編集テクニックでしょう。前の編集長時代は、ノン・フィクションに力点を置いた。今回はどのように特徴を出していますか。

西原　明確に意識はしていませんが、執筆者に新しい人を見出し、書いていただいています。

塩澤　手垢のつかない人の発掘ですね。

西原　駆け出しの編集者時代に、一生懸命に通った大御所といわれた方々の教え子――そういう方が今、大学教授になっている。そういう方にお目にかかると懐かしい気持ちになったり……。

塩澤　40代の若手ですね。

西原　今の学者は、かなり現場に踏み込み、生の資料も使って書いていています。例えば、ソ連、ロシア問題でしたら、向こうのラジオをパラボラアンテナを使って毎日聞き、新聞を読んでいて、国際会議にも出ている。現場に接している。

塩澤　国際感覚、ジャーナリスト感覚の旺盛な書き手でしょう。かつては、権威の上にあぐらをかいて、資料で発言している人を重んじたものですが、湾岸戦争を例にとるまでもなく、BS放送で、リアルタイムに地球の裏側の情報がお茶の間に飛び込む時代ですものね。書き手もそれに負けない人を起用しないと。

西原　この1、2年でかなり新しい執筆者に登場していただいています。

塩澤　かつての「潮」は、開高健、寺山修司、堀米庸三、立原正秋など、同類他誌と変わらない執筆メンバーだったものねぇ。現在は、ほとんどダブっていないですね。

西原　他誌はあんまり意識はしませんね。伝統・体質があります。先行誌は歴史の強みもありますから。

塩澤　よくわかります。ノン・フィクション路線で差別化を図ったのも、伝統・体質を考えての上だったんでしょう。思い出に残る特集に、どんなものがありますか。

西原　「一〇〇人の証言」シリーズでは、「消されたテレビ番組の全記録」を現場の記者の証言でまとめた時、あとの反響が大変でした。ご本人が希望する場合は匿名としたのですが、それでも証言者がわかって現場からはずされることもあって、辛かったですね（しんみりと）。

塩澤　マスコミは意外と保守的で、社内のタブーを洩《も》らした者への報復は厳しいですからね。

西原　……「アメリカ戦略爆撃調査団の記録」を、松浦総三さんがアメリカからもってこられた資料でまとめた時、その証言者全部を捜し出し、当時と同じ質問をしてみました。例えば、九州の山奥へ訪ねて、戦時下の証言を聞いたのですが、30何年ぶりの答えと同じでした！　まったく意識が変わっていない。これは面白かったですね。

塩澤　体験は時の流れの中で、変質、消滅化する傾向であるのに、恐怖体験はコンクリート化してしまうんですかねぇ。

西原　それから、ベトナム戦争のあと、沖縄の基地周辺で「帰還米兵の証言」を集めたことも忘れ難いですね。つたない英語で何とか取材しました（笑）。

塩澤　特集タイトルを辿れば、取りも直さず「潮」の編集信条〝平和と文化に貢献する〟わけだなぁ。

読みやすくわかりやすく

塩澤　「潮」を読んでまず感じるのは、活字が大きくて読みやすいことですね。

西原　去年の新年号から、アートディレクターの木村裕治氏に、この活字の組み方やレイアウトを作ってもらいました。九ポを基本にしていましたが、たまたま十ポ組の案も作られていた。それが、すごくよかったので、思い切って全面的に十ポ組に一新しました。

塩澤　三段組みを例にとると「文春」が19字詰めの26行。「中公」「宝石」が18字詰めの24行に対し「潮」は16字詰めの21行ですね。ずば抜けての読みやすさだが、情報量は少なくなる。

西原　九ポですと、1頁に四百字詰原稿用紙で2枚半ですが、十ポだと2枚ですから、1頁で200字減です。10頁で2000字少なくなる計算ですね。しかし、読者カードには「ゴルバチョフ対談にひかれて久しぶりに『潮』を手にしたが、その活字の大きさと読みやすさにビックリした」という内容がかなりあります。

塩澤　その読者たちですが、年齢、性別は?

西原　ずいぶん幅が広い。40代半ばがピークで、男女の比率は6対4弱でしょうか。都会と田舎の比率にあまり差はない感じ。だから「なるべく読みやすく、わかりやすく」を目指していて、「難しい字にはルビをふれ」あるいは「横文字にはパーレンで日本語訳をつけろ」と言っているんですが、校了で追いまくられているうちに編集部はついつい忘れてしまって、なかなかつけませんね(笑)。

塩澤　ビッグ対談を読むかぎり、微に入り細をうがつほどの気配りを感じますかね。ところで、政治はどのように扱いますか。

西原　う〜ん(間)まあ、ずっとこのところの動きで言えば、政治改革の方へスタンスを置いています。

塩澤　公明党の動きにパラレルしているわけですが、当然、その主義主張をフォローする誌面になる?……。

西原　公明党をまったく意識しないと言うとウソになりますが、日本の政治をあるべき方向へ変えていく……旧来の発想で考えることはしたくない。

塩澤「潮」の創刊の意図、そして背景を考えれば、当然のことでしょう。しかし、一般に市販されている以上、人間臭い売れる方向を目指す必要もありますよね。

西原　人間臭くしていきたいのは、山々ですが、力不足でなかなかそうはいかない(笑)。

塩澤　企画の立て方、テーマ、タイトルのつけ方が嚙み合わないとダメですからね。むろん、タイトルは気をつけているでしょう。

西原　担当者が考え、最終的には私が決めます。目次面を見て読者がひきつけられる何かがありそうな雰囲気が出るようなタイトルをと。
塩澤　ライターの定番とか、売り込みなどは。
西原　定番は特にないですね。売り込みはあります。
塩澤　大波紋をよんだ「マルコポーロ」の〝ガス室はなかった〟の記事は、持ち込みだったんですが、「潮」には？
西原　うちには、あのような原稿はこないでしょうね。今回の「マルコポーロ」問題は、編集者としては「明日はわが身」ということもありますから。売れる雑誌を作りたい一心で、何かのことで載ってしまい、ストンといくことってありますものね。そういう危険とはいつも隣り合わせではないでしょうか。
塩澤　私も10年の週刊誌編集長経験がありますが、おっしゃる通りですよ。それに、「マルコポーロ」の花田さんとは親しく、あの問題は勇み足にしても、すごく有能なエディターだと思います。ところで、記事へのクレームは？
西原　最近はありませんが、かつて「未婚の母」で子供をとられた、とられないを扱った記事で、その母親から告訴されました。書き手がペンネームだったため、編集部が受けましたが……。それと三浦事件では負けましたが……（笑）。
塩澤　うーむ、三浦氏はこのところ連戦連勝だ（爆笑）。疑わしきは罰せずの民主社会を逆手にとっている。これからは、どのように進めますか。
西原　〝新しいヒューマニズムの創造〟といえば難しくなりますが、先ほども言った人間臭さを、どうやって出していくかが課題でしょうね。それと読者の問いに対して「どう考えたらいいか」について、適確に答えを出した時の読者の反応は実に大きい。
塩澤　適確に読者の悩み、迷いに応える読みやすくて、わかりやすい雑誌であることを心から祈ります。

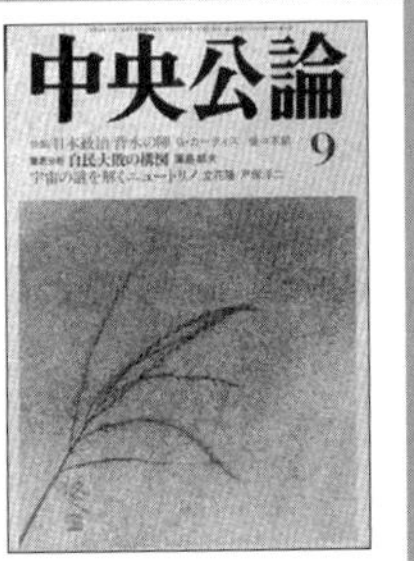

最長寿雑誌の重みに耐えて「中央公論」

編集長　宮一穂

1995.6

百十年の伝統と重さ

塩澤　「中央公論」は日本の雑誌で最長寿ですね。この5月号で110年、通巻1320号ですから。

宮　明治20年に「反省会雑誌」として創刊され、32年に「中央公論」と改題しました。カウント上は「反省会雑誌」からです。

塩澤　嶋中会長に以前お会いした時、その歴史の重みの有り難さ、難しさに尽きると、おっしゃっていました。

宮　まさに、その言葉ぴったりです。

塩澤　編集長は、いつ頃の入社ですか。

宮　昭和47年1月10日です。大学紛争で46年6月に卒業して、三井物産に半年勤めた後の入社でした。

塩澤　三井物産を経て、出版社を……。

宮　学園紛争の最中でしたから、自分の考えていた進路を考え直さなければと、商社に実験的に（笑）入りました。それはそれで面白かったけれども……。

塩澤　半年にしろ、総合商社に勤めたとは面白い体験でしたね（笑）。で、この社ですぐ雑誌ですか。

宮　いえ、中公新書に満10年いて、それから37歳で「中央公論」です。若いうちは雑誌がいいと言われていますが（苦笑）。政界で言いますと、中曽根さんが首相になった頃に「中公」へ移り、宮澤さんが首相になった92年10月から編集長です。３年半になりますか。

塩澤　55年体制崩壊前夜ということになりますか（笑）。政治ぐるみで話せば「中公」は昔はラジカルでしたが……。

宮　執筆者に左の論客が多いように思われていますが、「中公」は「世界」のようにラジカルではないですよ。永井陽之助とか高坂正堯氏らが、早くから書いていますし……。

塩澤　読者に左側、進歩派が多かったということがありましたね。……しかし『風流夢譚事件』で、右旋回したとの説もありましたが……。

宮　いえ、それはないです。福田恒存氏の『平和論の進め方についての疑問』は、すでに昭和29年12月号の「中公」に登場しています。ですから、事件によって右旋回したというのは当たりません。

塩澤　福田氏が左翼文化人の思想の盲点をついて大論争となった論文でしたね。福田恒存氏は、あれ以来、天下国家を論じる一大論客になられた（笑）。

宮「中公」は、本来、時代時代にやや左でしたが、基本的にはリベラリズムの伝統がある。大正の中頃、吉野作造氏を登場させて、民主主義を進めさせた。その伝統が続いて「中公」の存在が世の中に認定されたと考えています。

塩澤　名編集長・滝田樗陰氏の活躍された時代以降ですね。あの頃の「中公」は、まさに進歩的思想を推進するオピニオン・リーダー誌だった……。しかし、当時は船便で海外情報が届く時代で、国際問題を論じてもつねにタイムラグがあったですから。

総合誌の使命を追究

塩澤　ところが、現代は地球の裏側の情報も、リアルタイムでつかめる時代となってしまった。「中公」がアメリカの「フォーリン・アフェアーズ」誌と提携したのも、このあたりを考えたからですか。

宮　92年の湾岸戦争の頃からです。アメリカ発の外交評論の、ある傾きはありますね。「フォーリン・アフェアーズ」と提携したのは「中公」が海外でも読まれていて、国内で書いていることだけでは、ちょっと怖いなァと思いましてね。

塩澤　なるほど……。

宮　これまでのような内輪だけで通るものだけではヤバい。特に外交関係は一般的に弱かったから、ああいう歴史をもった雑誌の論文を載せたらどんなものか……。

塩澤　「フォーリン・アフェアーズ」の雑誌の信条は「特定の考えに与するのではなく、多様な見解を幅広く掲載することで、米国世論の（国際問題への）理解を促進する」云々だそうですね。これは日本人の読者にも大きな影響を与えたでしょう。

宮　ええ、日本人の外交評論にもよかったでしょうし、プレス関係の読者も多いので、影響を与えているし、国内政治についても。

塩澤　読者は増えましたか。

宮　「フォーリン・アフェアーズ」だけで読者は増えたと思えませんが、それなりに読まれています。テレビ時代の現在は新聞すらまだるっこい。月刊誌は、新しい事件は譲っていいと思いますが、ニュース性はフォローの必要はあります。とは言っても、30年前、フルシチョフが第20回党大会で行った「スターリン批判」を日本で一番早く載せたのは「中公」でした。

塩澤　一大スクープと言えますが、あれだけの特ダネを載せても、反響は大きくはなかったと記憶しています。雑誌のセグメント化が進んでいる時代――総合雑誌として対応できる面が少なくなっているんじゃないですか。

宮　うーん。難しい質問ですね。10年、20年サイクルで総合商社無用論が起きてくるように、総合雑誌の役割は終わったのではないかと言われます……。一つは、総合月刊誌は日本国有のもので、そういうものがいつまでもつか。二つ目は、昭和30年代に週刊誌が出てきて月刊誌にとって変わった。さらにテレビが出ることによって新聞が週刊誌化、年間12回しか出せない月刊誌は報道性を取られてしまった。サラリーマンも週刊スタイルとなって、月刊スタイルは、どこをとってもなくなっている。

塩澤　四面楚歌といった感じ（笑）。

宮　その時代に月刊誌は何をやるのか。地下鉄サリン事件を例にとると、原稿を用意して10日以上経って雑誌は市場に出るわけですね。で、10日先を読み込んで記事をつくる。はずれれば失敗ですから、手控えてやらなければならない。一つの方法として生の体験記をとる、「文春」がよくやる手段ですが、私などは本当にいい評論、コメンタリーを見つけて、言い尽くされていないこと、本当の人の気持ちを満たされていないものを書いていく。それが私たち総合誌の使命ではないかと思います。

塩澤　具体例で言えば？

宮　数年前、東欧、ソ連がバタバタ倒れた。日本人にとって一番必要な記事は、東欧のことよりは、すぐそばにある北朝鮮が崩壊したら、どうなるだろうということではなかったか。また、大事件が続発しているが、それは全くの偶然なのか。何か底流にあるのか？　新聞やテレビでは聞けないコメントを、聞き出して真面目に誌面に出していく……。それがわれわれ総合誌の務めだと思いますね。

塩澤　編集者の条件の一つに、いい書き手の発見、発掘がありますが……。

宮　先輩たちは、新しいタイプの新人、評論家たちを、この「中公」からスタートさせてきた。すでに出来上がった人々でラインアップを組めばラクでしょうが、「中公」は常に新しい人を求めてきました。

塩澤　宮編集長になって、どんな人を求めて……。

宮　お名前を挙げるのは、おこがましい(苦笑)。ただ、長になると、名前のない人は使いにくい、前の長には申し訳ないが、私は長になる前に、なるべく新人たちに登場の機会をつくり、起用をしてきました。

論壇と文壇の両車輪で――

塩澤　「中央公論」は、かつて文壇の登竜門といわれていました。いまも、その役割はありますか。

宮　「中公」の部数が大幅に伸びたのは、大正期、創作欄が充実した時でした。以来、論壇と文壇が車の両車輪のようになってきているのですが、その流れはこれだけ細分化されてきても維持されています。作家は「中公」に書くことを名誉に思っている。そうである限りは時代を代表するような創作欄は失いたくないですね。

塩澤　純文学の読者離れは進んでいるようですが。

宮　三島・川端の死のあたりで、何かが離れて、二人の村上がとって変わったと言われていますね。だからこそ、「中公」の長い歴史から考えて、フルに活用させて行きたい。それぞれの作家の代表作になるような作品を、この雑誌に載せていきたい。

塩澤　創作以外の広津和郎の松川事件の長期連載とか、読み応えのあるものが各時代に載っていますね。

宮　作家の社会的発言をする場でした。通常の人より作家の発言は強いですからね。難しい時代だから、機会があればそういう人たちの発言を、伝統ある「中公」に取り上げていきたい。

塩澤　ところで、「雑誌は編集長のもの」と言われていますが、伝統ある「中公」の長として同感ですか。
宮　社によって、雑誌によって、また、その時々の長の個性によって違いますが、考え方としては、雑誌は長のものというか、カラーが誌面に出るのが責任の在り方として考えられますね。長が温和で調整型だったら長でなくていいから、核になる人間が誌面全体の統一を図ればいいわけです。また、長の個性はなくても、部員の特色を出せばそれはそれでいい。
塩澤　宮さん自身は、どちらのタイプ？
宮　個性は強いと思いますね（笑）。
塩澤　かなりのワンマンと見えますがねぇ（爆笑）。その個性の強さが出たのが、高松宮の日記や、四月号の池田大作氏のロングインタビューの掲載ではないですか。
宮　素材そのものが強いものは強い。いま出ている池田氏みたいなものですね。あれは単独企画で出たものではなく、戦後50年シリーズでオファーしていて、出ていただいた。
塩澤　部数は相当、増刷したでしょう。
宮　通常号の公称部数10万部の倍はいきました。
塩澤　ほぉー。4月号で「潮」の編集長のインタビューをしたのですが、ゴルバチョフ・池田対談で、発行部数は70万台に伸びたと言っていました。「文春」を瞬間風速で超えたと（笑）。
宮　……戦後50年の節目なのに、その企画が霞む大事件ばっかりが起こる（苦笑）。阪神大震災、地下鉄サリン事件と、回顧的なものをやる目前で起こる大事件に、目を奪われてしまって……。
塩澤　確かに。週刊誌向きの大事件続きですね。
宮　読者の声欄の『ホットライン』を読んでみたら、年齢はえらく高いんですよ。
読者層はどのあたりですか。
塩澤　50代、60代でしょう。
宮　60代です（苦笑）。常々、投稿を見るとえらく高いのですが、総合雑誌はどんどん年齢が持ち上がっている。しかし、実際に投稿を届けてくる人の年齢が高いのは、ゆとりがあるからでしょう。

塩澤 (『中公』の『ホットライン』の年齢を見る)71歳、66歳、78歳……うーむ、これは高い(苦笑)。

宮 社会の中間層や、昔は20代前半しか読まないと、雑誌は伸びないといわれました。だが、あんまりあそこを当てにしては……。特に「中公」は媚びを売らずに、社会の中間で物ごとを判断するポジションにある人を考えてやっていく。

塩澤 学歴は大卒が主でしょう。

宮 塩澤さん、いまは皆大学出の時代ですよ(爆笑)。

塩澤 戦前の旧制中学出以上ですものねぇ(笑)。

宮 若い世代に読まれていくのは、結構ですが、読者設定を若い層にし直すのは、やっぱり違うと思う。現実に「中公」は20代、30代で、大変よく読んでいる人に出会うし、医者、役人さんといったいわばプロフェッショナルな方に読まれています。

塩澤 知識人ですね。

宮 ある物ごとを考え、判断して行く人が大衆ではない……とすれば、そうですね。国民雑誌とも言うべき「文藝春秋」に比べると、「文春」にはオピニオン雑誌「諸君!」がありますね。われわれは「中公」で「諸君!」「文春」の二つをやらねばならないわけで、ある意味では大正期のスタイルをここまでやってきて、なお読者をもっている……。

塩澤 伝統の持続ですね。

宮 まァ、昔からの「中公」が好きで読んでいる人々を裏切りたくない。広告の在り方も「あの記事があって、あの雑誌を買う」の時代ですが、「中公」は常に変わらずに「中公」を買ってくれる読者に支えられて、落ち着いた、もっといい雑誌をつくっていきたい。

塩澤 伝統の重さに耐え、二十一世紀も回想できる雑誌であることを祈ります。

先達の感覚を頑なに受け継いで

「文藝春秋」

編集長
中井 勝

1995.7

時代に〝棹さす〟勇気

塩澤　私はこの社の中興の祖、池島信平氏の評伝をまとめていますので、「文藝春秋」のことは多少は知っています（笑）。

中井　私の傍らの本棚に、昭和20年代からの「文藝春秋」の合本があります。その最終頁を見ると、池島信平と印刷されていて、厳粛な気持ちになります。すべて、先輩のあとを追うだけでして……（笑）。

塩澤　菊池寛、佐佐木茂索、池島信平などそうそうたる先輩がいましたからね。

中井　私は、「文春」の前に「オール読物」の編集長を4年やりました。当時、いろんな面白い企画をたてたのですが、雑誌をみると全部、菊池さんや池島さんがやってるんですよ（爆笑）。

塩澤　たとえば、どんな企画ですか。

中井　作家の筆跡当てクイズで、7人の作家の生原稿をグラビアに載せて懸賞募集をしました。正解者には、7人の作家の署名入りの単行本を差し上げたのですが、読者の興味をひき、「家宝にして大切にとっておく」との反響がありました。ところが、その筆者当てクイズは戦前にやっているんです（笑）。

塩澤　ほおぅ…。

中井　菊池寛は「オール読物」で、ベルリン・オリンピックのNHKラジオ中継を、速記にとって、完全誌上中継もしていましてね。「オール読物」600号記念で、その再録をと思いましたが、著作権問題が解決していなくて、これはダメでしたが…。

塩澤　昭和10年頃は、著作権はやかましくなかったから、できたのでしょう。

中井　それから、佐佐木茂索が司会で、警視庁の一、二課の課長と「警視庁大捕物座談会」をやったり、志賀直哉と人気女優の対談をさせたり、合本を見て非常に勉強になりましたね。

塩澤　池島さんが「菊池さんは大きな紙袋をつくってくれた」と、「文藝春秋」という雑誌は、一定のレベルに叶えば、なんでも掲載可能な入れものにたとえていましたね。

中井　ええそうなんです。この1月号は『戦後50年大事件の目撃者』特集で完売しました。2月号が『小沢一郎の研究』を立花隆さんに書いていただいて、評判でした。

塩澤　3月号は、阪神大震災の総力特集で、そのトップが波紋を呼んだ、皇太子妃の遠戚、江藤淳さんの『皇室にあえて問う』でしたね。

中井　そうでした。1月、2月、3月の目次をご覧になれば明らかですが、ガラッと違います。何ら一貫性はない。巻頭特集のコンセプトもないわけです。だが、「文春」はその流れの中で吸収されてしまうんです。

塩澤　つまり、大きな紙袋に収まってしまい、異和感がないわけだ……。

中井　その原点に、時代に棹さすということがあります。池島さんが、昭和24年5月号で『天皇陛下大いに笑ふ』をやりましたが、あの頃は、天皇退位論が叫ばれていた左翼全盛時代です。その時、あれをやったというのは、時代へのすさまじい挑戦であり、勇気があったと思います。51年、田中健五編集長の『田中角栄の人脈と金脈の研究』

も、同じ姿勢です。

塩澤　時の大勢に「ちょっと待て」と異を唱えるバランス感覚ですね。

中井　そうです。池島さんの『天皇陛下大いに……』の時でも、あの前後に宮本顕治の『網走の覚書』や、新井勲の『日本を震撼させた四日間』という二・二六事件の秘録が載っているのです。

塩澤　右も左もない、ヒューマン・インタレストの編集というわけだ。

中井　時代をとらえる編集感覚のすごさでしょうね。

徹底取材と事実主義

塩澤「文藝春秋」の圧倒的な部数の多さは、偏った主義主張にとらわれない、バランス感覚に則った編集にあるのでしょう。

中井　全国津々浦々で読まれているのは確か。いま『わが家の戦後50年』の原稿を募集中ですが、北海道から沖縄まで、あらゆる地方からの応募があります。それと、「文春」は海外でも日本を知る最大の情報源のようです。

塩澤　海外でもそんなに読まれていますか。

中井　私は、山崎豊子さんの『大地の子』の取材担当で、中国へ行った時、「文春」の赤坂太郎の頁を、中国共産党が内部回覧資料にしていることを知りました。あれを読めば、日本の政治の力関係や手の内がわかるというのです。

塩澤　面白い話ですね。ただし、「文春」の読者層はかなり年齢が高いですね。

中井　ある広告媒体の局長に、「文春は、若い人にどう取り組むか」と聞かれたことがありましたが、私は、「若者のニーズに応えることは無理だ」と答えておきました。私はいま53歳ですが、実際に時代を動かしているのは、われわれの年代です。その年代のニーズに応える雑誌が「文春」ではないかと。

塩澤　20代、30代では、『丸の内コンフィデンシャル』や『霞が関』のそれはお呼びではない…

…（笑）。

中井　若い人には読まれていないと言っても、部数は落ちていません。次々と新しい読者が育ってきているから……。

塩澤　誰もが年はとりますからね（笑）。

中井　何故、「文春」が読まれているか……。面白い話がありましてね。わが社に入ったある編集者は、友人たちに10年間古色蒼然たる出版社に入ったと、からかわれ続けた。ところが、10年目に、「実は申し訳なかった」と友人たちは詫びたそうです。課長、部長と累進していろんな人に会うようになった時、ただ、「儲かった。損した」だけでは駄目だというのです。取引先の相手から「司馬遼太郎や城山三郎の本を読んだか」と聞かれて、それを話すためには「文春」を読まなければ…と悟ったというのです。

塩澤　池島さんの言葉に、「文化とは無駄話である」というのがありました。その無駄話が出来ないと、相手にされないのでしょうね。

中井　文化、歴史を語れないと駄目ということでしょう。ただ、製品を売るだけでは勤まらないわけですね。

塩澤　実際、いまの社会は無駄がなさすぎます。ところで、「雑誌は編集長のもの」という伝統が、この社にはありました。昨今、いろんな事件で、その流れに翳りが出ているようですが……。

中井　そこですよ！　あの……なんですがね。JR東日本、「マルコポーロ」事件は何故起こったか。あれは、文春的カラーからはみ出したのではないかと思うんです。

塩澤　はみ出したと言うと……。

中井　「文春」が他紙とちがうのは、プラグマティズム―現実主義。徹底した取材の事実主義だった。甘い事実主義は存在しないわけで、あれらの事件はその甘さが出たと。

塩澤　甘さですか……。

中井　私は、きちっとした座標軸をもって、文春の原点に戻り、徹底した事実主義を貫きたい考えです。かつて、私は安宅産業の崩壊を描いた松本清張さんの『空の城』のニューヨーク取材をしました。大変なプロジェクトチームで、ダンボール箱4、5個の資料を集めました、その徹底した取材と事実主義があったために、小説にクレームもトラブルもありませんでした。

塩澤　立花隆、児玉隆也さんの「田中角栄研究」のタスクフォースも見事でしたね。

中井　いま、オウム真理教をやっていますが、江川紹子さんは坂本弁護士失踪当時からのスタッフで、五年以上の蓄積があります。

超弩級の戦艦であれ

塩澤　本誌編集長になるまでに、徹底した事実主義を叩き込まれているようですね。

中井　私は40年入社ですが、「週刊文春」の特集班に5年半、「文学界」に3年、また週刊に戻って3年。そして田中健五、半藤一利編集長時代の「文藝春秋」に3年。また週刊に戻って3年半と、「週刊文春」には3回出入りして通算12年間いました。

塩澤　週刊誌に12年ですか!

中井　他に「出版部」に3年くらい。「別冊文春」「オール読物」の編集長と。『大地の子』の中国取材は、出版部時代ですね。私は、この間に、徹底した取材を叩き込まれました。それがうちの特色でしょう。

塩澤　その社是、特色が甘くなった理由は何故でしょう。

中井　角栄研究以来、エリートが入社してくるようになりました。本来なら官僚志望だった者が、一流出版社の認識でうちに入って来て、いきなり意識としてはエリートの気持ちでいる。

塩澤　編集者がいきなりエリートを鼻にかけては困りますねぇ（笑）。

中井　編集者というのは、いい意味でのアウトローでしょう。それが、エリート意識を持つと「田中角栄をやった『文春』だ。だからしゃべれ」の思いあがりになる。これでは事実主義がおそろかになる。取材記者は足で書くことが基本です。

塩澤　池島さんも、最初は「話」という雑誌に入って、足で書く体験をした。それが戦後、大躍進の「文藝春秋」の原点になっているわけでしたね。

中井　その池島さんですが、ある時、日露戦争の旅順閉塞隊の勇士の話を取材にいった。その人は、当時チンドン屋をやっていたそうですが、話の最後に「戦争なんて実につまらんものだ」と言ったとか。この話など現場主義の最たるものでしょう。私はいまでもこの逸話を若い人に伝えています。

塩澤　いかにも池島さんらしい。そして現場を踏んだ人にのみ語れる話ですね。

中井　それから、私は「文学界」「オール読物」の編集体験を通して、作家に原稿を書いてもらうことがいかに大変か、身にしみて知っています。編集者は、作家との人間関係を学ばないと、原稿はとれません。例えば、吉村昭さんとは20年のつきあいですが、先生は『桜田門外の変』の執筆で、水戸へ7回も取材に行かれました。ノンフィクションではない小説で、よく行っても2回程度でしょう。それを7回も行かれた……。

塩澤　週刊誌の学ばなければならない点ですね。

中井　二つの事件に感じるのは、甘い事実主義でした。大きく詫び状を出しましたが、うちであれをやったら……。（暫くの間）面白ければよいというものではない。

塩澤　今のめまぐるしい政界を、どのように扱いますか。

中井　戦後の保守本流だった自民党体制が崩れて細川、村山となったわけですが、その流れの中で小沢一郎、河野洋平は何を考えているのか。例えば、河野洋平をとりあげる場合、自民党を離れて新自由クラブをつくり、復党して、いま自民党総裁になっている。その歴史を踏まえてとりあげていく。雑誌は面白くなくてはいけないが、面白がってばかりではいけないので、きちんとしたオピニオンを載せていく。

塩澤　「文春」には、小泉信三、福田恒存、江藤淳と、いつの時代にも論客を登場させていますね。で、その人たちに、厳しく、言うべきことを言ってもらっていますね。

中井　めまぐるしい政界といえば、細川さんが政権を投げ出した時、羽田、海部と次の政権を狙った激しい動きがありした。ちょうど校了の真最中でしたが、じたばたするのはやめました。政界再編成の過渡期には、合従連衡は日常茶飯事でしょう。あわてふためいては「文春」の信頼性は失われると思いましてね（笑）。ちょっと待とうというう……。

塩澤　中国の古事、日本の幕末などをみれば、飛鳥川の比ではありませんよ（爆笑）。

中井　私が本誌の長になった時、ある人が、「沖にどっしり構えた、超弩級の戦艦のような雑誌であれ。周辺を小船が走り回っていても、標準を決めて、ちょっと引いて時代を見る姿勢を持て」と忠告されました。週刊誌と競合しない姿勢ですね。

塩澤　いい忠告ですね。週刊誌のサイクルとは月刊では競いようもない（笑）。

中井　部数も多いので、毎月24日が締切りです。発売までの2週間は眠っているわけで（笑）。まぁ多様性のある誌面づくりで、貴乃花のおかみさんと花嫁対談を平気で載せられるのも、そのゆとりでしょうか。

塩澤　フトコロの深さ、広さ——大きな紙袋の特典（笑）。

中井　プランを考える時、自分の中に菊池・池島・田中といった歴代の長の伝統が伝わっていて、いつも「その人たちはどういうタイトルをつけるのか」を考えます。ですから、あんまり悩みはありませんね。

塩澤　うらやましい限りの社風です。さらに、いい伝統を深めるよう祈ります。

総合出版社・講談社「現代」の位相

「現代」

編集長　矢吹俊吉

1995.8

反芻のきく月刊誌

塩澤　講談社で「現代」は、戦前にも創刊されていますね。

矢吹　ええ。大正時代に一度と、戦後の昭和41年ですね。

塩澤　二度目の「現代」も、創刊号からそろそろ30年か——講談社は総合出版社の最大手ですが、そこから出している総合雑誌ですから編集長としては、肘を張った姿勢みたいな意気込みはありませんか。

矢吹　うちの社は、50誌にあまる雑誌を出していますが、私はこの雑誌しか知らないんです(笑)。

塩澤　え？「現代」1誌だけしか……(笑)。

矢吹　私は、77年（昭和52）に入社して校閲部に4年半いて、81年暮れに「現代」に移り、9年半、塩漬けになっていました。(笑)それから、学芸図書第二出版部へ移って9カ月いて、また「現代」へ戻って3年3カ月です。

塩澤　トータルで「現代」に13年ですか。たくさんの雑誌を発行している出版社では、珍しいですよね。何代目の編集長になるんですか。

矢吹　創刊編集長の牧野さんから数えて10代目です。この間に伊藤寿男さんが2年と4年間の2

度やっています。

塩澤　「壮快」など、健康雑誌の先鞭をつけた牧野武朗さんと「テーミス」で頑張っている伊藤さんですね。どちらも優れた一家言のある編集者だ。よく存じていますよ。

矢吹　私は、その先任編集長に較べたら、まったくの経験不足でして（苦笑）。

塩澤　キャリアが長ければいいというものではない（笑）。……で、総合雑誌が全般的に凋落傾向にある時、どのような方向づけをお考えですか。

矢吹　……一番、難しい問題ですね。他の雑誌も考え続けた10年だったと思うんですが「総合雑誌」の定義は、非常に曖昧になっていますね。出版界全体のなかで、どういうことをしたらいいのかを。

塩澤　今まで、何誌かの編集長に同じ問いかけをしていますが、皆、同じ苦しみ、悩みを持っているようですよ。

矢吹　この10年を見ると、ジャーナリスティックな雑誌、ビジュアル誌は爆発的に増えていますね。また、総合雑誌も、新聞社系から「RONZA」とか、出版社系から「サンサーラ」など、各社が参入してきています。

塩澤　「月刊Asahi」など早々と休刊になっています。

矢吹　月刊のサイクルと、今の時代を考えると、新聞は週刊化し、週刊誌は月刊化。書籍も月刊化していますが、そのなかで月刊誌は挟み撃ちになっている状態です。

塩澤　たしかに、時の流れが凄まじく早まっているのは事実ですね。

矢吹　たとえば、阪神大震災、オウム真理教事件など、すぐ本になっています。深く読むためには書籍、すぐ対応するためには週刊誌があるわけで、そのなかで総合月刊誌に何ができるか、何をやるかということになる……。

塩澤　その四面楚歌のなかでねえ。

矢吹　月刊誌は、その一つに活字量があります。

その二に、盛り込むものが多い。その三として、月刊誌は掲載されたテーマを反芻することができると思います。

塩澤　総合雑誌は、その役割を果たしているというわけですか。

矢吹　いえ、この変化の激しい時代に、一冊がデパートのような雑誌は、中途半端で無理でしょう。一冊一冊がブティックのような雑誌として……。私の考えとしては、この激しい変化の時代の羅針盤としてのメディア――見えなくなっている位置確認のためのメディアです。

新聞と週刊誌の狭間で

塩澤　一般論としてはよくわかりますが、その考えの下で個々の特集や記事をどう作っていくか……。

矢吹　その時々に応じて、動物的なカンで、こんな筆者、角度でお願いしたらと……。

塩澤　動物的なカンねぇ。

矢吹　時々、「文藝春秋」「現代」など、十数年分を読み返すことがあります。それを読んで感じることは、80年代前半は時代がゆっくりしていたということ。たとえば当時は、ロッキード事件が主なテーマで、政界は自民党の派閥争いの記事。総理も3～4年は続いていました。

塩澤　そうですね。大平首相が急死した後、鈴木内閣、82年11月には中曽根内閣となって、87年10月までの丸5年間。そして、竹下登氏が中曽根裁定によって総理に就いたんでしたね。

矢吹　それが、私の前の佐々木編集長あたりから、中国の天安門事件、ベルリンの壁の崩壊と、目まぐるしく変わりました。一方、国内政治では宮澤内閣の後、細川、羽田、村山と、政党の違う総理が4人も入れ替わったのです。

塩澤　55年体制が崩れてからは、たしかに凄まじい変わりようでしたよね。国内ばかりではなく、海外も猫の眼のように変わった。

矢吹　月刊誌で追いかけるとなると、締切り後、発行するまでに10日のギャップがありますから、その間に起きたことは、「無」と同じ(笑)ことです。週刊誌だったら2回は出せますが、月刊誌は無理。そうなると、それが一体何なのか？　その空白期間に起きたことの位置づけと、分析をする必要もある。

塩澤　「文藝春秋」の中井編集長、「中央公論」の宮編集長も、同じ悩みを口にしていましたね。

矢吹　ディテールを積み上げたノンフィクションでまとめようとすれば、2、3カ月はかかりますしね。

塩澤　時間で勝負する限り、新聞、週刊誌に適いっこない(笑)。そこで、各誌独自のこだわりとか、視点、切り口が問題になってくるんじゃないですか。

矢吹　……ジャーナリズムの使命の一つにスクープがありますよね。しかし、世間を驚かすような大スクープは、全メディアを通じても年に何回もあるわけではない。雑誌では、週刊誌に利があるようです。その流れのなかで、月刊誌のスクープとは何なのか、ということになる。

塩澤　なるほど……。昭和49年11月号の「文藝春秋」の大特集『田中角栄研究――その人脈と金脈』と、『淋しき越山会の女王――もう一つの田中角栄論』は、ジャーナリズムには知られていた事実を、新たに掘り起こすことによって、世紀の大スクープに結びつけたものでしたね。

矢吹　月刊誌のスクープの一つの方向を示していました。私は他に、新しい知識、教養、娯楽といった面から、うまく読者の興味に即し、時々に応じて何かある現象に合わせてやれば、読み応えのある特集ができると考えています。

塩澤　「現代」の最近号を例にとれば……。

矢吹　たとえば、2月号で50頁にわたる古代史特集を試みました。『三内丸山遺跡から「五千年前」が見えてきた』をパート1にして、司馬遼太郎VS佐原真。パート2に『古代史の謎を解く』。パート3には『ラミダス猿人と縄文人の進化論』。そしてパート4に『土木工学から植物学まで最先端科学は何を明かしたか』でした。
塩澤　相当な量ですね。
矢吹　5月、6月号には2回にわたって給料問題を特集しました。「『賃金破壊』の衝撃」と、「ここまできた『賃金破壊』」ですね。ノンフィクション作家の橋本克彦さんを中心に、特別取材班を組んで、3カ月をかけてまとめたものです。単なる社会現象を捉えるだけではなく、学問の領域——経営学・経済学の分野にまで切り込んでいます。
塩澤　2回で80頁。新書判一冊の特集ですね。
矢吹　「現代」一号には、連載物を抜いて800枚は入ります。いいものがあったら、一本で全頁を埋めてもいい、と考えています(笑)。「ここまできた○○」とすれば、政治でもホームでも、給料でも、何でもやれます
塩澤　扇谷正造さんは、太宰治と情死した女性の日記で「週刊朝日」一冊を埋め、完売した例がありますよ（笑)。
矢吹　「現代」も、その点は自由ですから（笑)。

社の総合力を反映させて

塩澤　毎号、政界、政治家に、かなりの力を入れていますね。
矢吹　ええ。政治家の皆さん、よく喋るようになりました。昨年の一番売れた6月号は、立花隆さんに、武村正義、田中秀征、鳩山由紀夫の三氏にインタビューをしてもらったものでした。
塩澤　希代のバルカン政治家。細川内閣の参謀。さきがけ代表幹事と、役者は揃っているうえに、粘り強くて犀利な立花さんが聞き役では、面白い記事になったでしょうね。
矢吹　初めは12～13頁を用意していたんですが、話が面白いので、28頁ぐらいにしました。かつては、10年ぐらい経って真相が明らかになったものが、今は即刻、話してくれますし、どんどん発表しますからね。
塩澤　政治家特有の腹芸だの、屈折して奥歯に

モノが挟まったような表現の時代ではなくなったのかも……。

矢吹　この6月号では、新進党のホープ・船田元氏が、すごいインパクトのあることを明確な言葉で喋ってくれました。

塩澤　船田中氏の孫ですよね。今は新進党組織副委員長で、「総理大臣の資質を考える会」の会長ですか……。

矢吹　その重要な立場にある41歳の政治家が、臆せずオフレコでなく、これだけのことを話してくれた。感動しましたよ。

塩澤　聞き手の石川さんも、鋭く突っ込んでいますが、船田さんも総選挙前に政界の大再編を提言するなど、かつての自民党時代では考えられないことですね。総合雑誌ですから、政治・経済・文化と、何でもあっていいわけですが、芸能ものと小説がないですね。

矢吹　芸能ものは、社会的事件になった時はやっています。事件がなくても、うまいやり方があればやりますが、できれば皆がやっていることはやりたくない。小説は昔からありません。時々、小説っぽいものはあります。また、作家が書いても実録ものです。

塩澤　事実は小説よりも奇なり――次々と想像を超えた事件が起こる時代ですから、小説はお呼びではないかも知れませんね。お色気ものもないですね。

矢吹　人間臭い雑誌を心がけてはいますが、ドギツイものや、ハッタリは避けています。そのあたりのせいか、大人しいと、言われています。

塩澤　人畜無害でも困りますよねえ。クレームは多いほうですか。

矢吹　昔より多くなりました。最近では大小取り混ぜて（苦笑）。大きなものでは、三塚博氏からのものがあります。三塚レポートは、二人の書き手が半年もかけているものです。その裏づけがありますから、現在、係争中です。

塩澤　企画ものや特集は、時間をかけるほうですか。
矢吹　かけるものもありますし、今日決めて明日にインタビューしてまとめるというものもあります。3月号の『性の人類学』は、企画して、まとめるまでに2年かかりました。大シンポジウムの50頁もので、7人の学者の顔を揃えるまでが大変でした。苦労しましたが、読者の評判はよかったですね。
塩澤　キャッチ・フレーズには、地域が変われば前戯も、体位も変わる……。性の「常識」を覆す最先端のフィールドワークの成果と出ていますね（爆笑）、なるほどねぇ。早速、読ませていただきましょう。ところで、読者の年齢層はどのあたりですか。
矢吹　50代前半です。高齢化しているのは事実ですが、団塊の世代が来年から50代に入ることを考え、50代のニーズに応える雑誌を作ればいいと、心配する気持ちを捨てました。
塩澤　「文藝春秋」「中央公論」ともに、読者年齢は高いようですが、両誌とも若返りのための無理な編集企画はしていないですね。編集長も50代初めですし。
矢吹　私はまだ40歳です。編集部には8人いますが、一番の年寄りが私の40歳。あとは30と40の間です。
塩澤　ほぉー、随分と若いですね。上からの指示とか、制約はありませんか。
矢吹　一切が編集長である私に任されています。ただし、私はワンマンではありませんし、たとえるなら、野球の監督はやりたくない。プレーヤーの一員のつもりで、一緒に踊っていますよ（笑）。
塩澤　大出版社ですから、社内の力を借りることも可能ですね。
矢吹　若僧ですから、社内の力を利用しようと考えています。これからはもっと……。
塩澤　講談社の総合力を生かして、恐れられる雑誌を作ってください。

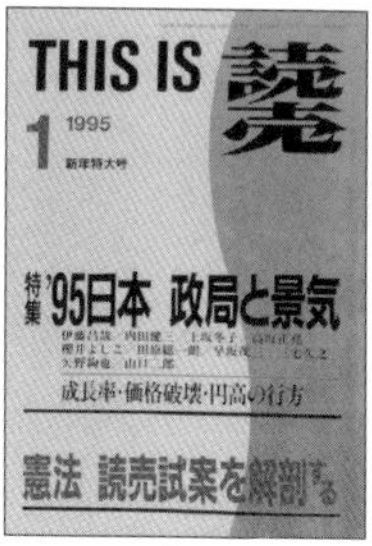

1995年1月号

″二千万部読売″のオピニオン誌 「ＴＨＩＳ ＩＳ読売」編集長 柴田靖彦

1995.9

読売のオピニオン誌

塩澤　「ＴＨＩＳ ＩＳ 読売」堂々たる誌名ですね（笑）。命名の由来をお聞かせ下さい。

柴田　よくは知らないんです（苦笑）。いまの渡辺社長が論説委員長の頃、「わが社もオピニオンを広く打ち出す、読売カラーの雑誌を出したい」というのが悲願だったそうです。で、調査研究本部をつくろうということになり……。

塩澤　オピニオン雑誌を出すためのですか。

柴田　初めの構想は、「いまは情報を集めて記事にする時代ではない。集めた情報をもとに考え、論を打ち出す、シンクタンク機能をここに持たせよう」ということで、その発表の場として機関誌的なものを出そうということでした。

塩澤　その機関誌の誌名が、ディス・イズだったわけですか。

柴田　誌名は、社内公募したのですが、「ＴＨＩＳ ＩＳ」が当選し、スタートした。当初は、Ｂ５判で、社内関係、各機関に配布していたのですが、だんだん知れわたってきて、ここまで育ったのだから市販しようということになりました。

塩澤　いつ頃からですか。

柴田　書店で売るようになったのは5年前から

です。今年の4月が5周年で、それを機にイメージチェンジを図りました。表紙からロゴタイプ、レイアウト、紙の質、活字を9・5ポイントにするなど……。

塩澤　ずいぶん大幅に革新を図ったんですね。

柴田　もう一回、再飛躍期に入ろうということで……。「THIS IS」に「読売」をくっつけたのが、市販に踏み切った5年前ですから、今回のイメチェンは、その時以来ですね。

塩澤　柴田さんは、その当初から、この雑誌にかかわっていたのですか。

柴田　いえ、当時は経済部のデスクをやっていました。その中で月曜版の経済特集「YEN」を生み出しましてね。軌道に乗ったところで、調査研究本部の主任研究員になってこちらへ移りました。

塩澤　YOMIURI ECONOMIC NEWS の頭文字をとって「YEN」としたビジネス、オフ・ビジネス、オピニオンといった4頁にわたる経済特集ですね。なかなか読み応えのある特集です。調査研究本部での主たる仕事はなんでしょう。

柴田　おととしの8月にこちらへ移ったんですが、経済問題研究会で、遷都した場合の行政機構をどう移すかなど、ケース・バイ・ケースの研究ですね。

塩澤　シンクタンク的な業務とうかがいましたが、調査研究でえた知識や技術といったものを売るわけですか。

柴田　本来は政策立案など、委託研究する機関ですが、うちは社内だけの勉強会ですね。

塩澤　あっそうですか。雑誌にかかわるのは、その後で……。

柴田　この2月に突如、編集長になりました(苦笑)。読売入社は1968年で、5年間は仙台。本社へ戻って1年間内信部にいた以外、経済部で役所担当が長かった……。

読者の期待・疑問に答える

塩澤　経済部育ちですから、雑誌に移られても、長年の習い性となったエコノミスト的見方、考え方が出るでしょうね。

柴田　切り口に当然、出てきますね（笑）。昨年、中国に行って来たんですが、強大な軍事力をもった、あれだけの集団がどうやって食べていくか、生きていくのか。中国開放事のビジネスを切り口に、経世済民からスタートしました。

塩澤　経済は生活の基本になるわけですが、そのあたりを、きちんと押さえることですね。

柴田　現象面はいろいろ書かれていますが、そこばかりを追っていたのでは、振り回されて、何が問題なのか本質が見えてこない。ですから、経済面に現実をおき、ベースにすれば伝え方も変わってくるし、本質が見えてくると思うのです。

塩澤　雑誌は読者に買われ、読まれなければなりませんが、あまり真面目に、経済的な現実を切り口にしていると、固くなりませんか。

柴田　この雑誌の読者の教育のレベルは高く、知的な好奇心も高い。それだけに、きちんと読者の期待なり、疑問に答えるものがないといけないと思うのです。むろん、読者を惹きつけるテクニックは大事ですが……。

塩澤　編集部員は、新聞記者上がりですか。

柴田　はっきり言って、政治、経済、社会、文化、外報部記者のOBです。年齢は高く、50絡みでしょう。私は若い方ですよ（笑）。

塩澤　いま、おいくつで……。

柴田　43年入社で52歳です。

塩澤　「文藝春秋」の中井編集長と同年ですね。総合雑誌の長には、人生経験、仕事の上の見識から言って、適齢期では（笑）……。

柴田　私は通産、大蔵省などの担当が長かった。その間にオイルショックが2回あり、息抜きができなくて、肉体的にはボロボロですよ（笑）。

塩澤　新聞記者は、暦年齢とは別の年齢があるんですね。編集メンバーに出版畑育ちは？

柴田　「週刊読売」育ちが一人だけ。読者欄担当です。あとはド素人です（爆笑）。

塩澤　新聞記者のOBばかりとなると、新聞の読売の匂いをひきずっているのでは……。私は、「月刊Ａｓａｈｉ」の創刊前に意見を求められて、「成功するためには、できるだけ朝日文化人を使わずに、朝日の匂いを薄めることだ」と、申し上げたんですがね（笑）。

柴田　うーむ。傾聴すべきご意見ですね。新聞の匂いですが、最近ちょっと目立つのは、読者カードに、「ＴＨＩＳ ＩＳ」が好きではない、一見奇異だ、「月刊読売」でいいのではないか、といった意見がふえてきています。

塩澤　……ということは、読売カラーとちょっと違うといった異和感を持つのでしょうか。

柴田　二つの考えがあると思うんですね。その一つは、読売新聞1000万部のイメージでこの雑誌を手にとると、「アレ！　社会面、政治面に強い読売とは、ちょっと違う」といった新聞のロゴを使うミス・マッチ感ですね。第二点は、調査研究本部が中心になって、メンバーを集め、憲法の見直し試案をつくって、新聞に発表し、雑誌にも掲載したことで、「なるほど読売だ」といった新聞と雑誌の表裏一体感を出せる……。私としては、新聞よりちょっと大胆に、ヨミウリのノンポリをふまえてね。

塩澤　（最新号の目次を見ながら）読売らしさと言えば、プロ野球の巨人軍はこの雑誌にお呼びではないのでは……（笑）。

柴田　８月号に読み物として、九州産大の宮崎成二学長が『プロ野球の革命児、昔長嶋今イチロー』をやっています（笑）。幅広い要望があれば、読み物として載せたいと……。

「50年目の真実」で勝負

塩澤　目次を見たかぎり、いわゆるディス・イズ育ちの書き手は見当りませんね。

柴田　うちの雑誌で手塩にかけて育った人はいません。ただ、読売論壇賞の受賞者に登場願っていて、今年からは45歳以下の若い人をターゲットに「論壇新人賞」を募集し、その中から育てていこうと考えています。

塩澤　45歳以下となると、これからの書き手ですね。期待します。

柴田　大学、各シンクタンク、学会に発表した論文など幅広く求めていますが、年内締切りで、いま50篇集まっています。

塩澤　書き手の問題はそれとして、他にウィーク・ポイントは何でしょう。

柴田　原稿を締め切って、2週間は眠っていることですね。いや、編集会議でテーマを決め、執筆の手配をして、雑誌になるまでに2カ月もかかる（笑）。

塩澤　「中公」「文春」各誌とも、同じ悩みに頭を抱えていましたよ（爆笑）。

柴田　ジタバタしても仕方がない（笑）。サリン事件を例にとれば、事件そのものを追いかけるのではなくて、違った現実、切り口で重みのある書き方で扱えば、バタバタしなくてもいいわけです。

塩澤　興味本位でリアルタイムの扱いは、テレビ、週刊誌でやっていますからねぇ。

柴田　ただ、新聞社がバックですと、機動性があるから、リアルタイムで入るとの見方が、販売、書店、読者の一部にはありましてね（苦笑）。緊急に入れようとしても、印刷会社との問題があり、締切りを伸ばすことは至難ですよ。

塩澤　印刷、輸送問題はいずれも、戦争のようですね。私も、週刊誌に10年余かかわっていましたから、知っているつもりです。

柴田　とはいえ、阪神大震災の時には、五分の二を飛ばして、読売新聞の記者に頼んで3日で叩き込んでしまった。緊急事態のときは、その手もあります。

塩澤　新聞社をバックにもつ強さですね。ところで、柴田さん自身、デイリーでやっていて、マンスリー編集には戸惑いがありましょう。

柴田　20数年間、毎日が締切り時間でやって来ていますから、マンスリー・タームでものを考える、発想するということは、一生、馴れないうちに、終わってしまうんじゃないですか（苦笑）。

塩澤　編集長になられて日も浅いのですが、特ダネ的な記事はありますか。

柴田　今度8月号で3本ばかり……。その1本は、CIA対日秘密工作資金で、岸政権がどう作られ、どう棄てられたか明らかにしたものです。昨年、この件が文書公開で出るはずだったが、アメリカ国務省がストップをかけた。「30年経ったのだから、それはおかしい」と、CIA資金がどういう形で、どう出されたか？を明らかにしました。

塩澤　ソ連の崩壊で、日本共産党、社会党に秘密資金が流れていたことが明らかになりましたが、それと対となるスクープですね。

柴田　2本目は、アメリカ強制収容所で日系人が詠んだ、望郷と愛国の短歌集「高原」が見つかったので、『アメリカ万葉集』として発表します。質の高い発掘ものです。

塩澤　……『昭和万葉集』のアメリカ版だ。

柴田　もう1本は、原爆投下の問題で、原爆の開発には、ドイツから亡命したユダヤ人の科学者たちが、かかわりを持ちました。彼らは、ドイツへ落とすとばかり信じていたのですが、実は日本へ投下された……という証言。

塩澤　それは初耳ですね！　日本は黄色人種だったから、投下されたという説が大勢占めていましたね。

柴田　「50年目の真実」はその三本柱です。この号は波紋を呼ぶのでは……。いままでは五里霧中でしたが、半年経って度胸もすわり、足も地に着いた感じです（笑）。しかし、2年やったら、頭がガタガタになるのではと。

読者参加の総合誌

塩澤　週刊誌の長は3年でガタガタになるとい

いますが、月刊誌はもうちょっと長持ちするでしょう（笑）。私など、週刊誌の長を恥しいくらい長くやりましたよ。それはさておき、柴田カラーを、どのように出していくつもりですか。

柴田　まだ日が浅くて、やりたくても出来ないでいますが、読者投稿が非常に多いんですね。10枚、20枚といった本格的なものが、ボンボンくる。7月号での大特集『奇妙な軍隊』は、投稿の「平成の屯田兵を笑えるか」が、きっかけで企てたものです。

塩澤　読者参加の総合誌ですね。婦人誌はかなり活発にやっていて売れゆきもいいそうです。

柴田　オウム真理教関連でも、ある視力障害者から麻原の境遇から考えて、彼の言動がよくわかるという論文が送られてきました。私はこういう論文をテーマに、毎月10頁ぐらいを割いて、読者参加型の誌面とし、この中から「論壇新人賞」を出せたらと。日本の読者はレベルが高くて、どんどん書いて来ます。できるだけオープンにして、誌面を提供したい。彼らは、既成の評論家より、フレッシュな視点を持っていますよ。

塩澤　毎号、掲載していけば面白いですね。

柴田　投稿原稿もたまって来たので、間もなくやりたいですね。それから、政治・経済で、ものすごいハイのマンガを載せたい。実はある人に相談したところ、「30代、50代の立派な紳士がマンガを読んでいる。その人たちのスティタスになるような、ハイ・クォリティーの漫画を毎月出せ」と。

塩澤　出版界は、マンガを無視して成り立たない時代です。ぜひ、レベルの高いマンガを掲載して下さい。「中央公論」も『笑うセールスマン』を連載していますしね（笑）。

柴田　売るためになんとかしようとは考えない。けれども若い人たち、この5月から半年にわたって、大学生のモニター100人に、毎月アンケートに回答してもらっているんです。それら若者の見方、声をどう汲み上げていくか。

塩澤　大いに誌面が変わる予感がします。

岩波書店「世界」のジレンマ

「世界」

編集長
山口昭男

1995.10

戦前の岩波文化の反省

塩澤　山口さんは「世界」の四代目編集長になりますか。

山口　吉野源三郎、緑川亨、安江良介と、長期にわたる編集長がいましたので、長になって8年目の私が4代目のように見られますが、実際は6代目です。

塩澤　6代目？　といいますと……。

山口　この4人の間に、田村義也が2年ぐらいと、中央公論社から中途入社の海老原編集長時代が半年ぐらい。

塩澤　それは知りませんでした。山口さんが岩波書店に入られたのは何年ですか。

山口　大学を出た年の73年です。23年目になりますが、「世界」編集部一本です（笑）。ですから、全く他のセクションは知りません。

塩澤　ほおう、「世界」一筋（笑）。

山口　安江さんが、美濃部都知事の特別秘書を辞められて戻って来られたのが72年です。それで一年経って「世界」の長になったとたん、私が入ったわけです。

塩澤　「世界」は、創業者の岩波茂雄氏が敗戦直後、「日本の開戦も敗戦もわが国の道義と文化の社会的水準の低かったことに基因する」との考えのもとに、新生日本の文化建設のために「寸尺の微力を捧げたい」と創刊したいきさつがありますね。そして創刊編集長が、平和憲法の擁護を基幹にすえた吉野源三郎氏。二代目が、吉野の縮少再生産（笑）、といわれた緑川氏、そして安江氏……。この顔ぶれから見て、誌面の流れは変わらぬのでは。

山口　流れは変わらないでしょうが、ただ、時代の状況に応じた変化はあります。緑川は吉野の秘書でしたから、あんまり変わっていません。安江は乱暴に（笑）、具体的テーマでいろんなことをやりました。

塩澤　かつてお会いしましたが、朝鮮半島問題には深くコミットしていましたね。朝鮮民主主義人民共和国の金日成首相には、何回も長時間にわたる会見をしているし……民間の日本人ではめずらしい例でした。

山口　そうでした。が、いまは安江が韓国へ行く時代でして（笑）。両国でシンポジウムをやりましたが、東京の会場には、韓国大使がかけつけて来ました。

塩澤　いまの金大使ですね。日本の映画や流行歌の韓国での解禁を口にしているリベラルな方ですね。

山口　私は北へは一回も行っていません。「来ないか？」との誘いはありますが、いまの状況では行かない方がいいのではと。

塩澤　ベルリンの壁の崩壊にはじまって、ソ連邦の消滅、朝鮮半島の問題も微妙で「世界」の編集も難しい時期に来ていますねぇ。

山口　冷戦が終わって、イデオロギーは希薄になり、どうしたらいいのか、何を基軸に考えたらいいのか……。単独講和以降、政治はアメリカ一辺倒でしたから、それを批判しておれば、すんでいたのですが……（苦笑）。

塩澤　おっしゃる通りですね（爆笑）。たしか、昭和26年10月号の「講和問題特集」は何回も増刷されて、延べ部数15万部になったそうですね。

山口　そう聞いています。

塩澤　通常売れゆきの5倍だったとか。当時の知識人の講和問題への関心の深さが読めます。

問題提起と大いなる論争

山口　いまの基軸があいまいな時代には、我々自身が問題提起し、形づくっていかなければならない。逆に執筆者の力量が問われていると思います。昔の人の論文を読むと、すさまじい感覚に圧倒されます。この間「世界」創刊以来の主要論文を選んでいただいた8人の方の座談会で、いろんな話がでました。「世界」は理念の雑誌と言われているが、読んでみると具体的に現実的なことを打ち出しているではないかと。

塩澤　「世界」は何を主張してきたか、一冊で「世界」の五十年を読むですか。大部な集成ですね。桑原武夫の『第二芸術論』、T・K生の『韓国からの通信』、清水幾太郎の『いまこそ国会へ』……うむ、懐かしい論文が入っている。

山口　「世界」は安保に反対する論を張ってきて、歴史的には実現しているから、負けたという考えもありますが、冷戦が終わって考えてみると、はたして勝った負けたではなく、「世界」の言っていることは何だったか？　もう一回、意味が問い直される時に来ていると思います。

塩澤　「世界」は「文藝春秋」のような〝論より事実〟の編集方針はとれませんものね（笑）。

山口　（苦笑）。文春の池島さんは、「世界」の創刊十周年記念パーティーの挨拶で、面白い話をされたそうです。「文春と世界の編集長を交換しよう」と。開かれた人だったのですね。

塩澤　中央公論社の嶋中鵬二社長にうかがったところでは、中公とも交換してみたいと言っていたそうです。菊地寛時代には、たしか「婦女界」と編集者を交換したこともあったようです。「世界」にもうちょっとの柔らかさが欲しいといったところですか。

山口　安江社長が「ダ・ヴィンチ」で話していますが、創業者は「戦前の岩波文化は尊敬はされたけれども、国が大きく道を誤るときに力を発揮できなかった。だから今後は大衆雑誌を出そう」と意気込んだが、大衆向けの出版の経験がないので、試行錯誤の末にできたのが、「世界」だったと（爆笑）。安江が言っていますが、岩波書店は良くも悪くも啓蒙的出版社だと。

塩澤　人によっては、その啓蒙的な姿勢を嫌う人もいるし、逆に現実的になることを嫌う人もあるでしょう。

山口　この2、3年は、現実的になりすぎていると、昔の執筆者の編集批判もあります。例えば、憲法九条は空理空論だとか、自衛隊が現実にあることを踏まえて自衛隊の役割を決める「平和基本法」の提言を山口二郎、和田春樹、高橋進さんらにやっていただきましたが、護憲派から叩かれました。

塩澤　ラジカルな雑誌のつらいところですね。

山口　僕は一つには、いいことだと思います。憲法を守ることでは一致しているのに、現実の問題で議論しなかったツケが来ている……。50年の清算も、きちっとされていないのですから、知識人の世界で大いに論争してほしいと思います。

塩澤　私は敗戦の時が中学生でしたから、日本が真摯に、先の戦争について蹂躙《じゅうりん》した国々に謝罪すべきであることはわかります。だが、編集長は戦後生まれですね。そのあたりを、どう考えられますか。

山口　たしかに戦後生まれです。昭和史が、歴史になったものに「平和基本法」をどういうふうにつなげていくかに、こだわりを持ちます。

塩澤　提言された「平和基本法」は、日本人の生きる根幹にかかわる重い論なのに、一般にはまったく知られていませんが……。

山口　「世界」はメジャーにならないからでしょう。しかし、マイノリティーであってもいい、幅の広いマイノリティ―として、生きている人々に、ピンとくるような側面を出してみたい。

塩澤　大新聞やマス・マガジンにない側面ですか。

山口　いまの新聞は体制に順応型ですが、そこへ出て来ないある側面ですね。それも、決してセンセーショナルではなくて、おやという問題提起をする……。

塩澤　「世界」にかぎらず、それぞれの雑誌が、ユニークな問題提起をしてくれると面白いんですがね。

山口　最近は、逆に理念が大事だと思うようになりました。55年体制が崩壊した後、いろんな大事件が起き、マスコミは目の前のものに捉われすぎている。こんな時こそ大きな物語を語ろう……と、1月号から特別な対談を行っています。

塩澤　（8月号の目次を見て）E・W・サイード&大江健三郎の『生の終りを見つめるスタイル』ですか。

山口　そうです。このままでは世界も日本もダメになる。もう少し哲学・地球的規模で大きな対談を……。異分野の人に歴史をさかのぼり、地球的規模で横にひろがるビッグ対談ですね。司馬遼太郎氏と東大の坂野教授の対談では、50年では切れない。１００年、２００年を射程に入れていかなければ……と。

塩澤　なるほど……大きな物語になりますね。

インテリ女性層を担う

塩澤　「世界」を手にして、他の総合誌と変わっているな、と思わせるには、巻末が普通の読者投稿の「談話室」が巻頭にあることです。4頁に4、5本採用されていますが、さすが「世界」の読者だけあって、投稿内容のグレードが高い。

山口　3年前くらいから頭へもって来たんですが、読者との交流を目に見える形にした故か、投稿本数も50〜60本、さらに１００本を越えることもあり、活性化しました。

塩澤　『新幹線高架は何故倒壊したか』（6月号）

の記事に対しての生コン・ポンプ車ホース持ち――現場下請作業員の声は、たいへん説得力のある文章でした。

山口　大学の偉い先生が、上からものを言っているのと異った、近場からの発言だけに説得力も強いのでしょう。

塩澤　「世界」に掲載する論文、ルポルタージュといったものは、一転、タイトルといい、文章といい、どうしてこんなに固いのですかねえ。同じ筆者でも、「文藝春秋」誌上では面白いのに「世界」では味も素気もない（笑）。

山口　タイトルは基本的な筆者の題名に準じていますが、若干、かえただけでもうるさい（苦笑）。文春はその点、編集者が付けれるようですが……。

塩澤　執筆者が「世界」ご用達（笑）、と限定されているのでは。朝日新聞に朝日文化人と称する執筆者が囲い込まれているように。

山口　「世界」という桶《おけ》に盛るものを限っているつもりはないのですが、限られてきますね。プロ野球やサッカーをやって評判になるんですが、一回かぎりで（苦笑）。

塩澤　文春は菊地寛という天才的ジャーナリストが、あるレベルであれば、何でも入ってしまう大きな袋をつくってくれたと、池島信平氏が言っていました。

山口　「世界」の編集者は、その点能力がないと言ったらいいのか……。人間関係を含めて面白くつくるノウハウの蓄積がない。

塩澤　朝日新聞社が「月刊Ａｓａｈｉ」を2、3年で休刊し、「ＲＯＮＺＡ」も決してうまくいっていないのも、雑誌づくりのノウハウがないということかも知れませんね。

山口　出版社のもっている蓄積なんでしょうか。真似しようとしても出来ない……。「中公」はどっちつかずになってしまったのも、その迷いからですか。売れなくても仕方がないではすまされない問題ですが……。

塩澤　さりとて、身に合わないことをしたらもっと悪い。

山口　筆者の問題もあって、文春は面白いのに、同じ人に頼むと「世界」はカチカチの論文が来る。「世界」のイメージがあるのか、固くて、面白さがない。学者の原稿はリライトを何回もやっても駄目ですね。ノン・フィクションなど、一気呵成に書かないと。読ませるリズムがなくなります。

塩澤　岩波書店の「世界」の看板が、執筆者を必要以上に緊張させるんじゃないですか。(笑)。ある著名な経済評論家の「昭和経済史」を読んでいたら、岩波書店の山口昭男編集長から「世界」に『サービス産業』というテーマで一年間の連載を頼まれ、「私の年代の者にとって、『朝日新聞』と『岩波書店』は、天に輝く星のようにすばらしいジャーナリズムだった。私は力を入れて書いた」と、実に率直なよろこびを書いていました(爆笑)。私も同じ年代だから、その心境は実によくわかる。

山口　面白さ、エンターテインメントは雑誌には必要です。いい意味のセンセーショナリズムですか、頭で考えていては……。足で歩かないとダメですね。肌で感じた面白さ、生き生きしたものはエンターテインメントになる。安江は小田実さんと佐世保へデモに行って、殴られています(笑)。

塩澤　それはいい話だ(笑)。ところで、総合雑誌の今後をどう考えていますか。

山口　難しいですね。基本的にこのジャンルはダメではないか。趣味は多様化し情報はひろがって、表面をなぞったものは週刊誌で伝えています。その時代に月刊総合誌は立ちゆきにくい。「世界」は、ターゲットを決めて、サラリーマンに読んでもらいたいが、30代、40代のサラリーマンは忙しく、通勤中にこんな難しいものは読めないですからね(笑)。いまの読者は学校の先生とか、地方公務員中心、あとは自由業といったところですか。これからは30代、40代の社会的関心のある主婦――女性を狙ってみたい。

塩澤　「主婦よテレビを消しなさい。『世界』を読みなさい」ですね。期待します。

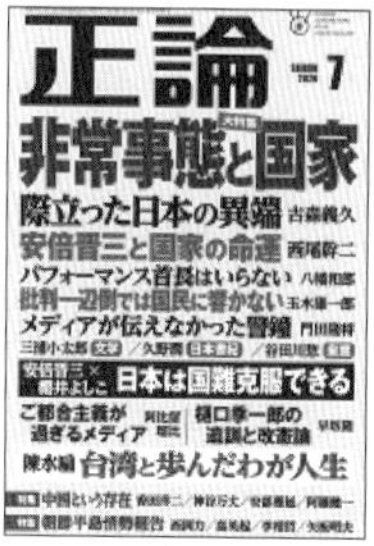

2020年7月号

「正論」

〝正論路線〟を今日もまっしぐら

編集長 大島信三

1995.11

創刊以来一貫した姿勢

塩澤　「正論」とは、ずいぶん思いきった誌名をつけられたものですね（笑）。

大島　創刊の意図は明確です。鹿内信隆産経新聞社長が、当時の偏向報道を正すために「こういう時にこそ、少数意見を……」と、発刊したのです。

塩澤　文藝春秋の「諸君！」の創刊の目的に似ていますね。池島信平社長は、「昨今世の中どこか間違っていると感じる、その間違っているところを自由に諸君と一緒に考え、納得していこう」と、世論の偏向姿勢に待ったをかけたと聞いています。

大島　「正論」は、創刊当時はマイノリティでした。誌名についても、「独善的で押し付けがましい」といった批判が少なくなかったそうです。その中にあって、京大名誉教授の田中美知太郎先生お一人が積極的にこの誌名を評価して下さいました。創刊以来、流れは一貫していまして、それは〝正論路線〟という言葉です。

塩澤　一貫した流れとなると、書き手も固定化されるんじゃないですか。

大島　「正論」は最初、産経新聞に「正論欄」を設けて、良識ある執筆陣に連載をお願いしていた。それを全国版に広げる目的で、半年後の昭和48年（1973年）10月に雑誌を創刊した経緯があり、書き手はメンバー中心でした。

塩澤　新聞のメンバーが、雑誌にもイコールしているわけですか。

大島　新聞はメンバーのみですが、雑誌はこだわってはいません。創刊して22年も経った今、左右の概念は薄れていますし、私自身にはその概念はありません。

塩澤　マスコミの世界では、右寄りのタカ派という見方ですが……。

大島　中道とは思ってくれないようです（苦笑）。つくる側では、右寄りの意識はありません。

塩澤　編集を担当されて何年ですか。

大島　編集長になりまして5年半。スタッフの経験はありません。

塩澤　最初から編集長？

大島　昭和39年に入社して、千葉支局に2年ちょっといて、出版局へ移り、主に「週刊サンケイ」に18年。最後は編集長となり、その後、新聞の編集委員をやって、5年半前にここへ来ました。

塩澤　私も週刊誌の長を10年ほどやったことがあり、「週刊サンケイ」編集長だった小野田政氏、松本暁美氏、天野洋三氏らとは古い馴染みです（笑）。

大島　小野田さんは、同盟通信記者、「改造」編集長を務められた大編集長です！

塩澤　そういえば、小野田氏に、「正論」創刊当時の苦労話をお聞きしたことがあります。その編集長に鍛えられたわけで、雑誌の編集はベテランですね。

大島　新聞記者より雑誌編集のキャリアが長く、これが役立っています。新聞と雑誌は作り方が全く違いますから……。

目線を読者に合わせる

塩澤　「雑誌は編集長のもの」という説があります。5年余務められて、大島色をどのように出していますか。
大島　自分では全くわかりませんが、やっぱり雑誌は、編集長の個性が出た方がいい。しかし、その度合が難しいですね。無色透明はありません（笑）。
塩澤　新聞はその点、常に反権力で野党立場。あるいは客観的な立場をとるということ……。
大島　私が心がけてきたのは、一つはわかり易さ。その二は読んで面白いということでした。「面白くなくてはオピニオン誌ではない」（笑）。
塩澤　オピニオン誌で面白さを出すことは難しいのでは……。
大島　本当は「文藝春秋」のような編集方式をとりたいのですが、ミニ文春では立ちゆきません。で、「正論」は論をもたせるようにし、どう説得力、わかり易い論を提供できるかを心がけています。
塩澤　「世界」の山口編集長が言っていましたが、同じ執筆者でも「文春」は面白いのに「世界」はさっぱり面白くないと（爆笑）。
大島　あ、それはわかります。メディアを見て書くから、面白くない（笑）。「正論」も固苦しく書くという意識があるようです。その気持ちをどう解きほぐすか。執筆者には「やさしい文章で、具体的に事例をあげて書いて欲しい」と注文していますが……。
塩澤　それでもなお、抽象論が多いのは、書き手に学者が多い故ですかねぇ。
大島　三分の一は学者だから、どうも固くなるのでは……（苦笑）。
塩澤　目次の執筆者の顔ぶれの中に、1、2本、異質な書き手が入っていますね。持ち込みですか。その種の原稿は？……
大島　持ち込み原稿はこの2、3年、ものすごく増えました。月平均30本はあるでしょう。かなり高名な国会議員の方もいます。
塩澤　代議士センセイの持ち込みですか。
大島　ワープロで20枚ほどの原稿を6回もFAXで流して来られた。それでも1回もとりあげていません。

塩澤　むろん、売名が動機ではないでしょうね（笑）。

大島　それだったら、何回も送稿しないでしょう。現職の大学教授や退職された大学の先生など、なにか発表したくて持ち込んで来る方が多い。あらゆるテーマが来ますね。

塩澤　掲載されますか。

大島　僕は無名な方でも、自分の心にビビッと響いたものは、とりあげています。この10月号の中山二郎氏の『新聞報道の虚構』は、その1本です。本人の略歴、内容も1字の訂正もなく掲載しました。

塩澤　（10月号を手にとり）旧日本軍がベトナムで米を現地調達したために、300万人の餓死が出た―という毎日新聞報道への反論ですね。中山氏は第二次大戦中に、現在のベトナム地域で陸軍がとった明号作戦に参戦された生き証人だ……。

大島　それから昨年3月号には、鳥取の理容師の方に二重投稿の実態を、17頁にわたって検証してもらっていますし、11月号には元小学校長の『貶められた日の丸』を掲載しました。読者からの投稿をみて、これはいけるとなると、20～30枚の原稿を頼むのです。

塩澤　日教組が幅をきかした頃の校長の受難体験ですか。12ページの長文、読ませますね。

大島　この後、この小学校長をふまえて、元校長のみの投稿「校長の悩み」を募集しました。現職からも来ました。目線を読者に合わせて、読者の関心事が一番であるという編集方針から行なっているわけです。この方針から、巻末の『読者の指定席』は、双方向のコミュニケーションの場にしてあります。読者は、「正論」が届くと、この欄から読むとまで言っています。

塩澤　10月号には、この欄が「『正論』の翼賛会」との前号投稿をめぐって、丁々発止やりあってきていますね。「世界」は読者欄を巻頭に持ってきています。投稿はぐんと増えたそうです。

意識的に異見を並べる

塩澤　読者層はどのあたりですか。

大島　読者年代はやや高い。投書欄からみて、核になっているのは50代から60代。

塩澤　「文春」「中公」「世界」、総合誌の読者はおしなべて高いですね。ある雑誌の編集長は高年齢化に、頭を抱えていました（笑）。で、女性読者は……。

大島　結構いると思います。比率はわかりませんが。読者は東京近郊が多いですね。

塩澤　「文藝春秋」は別格で、他の総合誌は苦戦中と伝えられています。「正論」はいかがですか。

大島　非常に順調です。部数は10万部ですが、増えています。

塩澤　ほーう。それはすごい！

大島　「噂の真相」の月刊総合雑誌・売れ行き調査をみれば、以外と多い……。売れなければ、オピニオン誌としては駄目ですから、企画を選ぶときの唯一の基準が、売れて読まれるということ（笑）。

塩澤　実に単純で明確だ（笑）。読者が増えている理由を分析すると……。

大島　そうですねぇ（長考）、意外にやわらかいから（微笑）。それと、知りたいことを情報提供したからでしょうか。

塩澤　具体例で言いますと……。

大島　散骨とかお墓の問題。侵略戦争は是か非か、従軍慰安婦問題など、常に論争を意識した誌面づくりをしています。

塩澤　いつ頃からその方向性を。

大島　その時々に考えてですね。たまたま週刊誌が長かったから、週刊誌の編集手法が入っているかも。

塩澤　表紙は昔懐かしいハリウッドの女優ですが、これも読者を魅きつける手段ですか。

大島　堅いイメージだから、５年前から懐かしい女優に的を絞って。これはものすごい反対意見がありました。「格調高い『正論』に、女優とは何事か」と。西部邁、石原慎太郎両氏も「あれはよくない」と言いました（苦笑）。これ以前は、「正論」の文字を大きく、時の人の写真をアミ目で載せていました。逆に質問したいのですが、この表紙をどう思われますか。

塩澤　写真は、イメージを限定してしまう恐れがありますね。

大島　うーむ、なるほど……そういう考えもありますか。

塩澤　かつて、誌名だけだった「中公」が絵を、「世界」がビッグ対談のゲストの写真を表紙に載せています。総合雑誌は「文藝春秋」以外はそれぞれ暗中模索をしているのじゃないですか。表紙に象徴されているように、総合雑誌はおしなべて先行きに悩みを抱いているようですが……。

大島　それで悩んだことはないですね。じっくりと読まれる雑誌は意味がある。各界のオピニオンリーダーが読んでいて、その人たちの問題提起するのに意味があるわけです。

塩澤　読者離れはないですか。

大島　実売部数にプラス・アルファの読者が考えられます。一万人読んでも大変なこと。――そこで共鳴し、その人の思想、生き方に影響を与えたとしたら、たいへんなことです。

塩澤　確かに、読者の思想、生き方に影響を与えるほどのインパクトのある雑誌がつくれたら、編集長冥利に尽きますね。

大島　総合雑誌は、そんなに冬の時代ではないと思いますよ。作り手が問題意識をもって、読者に応えていく……。「正論」は1日が発売日で、定期読者が多いのですが、「1日が待どおしい」と言ってくれます。

塩澤　それはなによりの励みですね。

大島　時には購読中止のはがきが来ます。「読んでいた父が亡くなった。生前、読むことを楽しみにしていた。長年、ありがとう」と。うちの読者は、克明に読んでいてくれます。ちょっとした誤字、脱字も訂正して来ます。

塩澤　隅々まで読まれている証左ですね。ところで、「正論」のこれからは……。

大島　（長い沈黙の後で）今のままで……。ひとつぐらい頑なに、一つの道を歩んでいく雑誌があってもいい。異見を排除したくはないですね。うちの読者は、「正論」路線からはずれたもの、違った意見を載せると、異和感を感じて、身構えて反発してくるところがあります。それに対して、編集部はむしろ意識して、異見を並べる姿勢を貫いています。先にちょっとふれた『読者の指定席』は、「正論」の翼賛会だと言った19歳の青年の投稿を載せ、10月号に賛否両論をとりあげているのも編集姿勢の表れです。

塩澤　以前、「正論」の誌面を活性化したと評判だった林健太郎氏と小堀桂一郎氏の侵略戦争論争も、いわば読者投稿がその発端だったそうですね。

大島　そうでした。僕は、格好のいい言葉で編集方針はもっていません。そんなタテマエ論ではなく、日々の中で、読者の関心を引き出していきたい。

塩澤　小さな読者の投稿から、論を広げていった侵略戦争論争は、まさにその典型と言えそうですね。それにしても、巻末の10頁に余る『読者の指定席』に続く『編集者へ・編集者から』の数頁と、大衆伝達《インタラクティブ》の特性である一方向性を崩して、読者との双方向性にする努力は、常に怠りないですね。

大島　読者の手紙には、できるだけ返事は出すようにしています。山本夏彦氏に、礼状は間髪を入れずに書いてこそ意味があると教えていただきました。私は持ち込み原稿も掲載は出来ないけれど、その人の将来に明るい希望を持つよう、返事にひと言入れるようにしています。

塩澤　それはすばらしい話です。返事をもらった読者は、「正論」の固定読者になるでしょう。ますますのご健闘を。

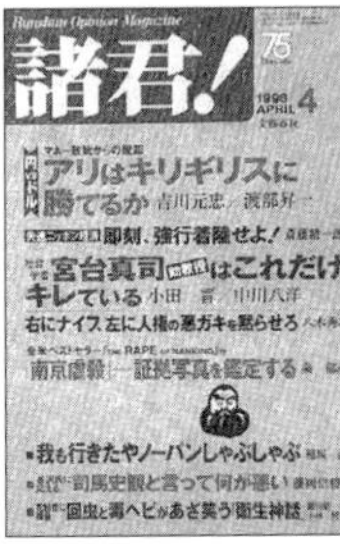

「諸君!」四半世紀の軌跡

「諸君!」

編集長 浅見雅男

1995.12

名編集者の肝いりで創刊

塩澤　「諸君!」は、名編集者として知られた、池島信平氏の肝いりで創刊された雑誌ですね。たしか70年安保前夜の騒然たる時代だった。

浅見　私は創刊の翌年の入社ですが、大学の内定者を集めて、アルバイトをさせましたので、創刊直後からこの雑誌の手伝いをしました。

塩澤　最初は、小林秀雄、三島由紀夫、林健太郎、田中美知太郎氏らを発起人とする「日本文化会議」の機関誌的な含みがあったようですね。

浅見　文化会議は昨年解散しました。思想の如何を問わず、特定外部団体の機関誌では、編集の自由と独立が妨げられると、一部社員が反対し、組合がからんでもめたと聞いています。私が手伝うようになった時には、騒ぎは終っていました。

塩澤　「諸君!」とは縁が深いわけですね（笑）。入社して26年間の部署の変遷は……。

浅見　月刊の「文藝春秋」に1年、「週刊文春」に4年、「オール読物」に3年。それから文庫に1年と4カ月いて、また週刊、本誌、週刊、本誌……。昭和天皇が亡くなられた時は天皇記者でした。次に創刊前の「マルコポーロ」へ移り、「マルコ」を創って1年間いまして、出版部へ移ってノン・フィクションを担当して2年。去年の4月「諸君！」の編集長になりました。
塩澤　新潮社と較べて、その変わり様はすさまじい（爆笑）。
浅見　11～12回変わった（笑）。その間雑誌が五種類ですか。昔に較べれば、これでも少ない方です。2年で変わっていましたから…。
塩澤　新潮社の佐藤社長は、一つの部署に10年、20年はざらで、作家とのスタンスが保っていいいと言っていました。
浅見　文芸誌との差はあります。
塩澤　オピニオン雑誌の「諸君！」は、創刊の経緯から、タカ派ジャーナリズムのレッテルが貼られましたね（笑）。
浅見　世間はタカとかハト。右と左といったレッテルを貼るのが好きですからね（苦笑）。うちの会社は、よく言えば融通がきく、なんでもとり入れるところがある。文春のワクの中には、タカもハトもいるわけで……。時々、極端にハードな方が出ることもありました。
塩澤　池島さんは「菊地寛氏が大きな袋をつくってくれた」と言っていましたね。一定のレベルに達していれば、左でも右でも入ってしまう……。戦後「文藝春秋」躍進のスプリング・ボードとなった、昭和24年6月号の「天皇陛下大いに笑ふ」掲載号には、たしか宮本顕治だの、二・二六事件の青年将校の手記が入っていました。
浅見　池島さんが創った「文藝春秋」、あれが理想だと思います。池島さんは48年に亡くなれていますが、文春でも知らない人がいる時代になりました。
塩澤　池島さんばかりか、出版界で扇谷正造、花森安治氏らを知らない人が多いのですから（苦笑）。「諸君！」の創刊編集長は、前社長の田中健五さんでしたね。
浅見　そうです。私は初代から数えて10人目です。田中の後、現社長の安藤、川又、竹内、村田、堤、斎藤、白川、笘本がいます。

塩澤　在任期間の平均が2年半ですか！

自家中毒は避ける

塩澤　雑誌は編集長が代わると、誌面が一新する傾向があります。「諸君！」の10人目編集長のカラーは、どのように出されていますか。

浅見　一つはうちのカラーがあります。「月刊文春」は、いろんな方が面白いもの書いていて、いろんな方とつきあいのある出版社ですから、なるべく多くの方に書いていていただく方針です。冷戦は崩壊し、55年体制もなくなり、タカだのハトといった座標軸の意味がなくなりました。ですから、右へ立って左をひっぱたく、左へ立って右をやっつける雑誌では先細りになると。

塩澤　読まなくても、言っていることがわかる〝オピニオン誌〟がありますものね（笑）。

浅見　いわゆる論壇誌が、一つの見方だけだと自家中毒を起しますから、それは避けたい。とは言っても、読んでつまんないものを載せては……、レベルの高い面白いものを沢山載せてゆきたいですね。

塩澤　浅見さんが編集長になってから、書き手がかなり若返った感じですか……。

浅見　「文春」時代つきあいのなかった方、浅田彰、大塚英志氏ら、どんどん出ていて活性化していると思います。

塩澤　（11月号の目次を見ながら）『丸山真男と近代の超克』を書いている高澤英次、『「天国」の難民キャンプ』の曽根かおる氏など、新しい執筆者ですね。

浅見　高澤さんは「週刊ポスト」記者、曽根さんは民放にいた方です。40歳と30歳そこそこの若いすぐれたジャーナリストです。

塩澤　新しい書き手の発掘はどのようにして……。

浅見　編集部が若がえっていて、いちばん若い者は入社3年の24歳です。6人のうち、20代2人、30代2人、40代が私と二つ下のデスク。彼らは私が読んでないものを読んでいて、「この人は面白いからお願いしよう」と提案してくるのです。私は部員によく読書をし、一人でも多くの人に会えと言っていますが……。

塩澤　人に会うということは、生きた勉強ができることですね。池島さんも同じことを言っていました。最近の特ダネ的論文に、どんなのがありましたか。

浅見　林健太郎先生の『大東亜戦争論』ですか。いい意味の保守主義の白眉――つまり見事なくらいバランスのとれた論文でした。それに今年6月号のオウム特集で山折哲雄さんの論文は傑作でした。連載では福田利也氏の『地ひらく――石原莞爾と昭和の夢』。三島賞をとっていて、34歳の若さですが、これはすばらしい。

塩澤　石原莞爾を60年代生まれの福田さんが書くとは面白いですね。石原は満州事変を演出した建国の中心人物。「世界最終戦争論」などの著書もあるカリスマ性のある軍人でした。

浅見　11月号の巻頭論文『保守政治再来への第一歩』を書いている野田宣雄先生は、昨年6月号の「諸君！」に書いた『文明衝突時代の指導者』で、今年の読売論壇賞を受賞しています。

塩澤　「THIS IS 読売」の柴田編集長からうかがっています。それぞれのオピニオン誌が、いい書き手の発掘、育成に懸命ですね。

浅見　学者の卵でいまロンドン大学へ留学中の篠田秀朗さんも、なかなか面白いものを書いています。

塩澤　あゝ！「日の丸とボランティア」で第25回大宅壮一ノンフィクション賞の最終選考にまで残った篠田さん……実は、彼は私の学生時代の親友、篠田暉三弁護士の息子でしてね。まだ26歳と若いが、将来が楽しみの書き手だ。

浅見　あの本は私が、出版部で作ったものでした。

厳しい相互批判を

塩澤　毎号、政治がらみの論文が何本か掲載されていますが……。

浅見　政治の季節ですから、2、3本は載せています。ただし、基本的には論で、政治通の極秘情報を掲載するということはない。大所高所から論を展開する姿勢です。ただ、月刊誌ですから、時間との戦いがあります。つい最近も、表紙と目次と記事を校了した後に、差し替え。発売日ギリギリに間に合わせました。

塩澤　どんな記事ですか。

浅見　自民党総裁選で、河野洋平さんが辞退してしまったので、記事をやり直したのです。

塩澤　ああ、試合開始のゴングが鳴る前にリングから降りてしまった…かの山口敏夫さんあたりも熾烈に批判しています（爆笑）。

浅見　政治には興味があります。週刊誌時代に政治記事が多かった。いちど、田中角栄が民放記者を集めて、郵政大臣時代に民放を認可した云々の軽井沢発言を書いたところ、事実無根と抗議され、ものすごく大きな訂正記事を出した失敗もありました（苦笑）。

塩澤　角さんは本誌で出版史上に残る大スクープをやっていますから、半頁程度の訂正は仕方がない（笑）。政治は当然として、「諸君！」は創価学会や朝日新聞、NHKといった第三第四の権力への批判で、ターゲットにした団体や組織に〝天敵〟のように思われている！

浅見　世の中自体が変わっている時ですから、保守、革新といった座標軸で、批判のための批判をしていては駄目でしょう。当面は「諸君！」向きの面白いものは、左右にかかわりなく載せていきたい。自ら、柄というものがありますから、岩波書店の「世界」のような論文は載せられません。

塩澤　「世界」ねえ。しんどいですね。この号を見ると、内藤国夫氏の『月刊創価学会問題』が終了するそうで……。

浅見　13年間、164以上の超長期連載でしたが、半年前に中止を決めました。始ったものには終りはあるものです。早々、別の形にして学会はこれからも取り上げていきます。それを、秋谷会長は下司の勘繰りもはなはだしい、内藤氏のことをブラックジャーナリストだの、売収されたなど、口をきわめて罵っている！

塩澤　人類愛を謳い世界平和をとなえる団体ほど、おしなべて批判に対して、むきだしの攻撃をするようです（笑）。

浅見　創価学会に関しては、マスコミにさんざんやられていますが、ほとんどがスキャンダルで、本質的な批判はありません。彼らはどんなに叩かれても、蛙の面にションベンです。「諸君！」は、きちんとした姿勢があるから、本質的な問題に対して、どんどんやっていく。これからも、特集の柱であることには変わりはありません。

塩澤　創刊編集長の田中さんにかつてお聞きしたんですが、池島さんは一枚岩の組織を叩くと、売れると言ったそうですね。

浅見　言論妨害事件の17〜18年前、元学会山崎弁護士事件の当時は、学会をやると売れました。最近はそうでもないですね。ただ、売れようと売れまいと、大事なテーマですから、やっていきます。

塩澤　共産党の周辺はどうですか。

浅見　この前の号で、三・一五事件で転向しなかった日本共産党・最後の英雄・市川正一が、実は逮捕された時、全部しゃべっていたことを明らかにしたのですが、何の反論もありませんでしたね。これも、以前だったら大変だっただろうが……。

塩澤　ソ連崩壊後、金さえ出せばKGBから極秘資料がどんどん出てくる。現に、「週刊文春」では、野坂参三がスパイだったことを暴露して、党から徐名させていますね。この流れに抗せないんじゃないですか（笑）。

浅見　KGB資料も、気をつけないとかなりいい加減なものがあるそうですから……。

塩澤　逆に「諸君！」の掲載論文が海外で影響

をもつことはありますか。
浅見　外務省の外郭団体に「ジャパン・エコー」というのがあり、英訳されてアメリカでずいぶん紹介されています。ドイツ、フランス、韓国版もあります。その紹介論文を見て、向うの学者から「書きたい」と論文の照介もあり、いままで何本か載せています。
塩澤　売り込み原稿は多いですか。
浅見　投稿は多いですね。毎日1通——月に30通は来るでしょう。長いものは100枚の論文もあります。まったく無名の方でも読ませてもらい、いいものはちょっと手を入れて、一年に2、3人は掲載しています。
塩澤　言論妨害的なリアクションは……。
浅見　大挙押しかけてくるケースは、最近はなくなりました。ちょっと前まで、朝鮮総連とか創価学会などが、大勢で押しかけてきて、大声をあげることもありました。
塩澤　私も週刊誌の編集長が長かったので、集団の抗議、罵詈雑言の洗礼はずいぶん浴びています（爆笑）。
浅見　論には論で対抗するのが原則です。しかし、これは本当に難しいですね。産経と共産党が最高裁まで争った「反論権」問題は、「ない」とされています。
塩澤　そうでしたか。ま、論には論で対抗するとなると、雑誌も当然、きびしい批判の対象となりますね。
浅見　朝日であろうとNHK、読売、毎日新聞であろうと、権力を持ったものは批判しなければなりません。逆に、雑誌もどんどん叩かれなければ駄目です。相互批判があってこそ、いいわけですから……。
塩澤　「諸君！」に連載後まとめた、稲垣武氏の『「悪魔祓い」の戦後史——進歩的文化人の言論と責任』は、マスコミの歪みを批判した労作でした。これからも、面白い論文をどしどし載せて下さい。

2020年6月号

産業界の実感を誌面に「Ｖｏｉｃｅ」

編集長 吉野隆雄

1996.1

"松下ビジョン"の提言誌として編集

塩澤　ＰＨＰ研究所は、松下幸之助氏のお声がかりで創立されていますね。「Ｖｏｉｃｅ」も、松下氏の要望があっての創刊ですか。

吉野　もともとは、松下の書いた未来小説風の、21世紀初頭には、日本が理想国家になっているという内容の本「私の夢　日本の夢」がありました。で、こういうビジョンと今とを照らして、"21世紀の新しい日本を創る提言誌"があるべきだとの発言から、昭和53年1月に創刊されました。

塩澤　創刊から、かれこれ20年…。

吉野　満18年になります。

塩澤　"経営の神様"の御託宣からスタートしたとなると（笑）、高い理想があるわけだ。

吉野　夢を出さないといけない雑誌で、社会、経済、生活などにビジョンを提言する位置づけをしたいと。

塩澤　その編集方針は一貫しているとお見受けします。吉野さんは何代目の編集長になりますか。

吉野　５代目です。４年前からなんですが、私は入社してから16年間、「Ｖｏｉｃｅ」だけです。

塩澤　"声"だけに16年！（笑）。

吉野　異例の長さです（苦笑）。若輩ですので、編集長になった時、「中央公論」の宮さん、「文春」の白川さん、「新潮45」の亀井さんなど各社、当時の総合雑誌編集長に挨拶に回りました。

塩澤　それはまた、律義なことで……。

吉野　お会いした皆さん、風格がありました。その時、思いました。こういう人と、これからやっていかなければならないのか……と。

塩澤　何かタメになる助言などは？

吉野　亀井さんが親身になって、話をしてくれて、「ジャイアンツのファンは沢山いる。キミはヤクルトを狙え！」と言われました。それ以来、ヤクルトファンになって……（爆笑）。

塩澤　「新潮45」は、ユニークな雑誌です（笑）。それで、吉野ヤクルト・カラーは出ていますか。

吉野　松下の意を受け、松下の考えるビジョンの到達イメージを出そうと、歴代の編集長の下で薫陶を受けていますので、基本は決まっています。

塩澤　「不易流行」という言葉がありますが、根っこの部分の松下ビジョンは不易というわけですね。

吉野　しかし、編集長になってみると……。長は権限をもっているものですから、私なりに面白いと思うもので、誌面を構成しています。

塩澤　具体的に言いますと？

吉野　ベルリンの壁、ソ連の崩壊、湾岸戦争、バブル経済の破綻と、内外が激動する時代に編集長になりました。その現実を前に「どうしようか？」と考えた時〝何でも有りの世の中だ〟、これはチャンスではないかと。

塩澤　誰も予測し得なかった時代ですからね。

吉野　「中公」「文春」「諸君！」「正論」……老舗の雑誌は、キラ星の如く並んでいますが、世の中、ガラガラになって、何が起こってもおかしくない時代で、我々の雑誌にもチャンスあり！（笑）と。

塩澤　そのチャンスを、どのように生かしていきますか。

吉野　私は学生時代、「中公」や「文春」がスタンダードだと思い、それを見て育っていますから、血肉化しているんですね。ですから、そこから抜け出し、どういう風に「Ｖｏｉｃｅ」の独自色を出していくのか、そこが悩むところです。

塩澤　どの雑誌も、大なり小なり同じ悩みは持っていますよ。

吉野　うちの編集部は若さを武器に、執筆者に根本的な悩みをぶっつけられるんです。たとえば、ある問題について「これは、どうなっているんですか？」とお聞きすると、「キミ、こんなことを知らないのか」と説明を受け、そこからスタートするのです。

塩澤　なるほど、若さが武器ですか。うまい手ですね（笑）。

編集の骨格にある〝松下イズム〟

塩澤　松下幸之助氏に会われましたか。

吉野　何回か、ここへ来られたことがあります。ＰＨＰ研究所創立40周年パーティでも、本部でお目にかかっています。足腰はかなり弱っておられたようですが、1時間近く、檄を飛ばされました。

塩澤　1時間近くも……。

吉野　それも、演壇に立ちっぱなしでの演説でした。相当に、強い思い入れがあるのだと感じました……。来年の11月3日で50周年を迎えるので、もう一度原点へ帰らなければと、意識して〝松下イズム〟を、誌面に反映していきたい。

塩澤　敗戦直後、ＰＨＰ研究所は創立され、その翌年にＢ６サイズの「ＰＨＰ」が創刊されていますね。「お互いが身も心も豊かになって、平和で幸福な生活をおくる方策を、人間の本質に照らしつつ、それぞれの知恵と体験を通して提案し、考え合う一つの場」の考えだそうですが、松下さんのその宣言に戻るわけですね。

吉野　当時のことは何も知りません。が、設立当初、松下は何を考えていたのかを、自分なりに咀嚼して。

塩澤　その方法はどのように？

吉野　ふだんから松下さんの問題の論文は読んでいます。常に経営の実感を語られていました。

塩澤　松下さんを知る「実業の日本」の方に聞いたことがありますが、〝経営の神様〟は身辺に町工場の主のムードを漂わせていたそうですね。「Ｖｏｉｃｅ」の書き手は、関西文化圏に、やや片寄りがあるようですが……。

吉野　それは松下が存命の頃から「京都座会」という会が月に1回ありまして、教育問題の提言とか、国土開発、税体系についてのビジョンを出してもらっています。「Ｖｏｉｃｅ」は、この先生方と緊密で、その意見、提言を誌面に出しています。

塩澤　そのメンバーは？

吉野　亡くなられた山本七平、天谷直弘　両先生のほか、加藤寛、堺屋太一、石井威望、牛尾治朗、斎藤精一郎、高坂正堯などの諸先生方です。

塩澤「Ｖｏｉｃｅ」のレギュラー執筆者ですね。この顔ぶれは、この雑誌の文字通り〝顔〟だ（笑）。

吉野　雑誌の骨格ですか。座会のお蔭を被っています。今は東京で開き、分会は週1回開いていて、そこでまとめた行革とか、無税提言のパンフレットも出しています。

塩澤　骨格がシッカリしているのは、ご同慶の至りですが、「雑誌は編集長のもの」と考えた時、采配の幅が狭くなるのでは……。

吉野　編集は一切、任されています。松下幸之助の研究は、京都でやっていますが、私の幸之助理解で、構わないわけで、制約はありませんし、上から指示されたこともない。

塩澤　誌面を見て感じることは、いわゆる現場知らずの評論家風情が執筆陣に少ないことです。

吉野　経済の問題でしたら、経済人に聞いています。デフレ化した現代、ふつうならば経済評論家とか、経済学者に聞くのでしょうが、うちは現場を知っている経済人に実感を聞いています。11月号を例にとれば、日本マクドナルド社長の藤田氏に、円高問題をお聞きしています。
塩澤　100円バーガーで、売り上げを20％上げた。これは、藤田氏の経営戦略ですね。うむ、実感的誌面づくりだな（笑）。
吉野　価格破壊で見事に成功したケース。この編集の在り方は、前の編集長と異なったことはしていません……毎号、面白いことをやっていこう、という姿勢ですから。
塩澤　面白さの基準は、どこへ置きますか。
吉野　日米安保、金融制度、あるいは沖縄問題から大和銀行と、今、大きく動いている問題があります。スタンダードな解釈ではわからないことばかりですね。また、阪神大震災、オウム真理教と、日本人が想定していない、予期していないことが続いていています。
塩澤　「一寸先は闇」ですよね。
吉野　ええ。こんなにフラフラしている時代──この箱を開けたら何が出てくるかわからない。その部分を衝き、論議を巻き起こせば、面白いんじゃないですか。

総合雑誌の役割を探求し続けていく

塩澤　総合雑誌の編集長と話をすると、月刊誌という刊行形態からくるタイムラグに悩んでいますね。
吉野　時間のズレですか。それはありますね。前に小選挙区制の問題で、細川・河野会談があった時、保守合同ができるのではないか?と、その流れに沿った特集を組みました。が、その後、変わった展開となってしまった。
塩澤　合従連衡は政治の常。自民党と社会党が同じベッドに入る時代（笑）ですからね。ある雑誌でも、河野と橋本の総裁選の行方を特集したら、河野が降りてしまったため、表紙も記事も差し替えたと、ボヤいていましたよ。
吉野　私は「ままよ、なるようになれ！」（笑）。締め切った後、全然違った展開となり、方向性が間違っていても、そこに展開されている議論に厚みと深みがあれば、読者はついてくると思いますね。

塩澤　締め切ってから発売日までに、2週間はあるんですからね。

吉野　12月号を例にとると、発売は11月10日です。10月中に起こったことは、なんとしても盛り込むために、ギリギリまで追いかけて、問題の本質を摑んでいれば、その後、流れがどう変わっても、痛痒は感じないと。

塩澤　大部数を誇る某総合雑誌の編集長は、「品川沖で巨砲の照準を東京に合わせ、デ～ンと構えればいい。駆逐艦のようにウロチョロしないのだ」と言っていましたね（爆笑）。

吉野　実際に起こったことについて、たとえ間違っていても、シッカリした分析をしていることの方がいいのじゃないですか。湾岸戦争の時でしたか、戦争はやってはいけない、という論を展開し、大勢がそちらに傾いていたことが印象に残っています。

塩澤　地球の裏側の情報が、リアルタイムでテレビに映し出される時代です。マンスリーに、事件や問題の推移の正確さを求めることがおかしいのかも……。

吉野　その内容が当たっていればいい、というものではありません。現場の認識、分析がいかに正確にできているかが、論壇誌の役割ではないかと。

塩澤　新聞が第二報主義。週刊誌も殷賑を極めている時代、まして月刊誌は……。

吉野　それらのメディアは硬派記事を扱わないですね。阪神大震災後の再開発対策とか、日米安保問題など、もう少し議論を深めてもいいと思いますね。テレビや週刊誌では扱えないスタンス……月刊誌ならではの編集スタイルはここにある。総合雑誌の出番はここにあって、うちもその一角にキチンとした位置を占めたいですね。

塩澤　確かに、テレビや新聞、週刊誌とは、そのスタンスをとれば競合しない。

吉野　全体像が見えて、異色の意見を出している人を登場させれば、同類他誌に互していけるのではないかと……。

塩澤　他誌へライバル意識はありませんか。

吉野　まあ、「中公」「文春」をはじめ、「正論」「諸君！」「世界」「新潮45」は毎月、キチンと拝見していて、「うちはどこで負けたのか？」「同じ問題を、どう扱っているのか？」の検討をしています。その上で「Ｖｏｉｃｅ」ならではの、ハッキリした特色を出していきたい。

塩澤　特色は「特ダネ」を掲載することで、ハッキリしてくると思いますが、最近号で反響のあった特集記事は？

吉野　95年の2月号で『鄧小平後の中国』をやりましたが、その反響は大きかった。5月号の『ドルが紙屑になる日』も手応えがありました。

塩澤　執筆者やインタビューに答えている人々は、金融界、大企業の総合研究所のお偉方といった現場にいるだけに、リアリティがありますね。手応えのあるのも、読者が各企業で管理職だからでしょうか。

吉野　40～50代が半分くらいと、比較的に高齢の人が多いですね。どちらかと言えば男性が主流です。そして、雑誌についての意見を聞くと、腑に落ちる正統的な意見が多いですね。こちらとしては、雑誌をつくっていくうえで、発酵した意見を聞きたいのですが……。

塩澤　まあ、読者の意見とは、そういうものでしょうか（笑）。お若いのですから、誌面でもっと波紋を呼んだほうがいいのではないですか。

吉野　現在39歳ですが、私が面白いと思うものを載せていくと、若干の違和感をもって叱られることもあります（苦笑）。

塩澤　公称部数は？

吉野　18万部です。その半分は直販ですが。

塩澤　それは大した部数だ。松下イズム公布のためにも、産業界の実感を編集上に大いに生かして、ユニークな誌面を、つくってください。

「頓《とん》智《ち》」
つくり手の顔が見える総合誌

編集長
松田哲夫

1996.2

編集長の個性を出す

塩澤　〝全集の筑摩書房〟と認められている出版社で「頓智」を創刊したわけですが、イメージに合わないといった点はありませんか。

松田　どうですかねぇ……読者としては「展望」的な雑誌を期待した層は若干いたようですが、昭和55年あたりから、かつての出版傾向と変わっていましたし、それほど大きな違和感はなかったと思います。

塩澤　表紙に「天下無敵の呑気雑誌」とか〝全方位好奇心雑誌〟を打ち出した編集意図は……。

松田　若い新しい読者に、著者とか企画の出会いの前線にしたいという考えと、今の筑摩の出版に触れてほしい。若向きの気はないが、20代を中心とした読者に、読んでもらえる雑誌にしたいということでした。

塩澤　まだ3号目ですが、その考えは届きましたか。

松田　結果としては、うまくいった。20代の読者は多く、女性も48％です。この層は比較的、購買力が強いから、ここに食い込めたのは成功だったと思います。

塩澤　（「頓智」創刊号の読者カード調査を見て）

なるほど、20代の読者が男女共に突出して38%と。そして20代女性を中心に「こういう雑誌を待っていた」。40~70代の男性は「筑摩が久しぶりに出した雑誌だから」購入した——そんな反響ですか。

松田　この調査結果から、かつての総合誌「展望」と、新しい「頓智」の読者——新旧の橋渡しが出来るかも知れない（微笑）。

塩澤　20代の読者は「展望」は知りませんでしょう。

松田　若い人向きの総合雑誌はないので、新鮮に受けとめられ、期待されているのかも知れません。

塩澤　今、ジャンル別雑誌は、たくさん出ているんですがね。

松田　セグメンテーション雑誌がメインになっていますが、これに飽き足らない読者がいたことで、心強いですね。

塩澤　書き手グループは、松田ファミリーというか、編集長の交遊関係が目につきます。

松田　一つはA５判雑誌を考えた時、マイナー雑誌は同人誌的な編集長の個性が出ています。「本の雑誌」とか「噂の真相」「広告批評」など……。

塩澤　椎名誠、岡留安則、天野祐吉の各氏ですね（笑）。つくり手の顔と雑誌とがイコールしている。

松田　「文藝春秋」の菊池寛、「展望」の臼井吉見両氏も、そこからスタートしているはずです。

塩澤　頼まれて書くことに飽きて、自分と友人の発言の場をつくった菊池寛。自分の読みたい雑誌をつくった臼井吉見でした。

松田　編集長は黒子説がありますが、少なくとも「頓智」は僕が顔になる。周囲の人たちが顔になり、そこから個性をつくっていく。

塩澤　その念願は、達せられているようで……（爆笑）。

松田　新規参入の時は、無個性であったとしても、イヤな個性でないと（笑）、ダメではないですか。

塩澤　筑摩書房は書籍型の出版社ですね。新雑誌を出すためには、やはり松田編集長の顔とか個性を出していかなければならないでしょうね。

松田　うちは雑誌社ではないから、ノウハウはそれほどない。雑誌づくりのうまい人たちの間に入って、個性を出すためには、思い切った手を打たないと。

思いつきをすぐに実行

塩澤　筑摩書房は、端から見て、松田さんが入社されて、流れが変わってきましたね。

松田　おおむね、私のやってきた仕事は若い読者とか、従来の筑摩の読者ではない『ちくま文庫』や『ちくま文学の森』を担当してきましたから……。

塩澤　その編集経験を踏まえての雑誌づくりだったのでしょうね。

松田　少なくとも雑誌は、最低で3万部の実売がとれないと成り立たない。赤字を生み出す余裕はないから、なんとしても最低部数は確保したい。

塩澤　大手出版社の名のある雑誌でも、3万部以下はザラですよ。

松田　看板雑誌なら、仕方がないでしょうが……「頓智」は少なくとも、いつも筑摩の外にいる読者に、どこまで浸透させるかがポイントです。……かといって、ポルノはやれない（苦笑）。やってないジャンルでは、うまくいかないでしょうし。

塩澤　売るためのセオリーに金・色・名誉欲をくすぐる手段があるといいます（笑）。

松田　僕自身は、それほど筑摩のワクを、はずそうとは思わなかった。逆に筑摩とは違うと思ったのか、読者に言わせると筑摩的仕事と言われました。26年ぐらいいますから、やっぱり筑摩のスタイルは、骨がらみにあって、かなり変わったことをやっても、結局、筑摩の仕事になるようです。

塩澤　それが伝統というものでしょう。

松田　それと、責任者になると保守的になる。どこまで新しいことができるか。

塩澤　松田さんは、筑摩に入った頃、漫画全集を出しましたよね。
松田　はい。漫画は今、メジャー・カルチャーの時代ですが、26年前に上製本の箱入りで、『現代漫画』を出しました。その頃は、マイナーの感じが強かった。
塩澤　上製・箱入りでしたか。私も東海林さだおなどを持っていますよ。お堅い全集の筑摩書房で、よくぞ出版したと思ったものですが……(笑)。
松田　「岩波」「中公」「文春」などでは出来ないことが、うちあたりの規模ですと出来るのです。そして、何をやっても結構、筑摩書房的だと……いい器だと思いますよ。
塩澤　漫画が早かったことは事実ですね。
松田　筑摩は、ある規模を持っていて、いろんなジャンルの出版が出来る珍しい出版社だと思います。現在、文庫は二つ、新書一つを出していますし。
塩澤　どのジャンルに挑むにも、面白さが条件でしょうね。
松田　知的な面白さとか、ある刺激がないと……。少なくとも、つくり手が面白がってつくっていないと、読者は面白がらない。
塩澤　出版社によっては、売らん哉主義に固まり、ベストセラーづくりの手法を編み出しているところもある。
松田　非常に企んで、つくり手が醒めている(苦笑)。やはり、読者が面白がって、自発的に買ってもらうものは、つくり手が本当に面白がっていないとダメでしょうね。『ちくま文学の森』は、そうでした。
塩澤　あのシリーズは、内容、装丁共に画期的でした。「頓智」の編集にも当然、その流れは継承されているわけでしょう。
松田　雑誌をつくっていいなあ、と思ったのは、面白いと思ったのが、すぐ実行出来ることですね。たとえば、篠山紀信さんに「バカ笑い」をテーマに一冊の本をお願いすると、1、2年はかかります。また、そんなことを思いついても頼みに行けない。ところが、雑誌だと、編集後記で赤瀬川原平さんに苦手なインタビューをお願いして、それを一番、向いていないところでやろうということになり、絵的に面白いからと、パチンコ屋でインタビューすることを考え、篠山さんに撮ってもらおうと（笑）。

塩澤　あの天下の篠山紀信さんに、〝笑写〟させた、豪華編集後記ですね（笑）。

松田　お願いすると、「面白い、やろう」ということになって、篠山さんはユーモアのある人なのに、意外と、その面が出ていなかったので、そこを出そうと、グラフ誌ではない「頓智」で表紙に「物」を撮っていただき、話題になりました。

塩澤　宮沢りえのヌードではなく、〝ブリキのバイク男〟だの〝大笑いおやじ〟だのを、表紙に撮ってもらっている(笑)。雑誌名にピッタリです。

松田　表紙から編集後記まで、撮っていただいて、編集後記が一番豪華になった（笑）。5号まではこの線で——不況で眉にシワを寄せている時代に、バカ笑いをしている写真を載せて、読者に心のゆとりをと。

塩澤　その軽さ、思いついたことを、すぐ実行出来る面白さが雑誌にはあるわけだ。

常打ち小屋で新人育成

塩澤　執筆メンバーも、松田カラーが濃厚でユニークですね。

松田　26年やってくると、いろんな友達とつき合いが出来ます。それらの人達と、本の形ではつき合えなかったのですが、雑誌では出来ますから……。

塩澤　ある程度の知名度は整っている。

松田　こちらの無理を聞いてくれる人、依頼できる書き手から頼んだこともありますが、あまり仲間意識、同人誌的なつもりはないですね。初めて会った人は多いですよ。

塩澤　それでも森毅、藤森昭信、養老孟司、鶴見俊輔、水木しげるの諸氏と、松田さんの意の通じる面々ではないですか。

松田　要所要所は、親しい著者群で押さえています。善し悪しではありませんが……。

塩澤　当然、批判の声もあるでしょう。

松田　雑誌をパラパラ見て、いろんなことを言いたくなるようで、すごく言ってきます。こちらにとって、いい刺激になる一方、怖いものだなあと思います。本だと、あまり読まないから。「文学の森」ぐらいになると、言ってくれましたが、雑誌はその点、すごいですね（笑）。

塩澤　まあ、認めるものと否定するグループと、半々でしょう。それでも雑誌を出すメリットはあるわけですね。

松田　新しい著者、新しい企画に出会う場所としてつくっているわけで、常打ちの小屋をちゃんと建てないと、新人歌手に歌わせる場所がない。

塩澤　「頓智」は、新しい著者と読者を出会わせる常打ちの小屋というわけか……（笑）。

松田　次の時代の筑摩の柱になるようにしたいと考えています。

塩澤　その「頓智」常設館の出し物ですが、私の見たところでは、軽いバラエティー・ショーの趣が強いですね。

松田　確かにバラエティーはあるけど「読み応えがない」との声はあります。書籍扱いの雑誌は、しっかりした連載があって、重い雑誌になっている。文芸誌にその流れがあります。「頓智」は、むしろどこまで軽く出来るか、雑誌の持っている軽さを、身につけようと志している。

塩澤　軽さですか？　確かに長い読み物や小説の類はなく、対談も頁数は短いですよね。11月号（2号）の特集『邱永漢・大人の哲学』が、写真頁を入れて20頁と、長いのですが、インタビュー構成だから気楽に読める。

松田　軽さにも、だんだんマイナスの要素が出てくるでしょう。読みでのあるもの、それなりの満足感のあるもので、アクセントはつけていくつもりです。
塩澤　巻中に4色カラーの『電脳楽天地』とか、2色カラーの『絶賛堂書店』など、マルチメディアとつき合うためのガイドやユニークな書評の頁がありますね。
松田　『絶賛堂書店』は、こちらで書評本を指定しないで、書き手が読んで面白かった話題作をバランスよく取り上げています。けなさないで、ホメる本を取り上げているのが特色です。
塩澤　書評というと、必ずけなす部分があるのですが、絶賛堂は大推薦の書物のみを揃える店とやらで、面白さが伝わってきて、読みたくなりますよ。売れ行きは如何ですか。
松田　5万部以上刷れればと思っていましたが、創刊号は12万部の刷りで、8万部以上の売れ行きでした。完売に近い成績と言われました。
塩澤　「創刊号は売れる」と言われていましたが、昨今、不振続きですよ。12万部発行して8万部以上の実売とは立派なものです。
松田　2号目は、取次から10万部の注文があり、これは強気に――4万部ちょっとの実売になりますか。3号は発行部数を押さえて3万部以上はいっているようです。
塩澤　実売で5万部をキープするのは、なかなか難しいようです。創刊号はお祝い部数として、2号、3号と部数は落ち、数カ月で底をついて上昇気流に乗れれば、シメたものですよ。
松田　当初の考えでは実売3万部で、入広告ネットで300万円で成り立つ雑誌をやろうと考えました。非常に楽になるには、実売5万部、500万円の入広告と聞いていますが、そこまでどう我慢出来るか……売れないからと、コロコロと企画を変えては、ウチあたりでは大変に危険だと思います。
塩澤　〝天下無敵の呑気雑誌〟を標榜し、これだけの頓智流執筆陣を揃えているのですから、頑張って下さい。陰ながら応援を惜しみません。

衆知を集めた週刊誌づくり
「週刊文春」

編集長
平尾隆弘

1996.5

突如、編集長に就任

塩澤　平尾さんは、昭和44年の入社ですか。

平尾　いいえ、45年です。「週刊文春」には去年の3月9日移りました。丸1年です。

塩澤　花田長期編集長のあと、設楽短期編集長の後でしたね。

平尾　いきなり「やれ」と言われ、「いいんですか、僕で…」(笑)。まったく驚きでした。

塩澤　文藝春秋は部署が短いスパンで変りますが、平尾さんの入社以来の動きは…。

平尾　まず出版の商品部、週刊、編集総務、出版、また週刊、本誌に6年いて「クレア」の編集長になり、それから「週刊文春」の編集長です。

塩澤　週刊には2度。担当はなんでした。

平尾　1回目は2年、2回目は4年でしたが、グラビア・特集・セクションとある中の連載ものやコラム担当のセクションで、赤塚不二夫先生の担当で、大変でした(笑)。

塩澤　「天才バカボン」の赤塚氏ね(笑)。

平尾　先生の連載は一般週刊誌では初めてで、マンガ誌がほとんど。彼らは赤塚先生一本をとればいいのですが、僕は他の連載も抱えていた。2日ぐらいは向こうで泊るんです。

塩澤　一緒にマンガのアイデアを考えるんですってね。

平尾　編集長と一緒にマンガをつくるところがあり、ヒントを出したり、ネームを貼りこんだりするんです。その作業が面白かった。

塩澤　2度目の週刊では。

平尾　『文春図書館』を4年。15年前の35歳の時でしたが、これは面白かった。うちは書評委員をつけず、全部自分でやる。本好きでしたから、一週間全部その仕事をやっていた。

塩澤　文字通りの耽読《たんどく》の1週間ですね。本好き人間の桃源郷だなあ。

平尾　文藝春秋は、雑誌社と出版社の両方のイメージがありますが、僕は出版社のイメージだった。ところが、どういうわけか、僕は雑誌の仕事ばかりやらされてきた。『文春図書館』で本の世界を雑誌的にやれて、面白かった！　誰かに本を読んでもらって、インタビューでその書評をしていただいたんです。

塩澤　聞きだすためには、こちらもじっくり読んでいなければなりませんね。で、週刊誌で、セクションと書評担当をつとめて、編集長になって戸惑いはありませんでしたか。

平尾　週刊誌は特集が命です。僕はその特集を行ってないわけですから、不安でした。上の人にどういう風に柱をたてたらいいか相談しました。

塩澤　端では特集担当の体験がなくて……といったシニカルな眼があったでしょうね。

平尾　それに対して「編集の要《かなめ》のデスクが4人いる。そのデスクとコミュニケーションを密にすればいい」と。

塩澤　現場の指揮はデスクですからね。

平尾　まあ、本誌にいたので、その時々の特集的なことは知っていましたし……。

塩澤　本誌での担当は？

平尾　山崎豊子先生の『大地の子』でした。

塩澤　あれは読み応えのある大作だ。テレビで放映され反響はものすごかったですね。

平尾　その取材で中国へ行き、三峡下りもしました。２人で行ったものですから、僕がオヤジの陸徳志《ルートウチ》、連れが陸一心《ルーイーシン》役をやったり（爆笑）。

塩澤　陸徳志役の中国の役者は名演でした（笑）。

あらゆることに疑問を持つ

塩澤　雑誌は編集長が変わると、誌面も変わるものですが、平尾色はどのように出そうとしていますか。

平尾　別にない…。あの、それはこういうことだと思う。花田さんは「自分が面白ければ皆面白い」と公言していました。これは才能ある編集長の言えることです。例をあげれば、美人コンテストの審査員で自分が美人と思った女性《ひと》が、ミスに選ばれるという自信ですね。僕にはその自信がない。で、もう一つの方法として、自分が綺麗と思う人に、この中で誰がこの人に投票するかという発想がありますね。僕はそっちの方だ。

塩澤　審査員の集票が多いと思う女性に投票する？……。

平尾　大勢の人が面白いといったことは、皆が関心を持っていることです。僕は、自分の考えのズレを、多くの人に聞くことで修正します。

塩澤　ワンマンではないことですね。

平尾　４人の個性も意見も持っているデスクがいるのですから、その人たちの言うことを聞くようにしている。僕もその中の一人と思っています。むろん、最後は僕が決めるが。

塩澤　花田さんは、一人で取りしきる自信があったのでしょう。

平尾　僕はそこはちがう。自分の関心はほかにあって、週刊誌をやったら、そんなに広く関心は持てない。で、「いま、こういうことではないか」とやっても、文春的な個性は出てくると思う。

塩澤　文春は大きな袋で、一定のレベルをクリアしていたら、何でも入ってしまうと言われていますね。独裁的でなくてもおさまる（笑）。

平尾　ワンマンのよさはすごくある。が、自分はそうは出来ない。そんな貫禄はない。（笑）。「週刊文春」の長は、ポストとしてなかなかなものですが、僕はたまたま、そこにいるだけで、そうでなかったら、ただのオッサンです（爆笑）。とは言え、その役割というものは考えていますが。

塩澤　えてして、その地位や肩書が、自分の実力と思いがちですがね。とくに、文藝春秋は、社の伝統と外部の信頼は大きい。

平尾　看板のすごさは感じます。そういう意味では、普通の人の感覚をなくす怖れがある。

塩澤　新入社員でも、文春の名刺があれば一流の人にすぐ会えますからねえ。大新聞社の記者の一部に、背景を忘れて横柄になってしまう輩も少なくないが…。

平尾　それを自覚しないと駄目ですね。普通のサラリーマンと較べると、給料も多いし。ただ、勤務時間は長くて、好きなことばかりやっているわけではないから（笑）。

塩澤　でも、一部には特権意識を持つケースもあって、特集などにその匂いのすることも。

平尾　偉そうに筆誅を加えてやる！　これはいけないですね。普通の人がどう考えているかを、常に考えていないと。僕は編集者とジャーナリストは違うと思うんですよ。編集のプロとは、アマチュアのプロで、いろんなことに疑問をもち、知りたいことを、いっぱい持っている人だと思う。

塩澤　うむ。面白い考えですね。具体的には……。

平尾　僕たちは、自分よりすごい人を沢山知っています。例えば、立花隆さんのすごさに単にひれ伏すだけでは駄目で、この人にどこで対抗するか、それを考える。あんなゼネラリストでも漏れている面がありますから、アマチュアの目線で「このことはわからないから、もっと説明してほしい」と言えるわけです。編集者はその役割しかないのでは……。

塩澤　なるほどね。素人の目線で、プロの書き手に対抗する。読者にかわって、知らないこと、疑問点を問うことが可能ですね。中途半端の知ったかぶりが、いちばんいけないわけだ。

政治には是是非非で

平尾　特集をつくるときも、その視点を忘れてはいけないですね。事件ものですと、アマチュアから出発するから、事件のディテールを誰かがしゃべっていて、読者は全部満足します。ところが、政治、経済記事となったら難しい。プロが読んで満足させる記事と、素人にもわからせるように、よりくわしく書くのと二本立てで考えなくてはならない。

塩澤　プロに忠ならんと欲すれば、アマに孝ならずか（笑）。矛盾することになる。

平尾　書き手は、だんだんくわしくなっていくから、プロに評価されたいと思う。

塩澤　すると素人にはわからない記事となる……。編集者は素人の疑問に答えなくてはならないわけですね。

平尾　写真にしても、撮った人、デザイナー、編集者で三者三様の選び方がある。最終的にいい記事とは、読者の水準で選んだものでしょうね。

塩澤　その読者の水準はどのように見分けますか。

平尾　『てこずるパズル』、毎週10万円が当たるパズルに「今週号で興味深かった記事をひとつ」書き添えてもらい、毎週６０００通はくるアンケートから、そのランキングを参考にしています。だいたい右側の固い柱が1位にくる。逆かも知れないけど（笑）。

塩澤　7、8本はある特集で、固めは右側、柔かいものが左側と聞いていますが……（笑）。

平尾　だいたい右側はスタートの時点で、これだというものがありますが、何もない時は困ります。

塩澤　編集長に就任直後にオウム事件が起きて、ツキにめぐまれましたね。

平尾　作って2号目でした。長になってどうやろうかと、1号目は共同銀行のことをやり、立花さんに「大蔵官僚恥を知れ！」を書いていただきました。2号目は校了して金曜日の朝、仮眠室で寝ているところを副編に電話で起され、オウム事件を知らされました。その瞬間「これだ！」と、土曜日ギリギリで、中刷りから新聞広告全部を、オウムに差しかえました。さいわい江川紹子さんと文春はつきあいがあったので、1号目は「サリンをばらまいたのは誰か」をやり、2号目は「これがオウムだ」とやって完売しました。昨年の4、5、6月は毎号平均75万部の実売でした。オウムが一段落して少し下ったが、それでも前年比はオーバーしています。

塩澤　運も実力のうちです(笑)。

平尾　あの頃、「ポスト」、「現代」は他のものがうまくいっていたから、切りかえができなかった。が、うちは編集部も変わったばかりで、速報体制はすぐ出来た(笑)。ところが、オウムの後は平均、66、67万部の実売となって、「ポスト」、「現代」に遅れをとった。僕はそれを見て「この人たち(読者)は、義理、つきあいというものがないのか！」(爆笑)と叫んで、デスクに「そんなことを言うものではない」と、たしなめられました。冗談ですがね。

塩澤　オウムの時は「文春」に飛びついて、すぐヘアや、女のワイド特集のある他誌へ走る読者に、腹を立てたわけだ(爆笑)。両誌は永田町の小沢一郎氏に、逆の立場をとっていますね。「週刊文春」は、永田町にどのような姿勢で…。

平尾　小沢へのスタンスをどうとるか…という意味ですか。政治全体に対してですか。

塩澤　全体をひっくるめて。

平尾　その点、うちは旗幟《きし》鮮明です。イデオロギーにとらわれないし、どの党に対しても先入観は持たない。それこそアマチュア的に「このことはいい」「このことは悪い」と是是非非で臨んでいます。

すね。

塩澤　アマチュアの疑問、怒りに応える姿勢ですね。

平尾　政治記事は、「これはどうだったか」「これはどうなるか」の二つに関心を持ち好奇心をかきたてる。党派は問わない。

塩澤　好奇心はジャーナリズムの基本でしょうね。

平尾　情報に対する好奇心ですね。いま一つオピニオンがないと、ヘソのない週刊誌になります。住専、エイズの薬害殺人の白黒は、はっきりしているのですから、これはいくらやってもいいわけです。

塩澤　堂々と徹底追及ができる。2月29日号の住専では『末野興産、住専借金王のスケジュール倒産』、3月7日号の薬害エイズでは『元エイズ班班長安部と元薬務局課長郡司〝悪魔の奉職〟』と断罪していますね。

平尾　特定の党派をとりあげて、100％いいということ、悪いということはありませんね。うちは、バランスをとっています。

塩澤　中興の祖、池島信平氏は右にも左に対しても、バランス感覚をもった名編集者でした。その流れをしっかり継承している。花田さん時代、一時期には80万部となって、総合週刊誌のトップに立ちましたが、夢よ再びの気持ちは？

平尾　「ポスト」、「現代」と較べて、週刊誌と言っても、種類がちがうと思います。このやり方で65万部を超えたらいい、無理をして80万部へもっていくために、これをやったら売れるだろうとすると、長期的にみたら行きすぎてしまう。

塩澤　分を心得た言葉ですねえ。抗議とか訴えられたケースは…。

平尾　抗議は滅茶苦茶に多いが、訴えられたケースは僕になって一件だけです。こちらに誤りがあれば直ちに、あやまりに行きます。編集長はそういうことをやる役目ですから。

塩澤　筆誅とはいわないが、言挙げできぬ読者に代って、怒りの代弁者になって下さい。

活気あふれた誌面をめざす「FLASH」

編集長　金藤健治

1996.11

28歳の男性を狙う

塩澤　「ＦＬＡＳＨ」には創刊以来ですね。

金藤　え〻。創刊が昭和61年11月5日でしたから、この11月で満10年の勤めになります。

塩澤　途中で「エキサイティング」の編集長もつとめて、好成績をあげ絶頂期は50数万部を発行して、９割以上の実売だったとか……。

金藤　年６回の発行ですが、お陰げさまでよく売れました。

塩澤　「週刊宝石」を創刊して軌道に乗せた森元順司氏（現常務）が好調の波に乗ってスタートしたわけですね。その直後に「たけし事件」があり、写真週刊誌は一挙に逆風に立つことになりましたが……。

金藤　創刊７号の時でした。それから氷河期に飛びこんで（苦笑）、大苦戦のはじまり…。

塩澤　鈴木紀夫前編集長の述懐では、苦境脱出のために、長以下幹部７人が池袋のサンシャインの一室に泊り込んで、夕方６時頃から徹夜で再政策を練ったそうですね。

金藤　国民雑誌をめざしていまして、読者のターゲットを絞らず、編集していたものですから。この会議で、男性の読者、年齢は28歳のサラリーマン。学歴は三流の私大卒か、高校卒に絞りこみました。

塩澤　その世代が２００万人くらいはいると見て、超エリートの一流大学出はお呼びではないと。大衆魚のいわしやあじ、鯖を狙うことにしたんだそうで…（爆笑）。

金藤　そこを狙って暫くして、翌年の夏くらいだったか、通巻40号前後から70％出るようになりました。その流れの中心、山口百恵の発掘写真を特集した号が、90％弱のバカ売れで、以来、右肩上りになりました。

塩澤　雑誌は僅かなきっかけが、スプリングボードになって伸びるといわれています。発想転換の核となったのは何ですか。

金藤　当時、編集部の平均年齢は若かった。彼らが面白いと感じるものと、読者層がそのまま重なった幸運ですかね。

塩澤　前編集長はその頃、28歳の男性が興味をもつ可愛い女――南野陽子だの後藤久美子らの写真や記事をどんどん載せる。ただし、その女たちに、恋人ができたり婚約をしたら、即、掲載中止（爆笑）だと言っていましたね。

金藤　（笑）いまも、その原則は守られていますよ。

塩澤　可愛い子ちゃんが載っているからではないが、先行誌にくらべると軟派路線をとっていますね。

金藤　背骨は硬いのですが、筋肉はやわらかいお色気軟派路線で、差を出そうとしています。

塩澤　具体的に言うと…。

金藤　企画で時のアイドルのクローズ・アップをやる。それも8頁にぴっしりと、こまかいものを入れるといった…。

塩澤　（最新号を手に）この号を例にとれば、2色特集の『光るオンナ「西田ひかる」！全魅力解剖』『写写丸と「好感度No1アイドル」との2千５００日の記録』8頁ですか。

金藤　そうです。コンビニで立ち読みをやらせないために、わざとこまかい写真、記事を入れる。しかも、お色気関連企画でも、それが成功した…。その走りが山口百恵だった。しかし、現在は一人で8頁をもつアイドルがいなくなった。それが各誌の悩みです。

塩澤　女性アナウンサーや、キャスターの顔を揃えたりするのは、その穴埋め？（笑）

金藤　意識して使っております（笑）。

写写丸、フン戦す

塩澤　「FLASH」を開いて、「おや？」と思うのは、テーマごとに時間と、忍者姿の写写丸が、テーマに合わせた表情とポーズを決めていることですが……。

金藤　時間帯は、そのテーマのメイン写真を撮影した時間です。一つのデザインでもあるし、他の写真誌との差別化ですね。写写丸は、編集者や記者、カメラマンの分身。または読者自身でもあるのです。時に応じ助平であったり、パチンコ好き。政界の腐敗に腹を立てたり、税金が高いと怒ってみたりする彼らの欲望や意識を代弁しています。

塩澤　なるほど（笑）。写写丸という名前といい、忍者姿といい、千変万化の波に、「FLASH」の喜怒哀楽が表現されているわけだ。ところで、どの写真週刊誌もこのところ永田町は敬遠気味ですね。

金藤　以前は巻頭から政治を出していました。いま、鳩山新党が話題になっていますが、これとてめったに巻頭には出しません。アンケートで調べたところ、「政治に関心なし」が圧倒的だったんです。

塩澤　鈴木前編集長時代の調べでは、22～3本の項目の中で、政治は30歳以上で平均順位が8、9位。以下では10数位だったとか…。

金藤　田中角栄時代は高かった。小沢一郎でマアマアといったところで、パワー不足なんです。扱いは自ら地味になりましたね。しかし、政治、経済、事件といった硬派ものは、ジャーナリズムのスタンスとして欠かせない。雑誌の背骨のようなものですから、できるだけ入れています。

塩澤　この号（9月17日号）では、トップが薬害エイズ事件の元凶、安部英教授を発掘写真で追跡し、2番手に厚生官僚が陰蔽《いんぺい》していた薬害エイズを明みに出した、菅直人厚相の『宰相獲りの大野望』をやっていますね。

金藤　鳩山、菅は、若い人に期待感を持たせる政治家ですから、とりあげるようにしています。

塩澤「FLASH」は、政治を扱っても、伝統的に付加価値をつけていますね。政治にプラスして、スキャンダルとか、性事のからんだプライバシー問題など…。

金藤　ヒューマン・インタレストを強く打ち出すためです。

塩澤　その関連で、スクープはありますか。

金藤　NHK会長だった島ゲジさんの海外出張が国会で問題になった時、槌谷というデスクがいち早く、女性連れの出張で、偽わりの答弁であったことをスクープしました。島ゲジ氏はあの件で失脚しました。

塩澤　たしか創刊号に、療養中の田中角栄の写真も特撮していましたね。

金藤　あれは、元宰相の療養姿をはじめて撮ったもので、2000ミリで狙って成功しました。芸能ネタでは、水前寺清子の結婚とか、千昌夫がハワイで後に結婚する外人歌手と、プールで寛ろいでいる写真などを、スクープしています。

塩澤　雑誌の性格から、タレ込みは多いでしょう。

金藤　ありますがほとんどダメ！　イタズラ電話ばかりで、10年間で役立ったことはないですね。あゝ初期の頃に一つ、印象的なタレ込みがあった。声帯模写の佐々木つとむが愛人に刺殺された時、深夜の編集部に電話がかかってきて、「高島平で殺されたのを知っていますか？　私、アマチュア無線が趣味で、偶然、警察の無線を聞いたんです」

と、女性からのタレ込みがありました。

塩澤　あゝ、そんな事件がありましたね。

金藤　すぐ、高島平の家をさがしてかけつけたんですが、警察もかけつけたばかり。手分けして、彼の出演していたキャバレーとか関係者を当って発掘写真を集めました。指名手配された犯人の愛人は、身投げしてしまうんですが、凶行に走った背景を完全に独走取材しました。

塩澤　（昭和62年9月8日号を手に）『佐々木つとむ、愛人に惨殺さる！　その驚愕の私生活』うーむ、5頁にわたる文字通りの〝独走取材〟ですね。まったくの僥倖タレ込みの典型だ。

金藤　創刊して最近まで、巻末に読者投稿のための電話番号を入れていたんですが、イタズラばかりですので、止めてしまいました。

塩澤　ヘア・ヌードなどの売り込みは……

金藤　昔はよくありました。今は減りましたが、但し下品な写真はダメで、きれいで上品なセクシーが最低条件ですね。

塩澤　宮沢りえあたりが、ピークでしょう。

金藤　ビックネームの裸は強い。宮沢りえの写真集はバカ売れでした。いまは各誌ともに苦労しています。

好奇にあふれた企画を

塩澤　森元、鈴木、金藤と編集長三代を通じて「ＦＬＡＳＨ」の骨格はほぼ固りましたね。

金藤　基本的には、硬派・軟派・企画ものの3本柱です。硬派ものは政治、事件など。軟派はアイドル、キャスター、セクシーもの。企画は、ニュースにひっかけて特集ものにする…。張り込みは、たけし事件以降よほどのことがない限り、やらない方針です。

塩澤　盗撮はつつしみ、基本方針を踏襲する流れの中で、金藤カラーをどのように出していきますか。

金藤　去年の秋から、週刊誌はかなりきびしい状態にあります。阪神大震災につづくオウム真理教の一連の事件……。オウム事件は下手な小説よりすごいわけで、その一連の事件特集のあと、どうやったオチで止めるかが問題です。

塩澤　この一連の編集長インタビューで、誰もが苦渋の表情でもらすのが、その一言ですよ。

金藤「FLASH」も創刊して10年間の組織疲労もあります。

塩澤　組織疲労ねえ。

金藤　手馴れてしまって、70％の出来あがりはあっても、120％か、逆に50％の誌面はつくれない。そこそこの及第ではなく、失敗を覚悟で120％の誌面をつくらないことには、新しい展望はありません。

塩澤　その50％を覚悟の上で、120％の誌面をつくるための具体策はなんでしょう。

金藤　生ネタのニュース企画や、発掘写真で勝負する……こと。編集者自身が面白がる。思わず笑い出すような、興味と好奇心にあふれた企画で勝負することです。

塩澤　一つ二つの例をあげると…。

金藤　瀬戸内海に人喰鮫が出て、潜水夫を喰い殺した事件がありました。事件そのものがセンセーショナルだったんですが、うちはその事件そのものを追わず、日本にいる鮫を網羅した1色4頁の『サメ図鑑』を特集しました（笑）。これが読者はもちろん、編集仲間にバカうけしまして「えーっ！」と言って、思わず笑ってしまった。

塩澤　なるほど、各誌あげて凄惨な人喰い鮫事件を追っているとき、ワン・テンポおいた『サメ図鑑』とは、駄洒落を承知で言えば（笑）目のサメるような名企画だ。

金藤　この伝で、僕が編集長に変わってすぐ狂牛病がありました。迷うことなく牛のすべてがわかる『牛百科』を4頁で特集しました。このように意外な企画、面白がる企画をつけ加えていくことで、誌面に活気がでてくると思います。その活気をとりもどすのが、僕の役割りだと。

塩澤　1週間の動きを写真で追う雑誌ですか

ら、ニュースの流れの中から特色を生み出さなければならないわけで、ストックはない。いま、どのような組織ですか。

金藤　長以下21名で、政治・事件、スポーツ・芸能、ニュース企画の3班に分かれ、各班のデスクの下に編集者がいて専属の取材記者がいます。それとは別にカメラマンのグループがおります。

塩澤　専属記者は何人？

金藤　普通は33人です。カメラマンなども加えると、全部で80人ぐらいですか。プランが決ると、記者とカメラマンのペアで取材に入ります。大阪、九州にもチームはいます。

塩澤　創刊以来のベテラン記者、カメラマンは？……。

金藤　ほとんど入れかわりました。

塩澤　記事を書くことより、1枚の写真で勝負するのですから、現場へ飛び、決定的な瞬間を撮らないことには、務めをはたせない。消耗の度合も強いだろうなあ。しかし、ベテランとなれば、報酬もたしかでしょう。

金藤　一応、キャリアによってランクはあり、スクープにはプラスαがつきます。実力主義ですから、相当の差はあります。

塩澤　写真で勝負をするだけに、クレームなどは、少なくないでしょうね。

金藤　多いですね。それが悩み（苦笑）。ケアレスミスやら、写真の扱いが意に反しているといった抗議。プライバシー侵害など、どんなに注意をしていても、問題は起きます。

塩澤　私も10年、週刊誌の編集長を体験していますが、ケアレスミスやら、前科を書いたために、告訴沙汰になったことがありました。ウイークリー誌の宿命ですか。まあ、「FLASH」のシンボル、写写丸が縦横無尽に大活躍することに加えて、評判のノド（カラオケ）にますます磨きがかかることを祈ります。

金藤　ノドはライバルですから、容赦ないですよ（笑）。

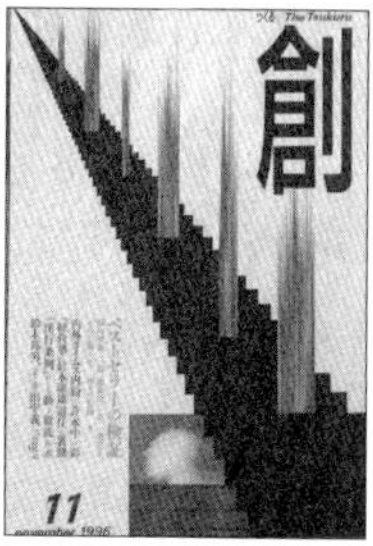

「創」

メディア批評誌「創」の地の利

編集長
篠田博之

1996.12

メディア批判で活況

塩澤　「創」は、この11月で創刊25周年になるんですね。篠田さんは、その15年を編集長だそうで……。

篠田　80年に入社して、1年ぐらいで編集長になりましたからね。

塩澤　「創」がメディア批評誌に、進路変更をした頃ですね。私が「創」に書きはじめたのと同時期だな（笑）。

篠田　「流動」で出版特集をして売れ行きがいいということで、それを参考にして（苦笑）。

塩澤　私が20年勤めた出版社を、天下ってきた出版オンチの経営者と、組合の板挟みになって辞め、「流動」誌に乞われるまま出版ものを書きはじめていた。偶然、重なるところが多いですね。で、メディア批評路線は好成績だったそうで。

篠田　元が少なかったから、部数はドンドン増えました。品切れ店が続出し、追加注文が連日でした。特に出版社についての特集号は、神保町界隈ではすごい伸びでした。

塩澤　『異色出版社の研究』だとか、『巨大出版社の研究』とか、私もお手伝いさせてもらいましたね。私の今日あるのは、「流動」と「創」のお陰（笑）、足を向けて寝られないなあ。

篠田　うちみたいな小資本の出版社で総花路線はきびしい。ある程度、絞らないと経営は難しいのですが、メディア批評を打ち出して活況を呈したわけです。

塩澤　読者対象を絞り込むことで、逆に部数が伸びたのですね。資本力のない雑誌の生き残る方法でしょうね。本誌のその編集方針に加えて、毎年、テレビ、ラジオ、新聞、出版、広告分野の「マスコミ就職読本」が、経営安定に多大な貢献をしていますね。

篠田　83年からですが、「マスコミ就職読本」は、うちを支える定期的商品になりました。単行本も何点か出しましたが、これは難しい。その点「就職読本」は毎年、マスコミ界を受ける固定読者がいますから……。

塩澤　憧れの世界ですからねえ。

篠田　本誌のジャーナリズム批評だけではやっていけない。「就読」は経営に寄与しているところ大です。リクルートのような大きなところは、企業から広告を取っているからできないでしょう。ただし、データ集めは大変でしたね（苦笑）。

塩澤　なるほどね。私も年度版の出版社案内のような本を出していますが、紀伊国屋あたりへ行くと、同類本が売り場を埋めている。

篠田　いま、メディア関係の就職本がものすごい。マガジンハウス、NHK出版といった大手まで参入して、過当競争です。宝島社もそこそこに入ってきているし。手堅く紹介することは大手でもできますからね。参入もしやすいわけです。

塩澤　「創」は春先に、出版社、テレビ、広告会社の研究をするのが定番化しましたね。

篠田　あれは、春先の就職志願者対策です。あの4、5月号の会社研究は、通常号の固定読者の上に、マスコミ志願者がのっかるから、明確に数字になって出るわけです。

塩澤　それは有難いことだ！

篠田　しかし、就職シーズン中しか売れないわ

けで、雑誌としてはつらいし、毎年繰り返してい
て、若干、マンネリ化している。

塩澤　マンネリ化は、ジャーナリズムの反対用
語か。

篠田　ジャーナリズムの批判的視点を売り物に
している雑誌が、春先の4、5月号を就職を売り
物にしているということで、古い読者には、不満
がありますしね。

塩澤　古い読者――固定読者ということでしょ
うが、どのくらいですか。

篠田　学生がのっかるのは、3、4割の部数で
すから、6、7割でしょうね。

編集者の意地

塩澤　「創」は当初、総会屋系雑誌といわれ新
左翼系のラジカルを売り物にしていましたね。「流
動」「現代の眼」「新評」など、その流れだった。
それが、82年、商法の改正で総会屋やトリ屋といっ
た企業の取り巻きが立ち行かなくなって、一挙に
壊滅に追い込まれた。その激流に抗して「創」は
編集者3人の手で存続を図った。

篠田　商法改正によって企業広告が一切とれな
くなるということで、代表取締役だった発行人が
早々と退社し、オーナーも82年になってギブアッ
プ。「創」の廃刊と会社解散を通告したのです。「創」
は、左翼的な匂いのする誌面から、メディア批評
誌に変身して、部数は伸びている時でしたから、
会社側がやめるというなら、自分たちが新たに出
版社を興して、「創」を続けていこうと。

塩澤　収入の大部分を占める広告収入が見込め
ないのに、雑誌を続けるのはしんどいですね。

篠田　客観的に考えれば困難は目に見えていま
した。当時、私はまだ20代（苦笑）、退職金とし
て得た200万円を3人の編集者がつぎ込んで、
82年6月、創出版を設立したわけです。資本金の
600万円は、アッという間になくなりました。

塩澤　3人の顔ぶれをみても、資金力はなし
（笑）、よくやりましたね。

篠田　編集者としての意地のようなものですよ（笑）。新生「創」スタートのパーティーを新宿の厚生年金会館で行ったのも、世間にアピールしてしまえば、簡単に撤退できなくなってしまうでしょう（笑）。まあ自分に答うつため（苦笑）。あらかじめ退路を断ってしまう、そのくらいの覚悟がなければ「創」の発行を続けることなど、とてもできませんよ。

塩澤　「創」が編集者3人でスタートした頃は、必死の意気込みが、ぞくぞくと伝わってきた。

篠田　82年の夏、9・10月合併号を出して1号休刊し、11月号から新しい発行元から出しはじめました。雑誌の扉に辰巳四郎氏のイラストを載せていたのですが、その脇に編集部からのメッセージを付けましてね。11月号は「1982年秋『創』第二の創刊」、翌号は「苦況を伝えられながら『創』しぶとく健闘」、つづいて「遂に新生第3号『創』はまだまだ続きます」と……（笑）。

塩澤　まだまだどころか、15年間も続いて、今日になったわけだが、経営を維持できたのは、先にも触れたテーマの絞り込みにあったわけですね。

篠田　メディアに絞って特色を出した。それと、少数意見を生かしたことですね。

塩澤　ありていに言えばアンチ体制、タブーへの挑戦だ。

篠田　そうですね。ところが、いまはどこの雑誌もメディア欄を設けて、仲間うちの批判をやるようになって、タブーになっていたものが、なくなってしまった。

塩澤　皆で渡れば怖くない（笑）。

篠田　うちとか「噂の真相」は、少数者の意見がのせられます。アンチ体制、カウンター・カルチャーを押し出せる数少ない独自性を持っていたのですが、それだけでは曲がり角にきています。

塩澤　おしなべて雑誌は、細分化からモザイク化しています。似てくるんですよ。

篠田　絞り込みを、他にシフトすると、部数が落ちるんです。学生のとりこみを図っても、大きな核にはならないですしね。

塩澤　彼らも多様化していて、読む雑誌も「右手にジャーナル、左手にパンチ」時代ではないですからね。

篠田　考え方としては、パターン化を破る法として、ニュース問題を入れる手があります。例えばＴＢＳ問題ですが、あれだけマスコミがこぞってやると、独自性が出ないですね。

塩澤　オウム真理教など、テレビ、週刊誌、月刊誌がものすごかった。彼らに互して少数意見を出そうにも……。

篠田　ニュース性の高いものは、部数に結びつかないんですよ。このところ、「噂の真相」がつぶれたり、「宝島30」が儲からないとやめてしまった。あれは考えさせられましたね。

塩澤　「噂の真相」は、筑摩書房という出版社としては名門でしたが、あそこは定期刊行物のことごとくが失敗している。「展望」「太陽」「終末から」と……。しかし、「宝島30」のやめ方は、マイナー出版社の行方に反しているようだな。

篠田　そうなんですね。マイナー系は志でやっているところがある。それが、儲からないと簡単にやめてしまった。うちみたいな雑誌の存在が否定された感じです（苦笑）。昔は、「話の特集」を例にとれば、ポリシーがあって頑張ってやっていたが、いまはそれだけでは成り立っていかないんですね。

塩澤　矢崎さんの雑誌ですね。彼も刀折れ、矢も尽きて……。

篠田　失敗すると悲惨ですね。矢崎さんは億の負債でしょう。個人保証ですから家も担保に入っているし……。

15年の編集体験を挺子に

塩澤　「創」に『泰久塾通信』を書いているが、雪だるまのように膨れ上がる借金を前に、①国外脱出、②自殺、③耐えて生きるの選択肢中から、親しい人に迷惑がかかる①と②をとらず、③を選択して闘っていると。辛いでしょうね。ところで、篠田さんも、編集長兼経営者ですよね。両立は難しいでしょう。

篠田　自転車操業ですよ（苦笑）。3カ月先が見えないという時期はすぎましたけど……。

塩澤　反権力を標榜している編集のポリシーだと、スポンサーはつきにくいとか。

篠田　もともと、編集志望が「創」をつくったわけですが、経営に係わると、編集に専念できず、人の管理とか金、等々にエネルギーを使い、自分の目的とズレてきています。

塩澤　編集に忠ならんとすれば、経営に……（笑）。

篠田　二律背反ですね（苦笑）。特に、社員の代がわりで、その人たちの教育があり、自分でやりたいことが、出来なくなった。3人でやっていた頃は、気軽でした。自分の生活を考えていればよかったですからね。

塩澤　社員は何人ですか。

篠田　いま6人です。多いときは9人いました。余計な給料が増えて、会社の維持が自己目的化されてしまっていた。

塩澤　雑誌の売れ行きには関係なく、社員には給料を支払うのが、経営者のつとめですからね。

篠田　そうです。が、なかなか大変ですよ。基本的には、「創」が駄目だったら、解散しようと考えています。

塩澤　経営の論理の前に、編集の論理は引き下がらざるを得ないところがあります。しかし、マイナー系小雑誌とはいえ、言論・表現をなりわいとし、その志を守って今日までできたわけです。そのユニークな雑誌は持続してほしいものです。

篠田　25周年の記念イベントは、「創」を持続させる志――自分に苔打ったのです。

塩澤　表紙を描いている鬼澤邦さんの200枚の表紙絵展。連続トークライブ、岡留安則さん（「噂の真相」編集長）、矢崎泰久さん（元「話の特集」

編集長）それに篠田さんらのティーチンなど、意欲的なイベントですね。むろん、私も出席しましょう。

篠田　よろしく。

塩澤　「創」の一般誌との差別化として、いま一つ、コミック表現の差別、筒井康隆「断筆」をめぐる論争。あるいはオウムの破防法弁明の手続き、小野悦男逮捕報道などを果敢にとりあげていますね。

篠田　コミック表現の差別などは、ゲリラ雑誌であるから出来ることです。私が事務局長になって、「コミック表現の自由を守る会」のムーブメントを行っているのも、小さな出版社だからできること。講談社、小学館、集英社など、大手出版社は、利害関係がからんで旗を振れないでしょう。また、彼らはサラリーマンだから、責任者としての実践活動は難しい。

塩澤　みなさん、いざとなると、及び腰ですからね。

篠田　その点、私が接着剤になる分には、彼らものってきやすい。マンガ誌35誌に意見広告を載せましたが、大手も横並びだったから、役員会も通った……。

塩澤　「創」の篠田編集長というまとめ役、調整役がいて可能になったことですね。

篠田　差別表現のキャンペーンは、微妙な問題がありましてね。批評するだけでなく、一歩踏み出さないことには、解決にはつながらないでしょう。

塩澤　「創」の編集長のポリシーが、誌面から躍り出ている感じです。勇気ある行動力、組織力をたたえますよ。

篠田　あのへんが「創」を15年やってきた功績のようなものでしょうか。これからもやっていくつもりです。

塩澤　誌面で体制批判、タブーへの挑戦をするだけでなく、行動する編集者であることを期待しています。

リーダー不在時代に創刊「BOSS」

編集長　望月重威

1997.1

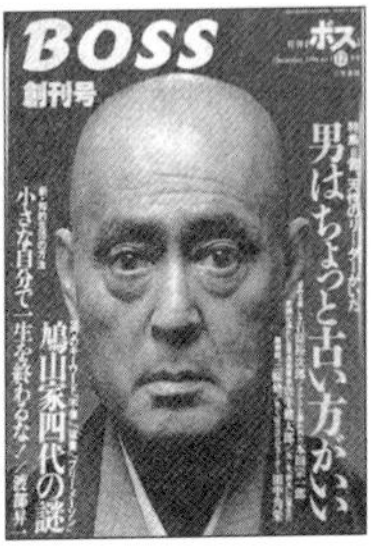

男性の復権を目ざす

塩澤　男臭いボス不在の時代に、男の復権を狙った雑誌を創刊されましたね。

望月　このところ、女性の活躍が目だち、女性がとても綺麗になりました。それにひきかえ、男性は俯き加減で元気がない……。橋本総理は「元気をだせニッポン」と言いましたが、こちらは「元気をだせ男の子」と（笑）。

塩澤　男性が元気でないと、家庭も世の中も、なんとなく暗い。その点、昔は男たちは肩肘を張って、頑張っていました。創刊号のトップに「昔天性のリーダーがいた　男はちょっとかたい方がいい」との特集を組まれたわけですが…。

望月　石原裕次郎、本田宗一郎、唐牛健太郎、三原脩、田中角栄の各氏をとりあげました。

塩澤　裕次郎、唐牛、三原、田中角栄さんには生前お目にかかっていますが、唐牛氏はちょっと神経がプッツンしている感じでした。三原氏はツキを重んじる天性の勝負師。角栄氏は風圧を感じる凄さがありました。

望月　政治家の田中角栄氏には、とかくの批判の声はありますが、あの気くばりと情と利の人心収攬術は見事でしたね。

塩澤　あの記憶力、数理の明るさ、汗かきでエネルギッシュな言動には、会うたびに、感嘆しましたよ。

望月　（創刊号の61頁を開いて）ここに竹下、細川、梶山、鳩山、小沢、橋本と、角栄氏の門下生を並べ、「私はだれでしょう」と問うていますが、この人たちは師のリーダーシップにはとても及ばない。

塩澤　いまの政界のリーダーもどきは、番頭かガキ大將、苦労知らずのボンボンタイプで、統領としての器ではないですねえ（笑）。ついで読みものの『鳩山家四代の謎』、有森裕子とコーチ小出義雄対談の『二人の関係』、児島襄と福田和也対談で『東条英機・石原莞爾の実像』にかなりのウエイトをおいていますね。

望月　鳩山兄弟はあちこちでやっていますが、有森と小出対談はうちが初めてです。児島さんと福田さんに東条と石原を語っていただいているのは、児島さんの連載の序といったところです。

塩澤　児島氏は太平洋戦争、東京裁判、天皇、朝鮮戦争など、近現代史を精力的に書いていますね。福田氏は「諸君！」に「石原莞爾」を書いていたが、すぐれた論文でした。

望月　えゝ。その児島氏に大型読物として『東条英樹とその時代』を連載していただきます。戦後の教育は近現代史を自虐的と思えるほどに、冷たく扱っています。この読物を通じて、近現代を読者に知ってもらい、正しい歴史認識を学べと。

塩澤　実際、いま全国の中・高校で使用されている歴史の教科書は、日本人としての自覚、誇りを踏みにじった、反日的な歴史観によって記述されていますね。日本海海戦の英雄・東郷平八郎の名も出てないとか……。

望月　東郷元帥の名前も？

塩澤　いま、藤岡信勝東大教授が「自由主義史観研究会」を組織して、タブーにとらわれない多様な視点から、日本の近現代史の間違いをただしていますね。

望月　その成果である「教科書が教えない歴史」が、ベストセラーになっています。実はその藤岡教授にも『ザ・オピニオン』の頁に登場願っています。

塩澤　巻頭部分の二頁のフォトに添えた辛口のコラムですね。西部邁氏に『都市でもないのになぜ「市民」か』、諸井薫氏に『ココマデアリカ、広告の性表現』、藤岡氏が『コワイデスネエ一本当にコワイデスネエ――検定教科書』を。他に井沢元彦、利根川裕、吉川潮氏らが、きびしい時評コラムを書いている。

望月　6つのテーマを、署名入りで辛口の小数意見を書いていただく。執筆者は準固定と考えています。

少数の辛口意見誌を

塩澤　「週刊女性」「家庭画報」「オレンジページ」、そして「プレジデント」など、数々のマスマガジンを成功に導いた、雑誌づくりの名手本多光夫氏が編集主幹だそうで……。

望月　「BOSS」に関する編集と広告をすべて司る主宰者です。

塩澤　判型、表紙から紙面のビジュアル度などからみて、「プレジデント」的な編集になるのでは……。

望月　「プレジデント」は意識してません。基本的には総合雑誌です。「文藝春秋」系総合誌が、時代のニーズにちょっと外れた感があるとき、時代のニーズに会った総合誌をつくろうと考えています。

塩澤　具体的に言いますと?

望月　写真を多用したビジュアルな誌面で、論文調の原稿はあまり掲載せず、事実に対する批評とか、具体的な提案をしていきたい。一本一本の原稿はそう長くなくて…。

塩澤　かつて総合雑誌の巻頭論文は、3人しか読者がいなかった（笑）という笑い話がありますね。執筆者と編集者と校正者の3人（爆笑）、さしずめ戦前の総合雑誌をヤユしたもんでしょうがねえ。そうそう、望月さんは伝統ある「中央公論」の編集長を歴任されていますね。

望月　昭和34年に中央公論社に入社し「婦人公論」をふり出しに、「週刊公論」「中央公論」書籍の編集を経て、「季刊中央公論『経営問題』」編集長、『Ｗｉｌｌ』編集長、58年に「中央公論」編集長となりました。62年に中公を退社して都市出版を設立、「東京人」の編集にかかわっていました。

塩澤　伝統ある中央公論社に30年近くいらしたわけだ、本多氏とはいつ頃から？

望月　「経営問題」「Ｗｉｌｌ」時代から知恵をお借りしていました。編集の大先輩です。嶋中社長（中央公論社）も、本多氏に相談したらと言ってくれましたが、本多さんは非常にフリーな方です。

塩澤　「経営問題」の編集時代からだと、20年の交流ですね。「ＢＯＳＳ」は、あ・うんの呼吸で編集できるわけだ。で、本多氏は「情報洪水の水位の止めどなく上る中にあって、なお求められる雑誌とは何かという命題に、野暮なくらい真正面から取り組んでみよう」と言っておられますが……。

望月　なお求められる総合雑誌の考え方として、まず現実の認識、その対案をたて、解決に導くような編集をと。もう一つは、いまのジャーナリズムは、総体的に「水に落ちた人は皆で叩け」といった傾向があります。この雑誌はむしろその逆に、一ぺんの真実があったら反論の機会を与えたいですね。

塩澤　うーむ。傾聴すべきご意見だ。

望月　中公時代に三浦和義事件がありました。「週刊文春」の担当編集者が、三浦の子供の頃からの行状を暴いて、だから犯人だといったことを、テレビに出演してしきりと言っていました。あの時「サンデー毎日」の岩見隆夫氏と、「あれはおかしい。三浦事件には手を出すべきではない」「そうだ、そうだ」と語り合ったものでした。それで

「中公」は、精神医学者の小田晋氏に社会心理学的な扱いの原稿を書いてもらいましたが、事件にはコミットしなかった。しかし岩見さんは、社へもどるとそうも言っておれなくて、「サンデー毎日」は扱うようになりました（笑）。

塩澤　私も週刊誌編集長の経験がありますが、三浦事件のような場合「皆で渡ればこわくない」といった大勢に流されやすい。

望月　この頃は、マスコミは全部、そうなっている。

塩澤　新聞社の週刊誌編集長に会って話してみると、新聞記者時代は特ダネを追っておればよかった。売れゆきなど考えたことはなかった。だが、週刊誌の長となって、真っ先に感じたことは、「この企画で売れるか、売れないか」というシビアな販売問題だったと（笑）。

望月　（苦笑）……。

人物中心で〝箱〟はない

塩澤　創刊号の表紙は、NHK大河ドラマ「秀吉」に出演した千利休役の仲代達矢でした。剃髪し鋭いまなざしの仲代の表紙は迫力がありますね。

望月　表紙は難しいですね。この後はなんとなくスポーツ、芸能界でない人をさがしていますが、やっぱり「BOSS」のイメージは出していきたい。日本シリーズで優勝した仰木監督も候補に上っていますが、ギリギリまで待って決めたい。

塩澤　田中角栄氏など、ぴったりだった（笑）。

望月　それがいまは、なんとなくリーダー不在の時代です。その時代に「BOSS」のタイトルは、わかり易いし、三人集れば、一人はボスが出る（笑）。昔のリーダーは、ちょっとした気くばりと頼り甲斐のあるやさしさがあった。相手に惚れさせるところがありました。

塩澤　表紙のモデルもさることながら、記事の中心は、ボス的な人物論でしょうね。

望月　なんだかんだと言っても、人間は多くなります。本多さんは、いままでやったことのないことをやりたいと言っています。
塩澤　それで、他誌とちがうところは…。
望月　基本的には箱ができていないということです。その号、その号で変わる。ジャンルはその時々で変えていくわけです。問題が起きたところでテーマが生まれ、そこから特集を考えていく。
塩澤　「週刊朝日」を躍進させた扇谷正造氏は、連載もの、定期ものを決めておけば、あとは毎週の特集に全力を傾けられると言っていた。つまり、箱をつくっておけば編集が楽というわけです。
望月　その点、「BOSS」は大ワクでは箱をつくらず、毎月、自由に動かしていくわけで、いままでの雑誌の逆をやる。本多も僕も、年だから、いままでやったことのないことをやろうと。
塩澤　なるほど。創刊号を見たところ、連載は少ないなあ。
望月　半分以下でしょう。毎月、頁割り、誌面の設計がちがうわけですね。それと、小手先でひねったことはしない、直球で勝負をしたい。
塩澤　体力の勝負ですね。編集陣容は何人。
望月　本多を入れて7人です。もう少し補強をと思いますが。週刊誌、特殊な雑誌の経験者、「プレジデント」から来たものもいます。女性はいませんが……。
塩澤　総合雑誌は、だいたい7、8人でしょう。
望月　「中公」は7人、「Will」も7人、「歴史と人物」は5人でした。
塩澤　発行元は、自己啓発書で大躍進した三笠書房ですが、当然、その種の記事は入れていくわけですね。
望月　渡部昇一氏の『「新・知的生活の方法」小さな自分で一生を終わるな』とか。
塩澤　堀場雅夫の『達人は語る！　自ら打って出れば道は開ける』、童門冬二の『古人に学ぶ名言の輝き　豊臣秀吉の巻』あたりか。テレビがらみの匿名座談会『女子プロゴルファー行状記』なんてのもありますね。

望月　テレビで見て、「あの人はどういう人？」と視聴者が思うような女子プロゴルファーを名鑑風につくってみました。いろんなジャンルで、いいテーマがあったら、やっていきたいですね。

塩澤　自己啓発ものや、この種の記事にはタイムラグはないですが、総合誌の泣きどころは、校了した後、店頭に並ぶまでに10日前後の時間のズレがありますね。「文藝春秋」、「中央公論」など、各誌の編集長は皆、この点で頭をかかえていました。

望月　かつて「経営問題」の編集をしていた時、ロッキード問題でアメリカからのニュースを緊急に入れました。が、雑誌が出たときは、国会で証人喚問をしていました（笑）。「ＢＯＳＳ」は、新聞、週刊誌情報に、もう一つ深みの出来る情報を付加させる情報欄を設けてあります。この欄は特別校了体制をとっています。

塩澤　時代は激しく動いているから、週刊誌でさえトレンドは読み切れないでしょう。読者層はどのあたりにおきますか。

望月　結局、30代、40代、50代の都会派。活字を読む層ですから、サラリーマンが多くなるでしょうね。管理職で職場のボスといったところ（笑）。

塩澤　今年は例年になく創刊誌が多く、前半で１２５誌、後半に１００誌と２２５誌が出ました。その中で女性誌は文藝春秋から朝日新聞社へ移った花田紀凱氏の「ｕｎｏ！」、男性誌は三笠書房の「ＢＯＳＳ」が話題雑誌でした。「ｕｎｏ！」は、花田氏に創刊直後に自己採点を問うたら「80点」と言っていました。売れゆきもいい。「ＢＯＳＳ」を自己採点されたら何点でしょう。

望月　うーむ。僕はいつでも自分にはきびしい。難しいですねえ…。

塩澤　三笠書房の押鐘社長とはとても親しい関係です。どうぞメドがたつまで酒断をしている押鐘社長に、早い時期に祝盃をあげさせるよう頑張って下さい。

創刊号完売で女性誌に挑む「ｕｎｏ！」

編集長
花田紀凱

1997.2

創刊号は完売

塩澤　「ｕｎｏ！」創刊号、完売だそうで、おめでとうございます。

花田　ありがとうございます。46万部、ほぼ完売しました。

塩澤　今年はバブル経済崩壊前の86年度とほぼ同数で、２２５誌も創刊されました。その中で、花田さんが女性誌をやるということで最大の話題になっていた。表紙のキムタク（木村拓哉）をはじめ、期待を裏切らない結果を出しましたね。

花田　女性誌をやるとき、表紙はキムタクと決めていました。それも世界的なカメラマン12人で、1年12回やろうと考えていた（笑）。知り合いに打診したところ、「面白い、やろう！」ということで、彼のプロダクションの社長のところへ頼みに行ったんです。最終的には、つきあいのある出版社の手前、創刊号だけになりました。

塩澤　ロングインタビューとの相乗効果もありました。

花田　あの3倍はやっています。彼はハッキリものを言うし、逃げたりしない、いい青年です。

塩澤　創刊号が当代一の人気タレントとなると、2号以降の表紙が大変ですね。

花田　キムタクはすごいインパクトがありますから、あれに勝るタレントはいません。あえて男性でやると、女性誌っぽくない。では誰にするかとなると、ドリカムの吉田美和あたりになります。彼女は清潔感があり、嫌いという人はいないし、CDを通算2500万枚も売っているでしょう。

塩澤　そのあたりはくわしくないですが、創刊号でライアル・ワトソン博士に会っている女性ですね（苦笑）。

花田　そうです。で、その吉田美和が香港、台湾にプロモーションに行くというので、香港で表紙の撮影をやりました。うまくはまって、いい写真がとれました。

塩澤　その吉田美和の表紙、2通りの第2号が発売された理由は？

花田　デザイナーの井上嗣也さんと選んでいて、最後の2枚に絞られたんです。井上氏はピンク系の写真で、僕はブルー系の写真――いっそのこと2枚にすれば話題になる、と（笑）。営業販売で両方を並べることは難しいし、厄介なことだと言われたんですが、アルバイト2名を営業部にすえて、電話の応答をさせることにしました。

塩澤　表紙で同じ写真の2枚続きの雑誌は過去にもありました。同じ号で2種類は初めてじゃないですか。

花田　前にある女性誌がやっているので、初めてではないですね。印刷、製本は大変で歓迎されませんが……（苦笑）。

塩澤　根っからの雑誌人間、雑誌好きの花田さんだから、奇想天外なアイデアが次々と出るんですね（笑）。好きな雑誌は創刊号から持っていると聞きましたが、どんな雑誌ですか。

花田　「ダカーポ」「ブルータス」「ポパイ」「FOCUS」「FRIDAY」「東京人」「本の雑誌」、ちょっと癪ですが「噂の真相」ですか。

塩澤　私も一時は「FOCUS」「新潮45」、戦後20年代半ばからの「文藝春秋」や、主だった創刊号を持っていたもんですが、保存場所に困って整理しました（笑）。雑誌に限らず〝四面書架〟で苦労するのは、活字人間の宿命ですよ（爆笑）。

女性が手にとる雑誌を

塩澤　文藝春秋で、男性向けの月刊、週刊誌の編集は体験ずみ。その花田さんが女性誌に興味をもったのは、そもそもなぜですか。

花田　女性誌は沢山出ているでしょう。ファッション誌、情報誌など……。ああいうものではない雑誌をつくってみたい考えがありました。女性に会うたびに「どんな雑誌を読んでいるか」と聞きましたが、ほとんどの人が「読みたい雑誌はない」と言うんですね。

塩澤　けっこう売れているんですがねぇ。

花田　僕は、そこで男性誌サイドからのアプローチを、同じ問題で女性側から行ったらどうかと考えたのです。世の中の出来事、一般のものごとに対して、男女で関心は変わらないですから。

塩澤　なるほど。

花田　「ＡＥＲＡ」「週刊文春」などは男性側からですよね。あれを女性側から、同じテーマを仮設をたててやるわけです。今度の「ｕｎｏ！」は女性的アプローチで仮設をたて、出したのですが……。

塩澤　完売したということは、それが受け入れられた証拠ですね。

花田　創刊号は宣伝で、話題になっていました。とくに朝日新聞の８５０万部全部に予告チラシを入れてくれました。こんなこと、出版社ではできっこないですよ。それに、朝日の第２の社会面、カコミに出たり……。

塩澤　「ＡＥＲＡ」の広告でしたか、「花田は朝日の花だ！」なんてやられていましたし（笑）。

花田　多くの援護をいただいて、そのあたりは有難いですよ。

塩澤　朝日新聞社出版局から創刊された雑誌は「婦人朝日」「文藝朝日」「月刊Ａｓａｈｉ」など、死屍累々。はっきり言って雑誌づくりは下手です。

内外の反発をおして、花田さんを迎えた以上、意地でも成功させないと……ね。

花田 ……。

塩澤 花田さんは女性誌は初めてですが、「週刊文春」時代、見事に女性読者をふやしていますね。

花田 男性との対比で6対4になりました。女性層が伸びた理由は、必ず女性の関心をもつテーマを、目次の左側におき、エロはやめてしまったこと。女性が手にとりやすい和田誠の表紙。そしてコラムを充実して定期読者をとったことでしょうね。

塩澤 文春ならではの、そうそうたる書き手。林真理子、伊集院静、野坂昭如など目白押しでした。朝日に来て、書き手を含めてギャップは感じませんか。

花田 朝日は優秀な人がいますよ。その意味ではギャップは感じません。最初に担当常務に「朝日らしくない雑誌を」と言われました。僕は、文春しか知りませんから、やりたいことをやっていれば、自ずから異なってくるでしょう。

塩澤 かつて「月刊Asahi」の編集長に、どのような雑誌をつくったらいいかのアドバイスを求められたとき、「朝日文化人を使わないことでしょう」と言ったものでしたが……(笑)。

雑誌は編集長のもの

塩澤 雑誌は編集長のもの、という考えがありますね。花田さんはその信奉者で自分のやりたいようにつくると常々言っていますが、朝日に来て編集長権限を強く主張したことは。

花田 創刊号の校了間際、ポスターをつくりました。それがある夜の10時頃にできてきたんですが、中吊のリードが全然よくない。コンピューターでやったためか、字がやせていて、字間も空いていて気持ちが悪い。2万枚刷り上がっていたんですが、やり直したい。金曜日の深夜になって、印刷所は土・日は休みですが、八方手をつくし、最後に凸版印刷に泣きついて、何とか刷り直しました。

塩澤　前に刷ったのは無駄になったわけですか！

花田　ムダになった分は、キムタクが出ている部分を断裁して、読者サービスにしたらいいとなった。ところが「ｕｎｏ！」の誌名が入っていないため、中止になりました（笑）。ま、普通だったら朝日新聞社の組織の中ではやりにくい。それをわがまま言ってやらしてもらったわけです。

塩澤　雑誌のポスターも、編集長のものだったわけですね（笑）。文春育ちのカルチャーショックがあるでしょう。

花田　朝日は８０００人の会社――大きな組織ですから官僚的といえますね。具体例で言えば会議が多いですね。誰か知らない人が出ると困るからでしょう。それと、どちらかというと抑え気味にいく。僕など行け行けドンドンですが……。部数設定でも、20万部で大丈夫と言っても、15万部に抑える責任回避の傾向ですね。

塩澤　やりにくいということは？

花田　不都合は感じません。僕はアバウト人間ですから（笑）。

塩澤　スタッフは何人ですか。

花田　いま10人です。一緒に来たもの５人と、２００人の出版局内で公募して、やりたい人に来ていただいた。朝日は優秀な人が多いですから、やりやすい。穴吹さんが社内のことは全部やってくれますから、僕としては編集のことを考えておればいいわけです。

塩澤　けっこうですね。編集部の男女の数は。

花田　男５人、女５人です。

塩澤　光文社の「女性自身」は、当初男性誌経験者ばかりで編集して、成功した〝女性誌〟でした。女性誌編集は初体験でも充分できるという先例ですが、花田さんはその点、戸惑いはないですか。

花田　初めてだから面白いですよ。ただ、広告のクライアントが順番を気にするんですね。資生堂の次の頁にカネボウの口紅の広告はまずいとか……、そんなことが非常にめんどうくさい（苦笑）。それに化粧品、アパレル・ファッションメーカーを説明会にお呼びしても、出席者の顔は誰も知らない。

塩澤　いままでの集まりだったら、文壇、学界、芸能界などの中に、知り合いが多いのにねえ（笑）。それは、ちょっとしたカルチャー・ショックでしょうね（笑）。

花田　それと化粧品の名称とか、ファッション関係の言葉がわからない。

塩澤　ご同感ですな（笑）。團伊玖磨氏のえんえんと続くエッセイ「パイプのけむり」のどこかに書いてありますが、ある時期「王徳忠」という中国人らしい名がやたらと出てくるので、どんな人かと聞いてみたら、フランス語の高級注文服・オートクチュールのことだった（爆笑）。

3段ロケットを噴射中

塩澤　タイトルが「ｕｎｏ！」に決まるまでは、大変だったようですね。

花田　いろいろな案を考えたんですが、いいタイトルは登録されていましてね。それでとっておきの案（笑）として「女性朝日」を提案したら、社内の大反対で、あっけなくダメ押しされてしまった。

塩澤　「女性朝日」ですか。かつて「婦人公論」とも「婦人画報」ともつかない「婦人朝日」という婦人誌があって、50年代後半に休刊しています。たしか、飯沢匡さんが一時期編集長だったかと……。休刊前後の編集長の深刻な悩みぶりを、例のシニカルな口調で批判したのを聞いています。「婦人朝日」は見事に、読者から遊離した婦人誌でしたよ。それにしても、「ｕｎｏ！」とは意表を衝いた誌名ですね。

花田　イタリア語で「唯一」とか「1」という意味です。語呂のひびきもいいので最終的には「ｕｎｏ！」に決まりましたが、案は400ぐらいありました。「ルージュ」とか「ウィッチ」「ジャンヌ」など最後まで残っていたんですが、雑誌の名前になりそうな言葉って、ほとんど商標登録ずみですね。

塩澤　テスト版の表紙は神田うのでしたね。あれは面白かった。いかにも雑誌づくりの名手らしい奇襲戦法でした。

花田　神田うのは、はっきりと物を言い、僕は好きなんですけど、女性には「嫌い」だという人が少なくないですね。テスト版は、あえてイタズラみたいな感じで、彼女を表紙に起用したんです。

塩澤　女性誌は週刊誌は当然として、売るために芸能界のスキャンダルを扱う傾向がありますね。花田さんは、その種の話題を載せるのは好まないと聞いているんですが、1号、2号を見ると、人気タレントのロングインタビューとか、対談を含めて芸能記事が多いけど。

花田　創刊からの2、3号は、3段ロケットで噴射しなきゃなりません。芸能人は名前が立ちますから、ついつい多く登場させています。安定したら、少しは変えていくつもりですが。

塩澤　たしかに読者の眼を惹くためには、人気タレントや有名人をターゲットにせざるをえないでしょうね。それと、記事のタイトルには苦労するでしょう。花田さんも「タイトルの付け方で10万部はちがう」と「週刊文春」時代に言っていましたね。

花田　(苦笑) 女性誌のタイトルは難しいですよ。テスト版で、「ａｎａｎ」の淀川編集長を〝直撃〟したり、『ＩＳＥＴＡＮ解放区を狙え！』とやったら、男性誌っぽいタイトルと批判されました。同じタイトルでも「ａｎａｎ」は、やわらかくてうまいですね。

塩澤　五感に訴えるような具体性をもたせていますよね。まあ、この号が出る頃には、3段ロケットの3段目が噴射する時です。1号の完売を2号につなげ、3段目のロケット噴射で軌道に乗せてください。

巨悪と闘い続ける雑誌

「テーミス」

編集長　伊藤寿男

1997.3

50冊を超えた喜び

塩澤　「テーミス」は、伊藤さんがオーナーとして発行しはじめてから50冊を出されましたね。……ご苦労さまでした。

伊藤　51号目が間もなく出て、平成9年9月になりますと丸5年になります。その時に一銭の金も、花も受けとらずにお礼の会をやろうと（笑）。なんとかやりたいですね。

塩澤　その心意気は、ご立派です（笑）。「テーミス」は、大手出版社の学習研究社をバックに週刊誌で2年間やり、そして伊藤さんの手で再スタートをされた。

伊藤　学研で2年やったあと、ほぼ1年間、充電の時がありました。「週刊テーミス」は社員が多かった。その人たちをどこへ就職させるかで、8カ月から1年はかかりました。

塩澤　そうでした。私も週刊誌創刊前後に何回かお訪ねしていますが、活気がみなぎっていたなあ。

伊藤　週刊誌時代は4フロアを占め、1週間に100人ぐらい出入りしていましたから……。それが私がやるようになって、1フロアに縮小しました。再スタートの時期は、バブルがはじけ、広告収入、購買力は最低。広告をお願いして回ったが、「こんな時期だから」と軒並み断られました。とにかく最低のところからスタートしていますから、これ以上さがることはないと。

塩澤　直販にしたのはなぜですか。

伊藤　私は講談社時代から、書店売りの月刊総合誌「日本」「現代」の2誌、週刊誌も、活字と写真週刊誌の4誌とさんざんやってきています。このあたりで読者と直に接する直販誌をと思いましてね。

塩澤　出版界の最大手講談社で、主要誌の数々を担当して部数を見事に伸ばした実績を持ち、とくに「FRIDAY」は創刊編集長、発行責任者として、劇的な働きをされました。それが一転、自らがオーナーとなって、直販方式で月刊誌を出すとなれば、苦労も並大抵ではない。

伊藤　1年目に経理のものが病気で倒れ、2年目に入って、用意した金は出てしまい、いろんなところから借りました。マンションは担保に入るわで、出る一方で、傷が軽いうちに辞めたほうがいいかと考えこみましたよ。

塩澤　そのあたりのことは編集後記に、正直に書かれていますね。

伊藤　「石の上にも3年」といいますが、平成7年に入り、編集内容も落ち着いて慣れてきました。すると広告は目に見えて増え、一流企業も出してくれるようになりました。

塩澤　それはよかった！　ご同慶のいたり。

伊藤　まだ借金はありますよ(苦笑)。3年たって闇の中に光が見え、4年目はもっと光が近くなった。中小企業のおやじが自分の金で事業を始めて、儲かってきたら女狂いをする心境がわかりますよ（爆笑）。

塩澤　最近号の編集後記に、出版界に入っての38年間にお世話になった先達のお名前をあげていますね。講談社の野間省一、服部敏幸、学研の古岡秀人、ベースボールマガジン社の池田恒雄の各氏です。私もこの方々にはお会いし、池田氏には現在も教えを受けています。出版人の志を持った実に立派な方です。

伊藤　私の今日あるのは、この方々をはじめ皆さまのお陰！　そのご恩を忘れません。

匿名の強さを生かす

塩澤　直販方式の「テーミス」になってから、国際・政治・経済・社会・医療・メディア・教育の大ワクの中に、キメの細かい辛口情報がびっしり詰まっていますね。

伊藤　最初の5年間は、見開きのページに世の中の動き、事件をコンパクトに報告――将来はどうなるかと、近未来にどんな影響を与えるかが読めるように考えました。

塩澤　しかし、現代は各分野にまたがった事件や問題が多いから、項目をたてることは難しい面もあるでしょう。

伊藤　見開きページにおさめるとなると、400字原稿で8枚から10枚。即、本論に入らなければなりません。本当は政治・経済などと分けないほうがいいかもしれない。たとえば住専の問題をとっても、社会と政治が一緒になっていますからね。しかし、項目を分けているのは、読者へのわかりやすいサービスです。

塩澤　1ページものの何本かに署名原稿があるだけで、過半が匿名になっている理由は？

伊藤　匿名のほうが一歩突っ込んだ書き方ができるからです。書き手は、一線で活躍中の新聞記者、OB。本を5冊以上書いている評論家、著書のある若いライター、大学助教授、研究所の研究員で書きたくてウズウズしている者（笑）などです。

塩澤　功成った書き手でない（笑）のは事実ですなあ。

伊藤　6割は新聞記者ですよ。

塩澤　オーナー自身も『体験的雑誌メディア論』を書いていますが、40年の現役体験を正直に述べているのは感心します。

伊藤　正直言うと、原稿料を安くしようとする魂胆（爆笑）。もうひとつは、小説担当の編集者や新聞記者は回顧録を書きますね。ところが、週刊誌編集者や総合誌編集者は書かない。幸い私は週刊誌4誌を創刊しているし、単行本の編集を4年、小説の担当、契約ライターとのつきあいがあり、さらに文芸記者では会えない右翼や暴力団とのつきあいがあります。そのあたりのことを書けば、後輩やこれからマスコミ界に入ってくる学生たちの役に立つだろうと。

塩澤　私も編集者の端くれで、週刊誌の体験もありますが、文藝春秋中興の祖・池島信平氏や、「暮しの手帳」の花森安治氏のことは書けても、自らの体験はとても恥ずかしくて書けない。伊藤さんの場合、社の背景、発行部数、読者へのインパクト……あらゆる面で私の体験の比ではない。書いたものは、単行本にまとめられるといいですね。

伊藤　この2月に1冊と、年内にもう1冊出したいと考えています。これも周りを見渡せるようになったからです（笑）。毎月10枚くらい書けるのに、まとめて本にしようとする余裕はなかった。やっと数カ月前からそんな気持ちになってきました。

塩澤　それはいいことです。読者はどのあたりですか。

伊藤　経営者、中間管理職、医者、弁護士、大学教授、広報関係者など、割りとハイレベルです。

塩澤　広告関係といえば、加藤英太郎のペンネームで書かれた「マスコミとつき合う法」は、広報関係者のバイブルのようですよ。企業の講演依頼も多いでしょう。当然、辛口の話をされるんでしょうね。

伊藤　誌面もいままで辛口に徹してきましたが、どうも日本のジャーナリズムはネガティブな、人さまの欠陥、悪口を掘り出して書くきらいが強い。で、来年からはポジティブな、なるべくいい方向を見いだして書くことを心がけたい。

塩澤　たしかにその面は強いが、何故そのよう

な心境に⁉

伊藤　たまたま最近、広島のマツダで講演をした時、アメリカ人のウォーレス社長や外人重役から出た言葉で、「日本のジャーナリズムは、何故ネガティブなことばかりを書き、ポジティブな姿勢を報道しないのか」と問われ、考え込んでしまいました。5年目からは「褒めると商売にならない」の常識を破っていきたいですね。

塩澤　私の主たる仕事は出版界のインサイド・レポートですが、私を今日まで育ててくれたこの世界を、できるだけポジティブに書いています。ただ、悪口は口先(爆笑)でしっかりやっています。

記者クラブの弊害

塩澤　講談社で育って、取締役になり、一転、野に出て雑誌をつくる。その落差は大きいでしょう。

伊藤　朝日新聞社、講談社といった大企業に禄を食んでいる記者は、格好づけの正義を説きすぎます。自分でやってみて、タテマエの正義ではない正義があることがわかりました。たとえばスポンサーで、講談社だったら広告をとらなくてはよかったのに、いまの会社ではとらなくてはならないとか……。それを抜きにしたところで世間を見ている人の報道姿勢が、日本を毒しているのではないかと。このあたりのことは、いずれ「テーミス」で書いてみたい。

塩澤　同感です。ところで、政治家への対応はどのようにしていますか。

伊藤　10数年前、講談社で「週刊現代」編集長をしていた時、いわゆる政治評論家風情に会ってはいかん、取材をするなと厳命したことがあります。バイアスのかかった情報を得たくなかったからです。逆に、議員に直接会って取材をさせました。現在は、社が千代田区一番町にあり、九段の議員宿舎に近いので、直接取材はできますし、議員の中には社に顔を出し、情報を売り込んでくる者もいます。

塩澤　平河町、麹町あたりは彼らの事務所が多いですからねえ。
伊藤　ところが、彼らはウソの情報を漏らしたり、観測気球を掲げるなど気をつけなければならないので、「議員の言うことは、必ず眉にツバをつけよ」と（笑）言ってるんです。
塩澤　ありそうなことだ（笑）。彼らは大なり小なり、マキャベリストですものね。
伊藤　売り込み情報はＦＡＸが多く、「テーミス」の発売に合わせてくる。文章も手をいれなくてもすむような情報です。放っておくと「選択」に出たりして（爆笑）。
塩澤　アンチの立場、ルサンチマンからの情報提供が少なくないでしょう。裏付け取材をしないと危険でしょうね。
伊藤　細川内閣の末期には、彼の女性関係と佐川急便情報が多かったし、最近では岡光前事務次官でゆれる厚生省関係の５～６行情報がとても多い。
塩澤　大組織や大企業の横暴や傲慢とは徹底的に闘うことを、創刊以来のモットーとしているわけですから、「テーミス」の沽券にかけて、巨悪と闘ってほしいですね。
伊藤　私自身が出版界では大手にいた経験と、いま大海に浮かぶ小船の船長としての体験に照らして、彼らの思い上がりと無責任がいかに社会を毒しているか痛感しています。今後とも政治家や官僚のムダ遣いや、行政改革の怠慢などは、厳しく追及してゆくつもりです。
塩澤　毎号メディア批判――とくに大新聞に鋭い批判をやっていますね。
伊藤　新聞の隠していることを書いているわけで、いいことだと思っています。記者クラブの弊害をいかに破るか、それが源流にあります。週刊誌で地方の事件を取材に行き、新聞社の記者クラブの輩に暴力でつまみ出されたケースもありますからね。私どもは「なにくそ！」と、特殊なルートで取材をかけ、新聞記者を抜いたりしています。

塩澤　スクープを生命とする新聞記者が、協定を結んで相互の取材・報道活動を規制したり、他者をつまみ出すなどの愚行は、まったく目にあまりますね。私は小坂徳三郎氏が自民党広報部長の時、国会取材の雑誌協会のワクを広げてもらったことがありましてね。

伊藤　講談社時代に、雑誌協会の仕事を手伝いましたが、オリンピックの入場券とか天皇の来る国体とかの雑誌記者クラブへの差別はひどいものでした。後楽園ドームの入場券を4名交渉しても、新聞記者クラブは後楽園側が決めることと逃げ、後楽園に交渉すると巨人軍が……巨人軍に聞くと新聞記者クラブがと逃げていましてね。彼らは記者クラブの特権にあぐらをかいていましたよ。

塩澤　背景を失ったら、屁もこけない輩がね（笑）。ま、悪口はつつしみまして……。直販の部数アップの手だてはどのようにしていますか。

伊藤　「日経」などの新聞広告と、官公庁や企業へ働きかけて拡売を図っています。新聞広告では月に300から500部、企業は月に5〜6社働きかけて2〜300部程度。なにやかやで1000部ぐらい増えています。

塩澤　ほう、それはたいしたものだ。

伊藤　内容につきると思いますね。1年目は大企業に働きかけても、1社で10部程度でした。2年目になると30部台になっています。ある会員制の経済誌ですが、1部だけの注文だったと聞いています。

塩澤　外国との提携と、著名人におまかせ原稿ではそんなものかもしれませんね。

伊藤　30数年編集をやってきて、いま大きな様がわりにさしかかっていると思いますね。情報のプロと素人の間に、あまり境がなくなったようです。大手新聞社の記者、週刊誌の現役記者が電話で売り込んでくる、そういう時代ですよ。

塩澤　大手で禄を食んでいる連中が（笑）ね。「テーミス」の記事内容にインパクトがあるからでしょう。さらにシビアに頑張ってください。

女の関心に応える雑誌を

「女性自身」

編集長　高橋　正

1997.4

売れゆきは株価に連動

塩澤　「女性自身」の代々の編集長はよく存じていますが、高橋編集長には初めてですね。この週刊誌ひと筋だとか……。

高橋　ええ。昭和44年に入社しましてそのままです（笑）。29年目になります。

塩澤　桜井さんの頃ですね。担当は……。

高橋　ファッションから活版の実用もの。SEXもの花ざかりの頃はそちらを担当し、そのあと『シリーズ人間』等のドキュメント、ニュース、グラビアなど。

塩澤　60年代後半から、100万部台に達していましたね。

高橋　第一期の黄金時代でした。それから第二期が90年代の初めです。いまは、先代の遺産を食いつぶしているようなもので（苦笑）。

塩澤　「女性自身」だけではなく、いま女性週刊誌は全般に退潮気味ですね。理由はなんでしょう。

高橋　景気の流れ、株価に実売の部数グラフが連動しています。バブル期はかなり好調でした。それが崩壊して、消費者は買い控えるようになりました。

塩澤　株価に部数の増減が連動しているんですか。消費者とは正直なものですね（笑）

高橋　それから、ひばり、裕次郎といった存在感のあるタレントの不在もひびいているようです。

塩澤　それは言えるでしょうね。女性誌編集のベテランに聞いた話ですが、女性読者は欲が深いんですってね(笑)。3本、読みたい記事がないと、買わないそうで……。

高橋　昔は1本でも買ってくれたんです。いまは290円に見合った価値を求めています。

塩澤　購買のモチベーションの3本とは何ですか。

高橋　有名人の動向、皇室、実利性のあるお金の特集でしょうか。有名人も所詮、ひとごと、それだけでは買ってくれないんです。

塩澤　かつてはそれ1本でも、金を出してくれたのになあ。

高橋　他人への好奇心の欠如……人間的好奇心への持続力が落ちてきた…。従来だったら松田聖子の離婚で1カ月は食えた。いまはその週でもつらいところです（苦笑）。

塩澤　うーむ。きびしいですねえ。

高橋　昔は裕次郎、ひばりの名前があるだけでも食えました。伝説的な話ですが松方弘樹と仁科明子の結婚の時は、なんと10週間は持ったそうです。

塩澤　つまり不況の落ちこみと、人ごとへの関心の薄さが、売れ行きに影を射しているわけですね。

高橋　いま一つ、テレビのワイドショーの絨毯《じゅうたん》爆撃で、ネタに対する鮮度のなさもありますね。

塩澤　雑談とテレビのタイムラグですな。

高橋　うちは金曜日が最終締切りで火曜日発売です。松田聖子の離婚を例にとりますと、金曜日の発表だったから、最高のタイミングでした。ところが、発売日の火曜日になるとテレビが先にやってしまっていて、知り尽くされた話になっています。

塩澤　なるほど……。

高橋　スクープをやるほど売れない……。こちらが発売の頃は、「老人と海」のカジキマグロではないが、釣り上げてみたら骨だけになっているんです（笑）。

塩澤　ヘミングウェイもにが笑いだな（笑）。

シリーズ人間の重さ

塩澤　昔だったら、週刊誌のスクープをテレビが後追いをして、相乗効果が見られたものですがね。

高橋　それが、ワイドショーそのものが、以前のように予算をかけていないのです。後追いでも、生だから時差を考えると先を越されてしまうんです。この2、3年「スクープだぞ！」という時ほど、失速してしまう。

塩澤　火曜日発売といっても、取次には前日に入っているから、テレビは容易にネタを知ることができる。

高橋　テレビとの時差で言いますと、首都圏は火曜発売ですが、北陸の一部は水曜日、九州・沖縄の一部は木曜日になりますから…。

塩澤　芸能関係や有名人がらみの特ダネは下手をすると、テレビのワイドショーにネタを提供しているようなもんですね。彼らも視聴率というシビアな壁が立ちはだかっているから、背に腹はかえられない（笑）。

高橋　オウム騒ぎで自粛していたＴＢＳも、また芸能をやるそうです。

塩澤　勢い活字メディアは先行取材による企画もので勝負を賭けなくてはなりませんね。最新号（2月25日）で言ったら、どのあたりの記事ですか。

高橋　（「女性自身」の表紙の天の部分と右側を差して）『妻が「夫の愛人」から慰謝料６００万円！』とか、『公団住宅「民営化」で家賃は！』『バツイチ挙式』といったところです。

塩澤　この雑誌の読者には切実な問題ですね。

600万円の慰謝料とは「激増する不倫の清算裁判――あなたならどうする？ 対策と実例」、公団は、民営化となった時の家賃、管理費、建て替えなどのすぐ暮らしにひびいてくる問題点をとりあげ、そしてバツイチ挙式は「招く例&招かれる例知恵袋」。それぞれの企画がじつに具体的ですね（笑）。

高橋　バツイチ挙式の企画は、椿山荘で行われる結婚披露宴の16%は、どちらかが離婚体験者であると聞いて企画したものです。

塩澤　ほおう、そんなに多いんですか。（記事の部分を聞いて）毎年約80万カップルが誕生しているが、そのうち男性は13・2%、女性は11・6%が再婚だそうですと、厚生省の人口動態統計で明らかにされている。再婚式は当然、増えるはずだから、このようなマニュアルは必要になってきますね。

高橋　表紙面には、芸能ものがすごく多いように見えますが、300頁あるうちの10頁です。

塩澤　えっ！ そんなものですか。女性各誌に共通する満艦飾（笑）の表紙に謳われたタイトルを見ていると、多く感じられますが。

高橋　いわゆる芸能ものは10頁程度です。

塩澤　売りものの1本であるのは当然でしょうが、あとは…

高橋　女性の生活関心を含めた特集のものですね。

塩澤　「女性自身」の記事で、私がかねがね感心しているのは『シリーズ人間』です。この号で1358回ですから、1年50回とみても、27～28年つづいているわけですね。

高橋　強い固定ファンがいます。

塩澤　このシリーズを始めた桜井氏に聞いた話ですが、当時、週刊誌として、いちばん読ませるものをつくりたいということで、120～130頁の薄い時代に8頁もとったと。そして児玉隆也さんを担当に据えて、1号900万円の編集費の時代、「君に8頁を与えるから毎号100万円ずつ使え、無名の人を登場させて他誌にない特集で売れるものをつくれ」と命じたそうですね。

高橋　週刊誌の中のノンフィクションで、画期的な役割をはたしていると思います。

塩澤　聞いた話では、松本清張が「これは菊池寛賞の候補にふさわしい名企画だ」とホメたそうです。

高橋　そうでしたか。

塩澤　忘れ難い企画に、妊娠の初期、催眠剤のサリドマイドを服用した女性から、あざらしのような腕のない奇形児が生まれて、社会問題化しはじめた頃、名古屋に住むある夫妻が問題の薬を服用し、その期間に妊娠をこころみ、早期に中絶して胎児を調べ、薬事公害を告発しようとしたことがあった。

高橋　……。

塩澤　結果は五体満足の胎児を中絶してしまい、それが波紋をよんだのですが『シリーズ人間』のサリドマイド裁判の鍵を握る嬰児の発見――薬事公害を告発する企画は、この後もつづいて、昭和42年9月11日号で『やはり生まれていた幻のサリドマイド児』で実証しました！

高橋　巷の人間で、この頁に耐える波瀾の人生の持ち主は、だんだん少なくなっています。タレントの小粒化と同じことです。

塩澤　高橋編集長になって、『シリーズ人間』のスクープにどんなものがありますか。

高橋　野村沙知代の虚色にみちた過去を明らかにしたのと、オウムの麻原彰晃の両親を扱ったものですか。

塩澤　アンカーには芥川・直木賞の候補クラスの書き手をおいて、徹底した取材をするそうですね。

高橋　3～4人のチームで3～4カ月をかけています。登場人物が反論できない形で、裏どりも密にやっているわけです。

塩澤　アンカーだった水野泰治氏に聞いたところでは、3つの班が競い合って、一つのことを狙い、根こそぎ捜してくるという徹底した取材だそうですね。

女の関心は女にあり

塩澤　政治がらみの記事は、どのように扱いますか。
高橋　ストレートな関心は男性誌がやってしまいますね。うちは時の政治問題にかかわりのある女性をもってきます。厚生省事務次官だった岡光序治が多額な現金をもらった事件ではその夫人。ペルーの大使館公邸人質事件では青木大使夫人をとりあげる……女の関心は女にあり、の常套手段です（笑）。
塩澤　女の関心は女にありか、なるほど。ところで、横田前編集長時代は11年の長期にわたりました。高橋さんは「女性自身」の編集長にいつ着任されましたか。
高橋　おととしの夏です。
塩澤　3年目になりますね。で、高橋カラーをどのように出すよう考えていますか。
高橋　そうですね（長考）、やっぱり、品を揃え、揃えた品をいかに〝あなた化〟といいますか……読者の肩に手をおいたニュアンスで「これは、読者であるあなたの問題であるんですよ」とキメ細く導くようにしたい。
塩澤　具体例で言いますと……。
高橋　盲導犬をとりあげるとすると、盲導犬のお涙ちょうだいだけの記事ではダメで、読者をからめて「あなたもボランティアに参加できるのですよ」といったガイドをつけていくことです。
塩澤　女性誌には、お涙ちょうだいものが定番としてあり、それが一つの売りものでしたよね。
高橋　バブル期でしたら、あった現象を打ち出していけば、その強さだけでいけたのですが、いまは現象の強さだけではなく、〝あなた化〟が必要です。部員にも、なるべく小さなコラムでガイドをつけるように指示しています。芸能人の離婚記事もガイドスタイルで、実利性みたいなものを加えていきたい。ただし、あまりその面が多いと記事が地味になってしまいますが……。

塩澤　芸能・皇室・実用ものと女性週刊誌はこの3点セットの基本があるわけです。これからもこの基本的な部分は必要でしょうね。

高橋　芸能・皇室は、女性週刊誌のティーショットになっていました。しかし、いまはこれでは売れません。読者は倦怠感をもってきています。

塩澤　これにかわるものとして、どんな手段がありますか。

高橋　女性ならではの大特集、10頁、20頁を費するような特集で、いかに新しい鉱脈を見つけていくか？……その点は企業秘密で言えませんが……。消費税がらみの生活、日常茶飯事となった不倫の実態など、掘り下げられる問題はありますね。

塩澤　消費税5％となる直前の短期集中連載――『マネーのプロ10人が教える2％アップ帳消し術』や、好評連載12回になる『霊能者三原珠の「不倫」霊相談』は、さしずめその特集の流れのようですね。

高橋　従来の神霊術とか、やせる美容法などはあきられています。何か日常生活とリンクしたところに突破口はないかと。なかなか名案は出ない。

塩澤　あるベテラン編集長に聞いた話ですが、売るための必ずストライクになる決め玉があったそうです。それが、最近は、渾身の力を込めて投げても、ストライク・ゾーンに入らないとか。

高橋　うちも全く同じです。過去の売れる方程式は、この1～2年で全部くずれました。新しい方程式――読んで得るところのあるものに何があるか？　３００頁の大部分がザラ紙の女性週刊誌は、いま新しい方程式を編み出す苦しみの中にあります。

塩澤　男性週刊誌で「週刊ポスト」が、これというスクープもないのに、毎号１００万部を刷っています。あの誌面づくりの中に何があるのか、参考になる企画があるでしょうね。１００万部雑誌の復活を期待しています。

瞬発力のある誌面づくりを目ざす「女性セブン」

編集長 斎藤　隆

1997.5

読者を誘う瞬発力

塩澤　「女性セブン」の創刊編集長は林四郎さんでしたね。

斎藤　……。

塩澤　軌道に乗るまで、ずいぶん苦しんだようで、デヴィ・スカルノさんが各誌のバッシングに会っている頃、彼女にシンパシーを持つ特集を組んで、上昇のきっかけをつかんだとお聞きしていますが……。

斎藤　僕は昭和48年入社で、そのあたりはちょっと知りませんが……。

塩澤　「セブン」が38年創刊ですから、知らなくて当然（笑）です。最初はどちらに。

斎藤　「女性セブン」です。ここに長くいて写真週刊誌の「ＴＯＵＣＨ」へ移り、休刊したため「週刊ポスト」。おととしの7月に「セブン」に戻りました。

塩澤　男性週刊誌の編集経験ももつわけですが、女性週刊誌の読者は欲が深いそうですね。

斎藤　欲が深いのか（笑）。電車の網棚に女性週刊誌がのっているのを見たことがありません。約３００頁ありまして、２９０頁満足して読まれても、最後の10頁が満足しないと損をした感じになるそうです。

塩澤　3～4％の不満でも損だ！（爆笑）

斎藤　その点、男性週刊誌の読者は、ヌードのグラビアを見て満足すれば、網棚においてくる……。そういう読み方のように思います。

塩澤　文芸評論家の故吉田健一氏は、横山泰三の一頁漫画『プーサン』を見ただけで、掲載誌は網棚なり、ベンチにおいてきたそうです（笑）。それにしても、読者を100パーセント満足させることは難しい。

斎藤　毎週、大小50本前後の記事が入ります。その1本1本に、ぴったり期待に応えるのは（苦笑）。どうも。ま、要求は高かろうと思っていますが…。

塩澤　女性週刊誌には、芸能、皇室、実用ものの3点セットがあるそうですね。

斎藤　基本的にはありませんが、ずいぶん扱い方が変わってきました。その点では信頼と共感をうる、思わず手にとってくれる瞬発力が、それぞれの記事に必要だと思います。

塩澤　瞬発力ねえ。面白い言葉ですね（笑）。

斎藤　その時々に興味ある人間中心の話題、今週（3月27日号）ですと、アメリカの美少女ジョンベネ・ラムジーですが、政治家でも細川さんが注目を浴びていた時には、とりあげました。驚天動地の問題……皆さんが半歩知っていることを、半歩すすめて提供する姿勢です。

塩澤　なるほど……ヒューマン・インタレストに焦点を合わせるのは、マス・マガジン編集の鉄則ですから…。

斎藤　実用記事の面もかなり傾向がかわりました。創刊当時は、パリの写真1枚に魅力がありました。で、パリ・コレクション特集になっています。

塩澤　海外旅行がめずらしい時代だから、充分のインパクトがあったわけですね。

斎藤　それがいまは、ファッション専門誌、料理専門誌などが出ていて、総合週刊誌としては専門誌をニラみながら、いくつかをとりおとしたり加えたりして、季に合わせて特集を組んでおります。

塩澤　実用もののページは何頁ほどですか。

斎藤　25頁です。この号には下着特集を巻頭カラーで組んでいます。

塩澤　「脚長パンツ」「メリハリ下着」の選び方ですか。私にはチンプンカンプンの分野だなあ(爆笑)。

斎藤　芸能グラビアや記事も「With」「MORE」2誌が創刊されて変わりました。それまで、単なる芸能人のインタビューが入っていたものですが、週刊誌は日々起る芸能ものに、当事者の肉声をふくめて入れる形になりました。テレビの影響もありますが、芸能の扱い方も変わってきています。

家庭持ちの女性を狙う

塩澤　女性週刊誌は、自身・セブン・女性と3誌が鼎立《ていりつ》しています。同類他誌との差別化はどのように考えていますか。

斎藤　実用情報を例に説明しますと、うちは家庭を持っている方に向けて発信しています。学校を出て家庭をもちながら、いまも仕事をしている女性で、何か目的を達成したいと考えている方たちですね。

塩澤　端からみていると、門外漢はそのあたりが見えない(苦笑)。

斎藤　「女性自身」を例にとりますと、OLという言葉をつくった同誌は、OL向けに情報発信をしています。うちはその点、ヤンママ、パートをふくめて仕事をもち、家庭のある女性を読者対象と考えています。

塩澤　この号(3月27日号)で言えば「5%消費税に負けない現金奪取作戦」ですか。97年の『家庭防衛宣言』シリーズの第9回目ですね。

斎藤　根本的には金を残す妙案ですが、それには生活を見直し、スリム化するなど3カ月から5カ月は必要になるでしょう。この号では、生活防衛の原点、主婦のへそくりの貯め方と、主婦の年金、車の買い方を提案しています。来週は保険料の見直し、食費の節約をとりあげていますが、今までとちがった提案でやっていますので、なかなかの支持があります。

塩澤　車の買い方に有利な「メーカー・カード」の特典全比較など、意外と知らない人が多いでしょうね。

斎藤　えっ、私も知りませんでした。活版の実用情報、色グラの料理特集でも、読者の買う立場を考え、切り取って残しておく頁になるように作っています。

塩澤　切り抜きは、よほどの資料でないとしないものです。

斎藤　それだけに、写真、活字を含めて切り抜いて貯めてくれていますと、信頼感に結びついていきます。

塩澤　生活実用ものは、性別に関係なく役立つかどうかの判断はつきますね。ところが、化粧とかファッション頁は、戸惑いはありませんか。「u n o !」の花田さんも、いちばんウィークポイントだと言っていました。

斎藤　私の場合は信頼できるスタッフがいて、「こういう形でやりたい」と言い、その気持が伝わったとき、やってもらっています。

塩澤　オートクチュール（高級注文服）のことを、王徳忠という中国人の名前かと言った有名人がおりました（爆笑）。

斎藤　（笑）私の編集部で「ハウスマヌカンを撮って来い」と言いましたら、その店へ行って、「ハウスマヌカンさんという人いますか」と（爆笑）聞いたものがいました。

塩澤　ハウスマヌカンとは、デザインブランドやキャラクターブランドの服を中心にした店の女性販売員、あるいはオートクチュールの専属モデルのことだそうで（笑）。

斎藤　（笑いをおさえて）そうです。

塩澤　これは傑作ですね。

斎藤　オートクチュールの話、いただいてもいいですか。

塩澤　どうぞどうぞ。（笑）話は変わりますが、「女性自身」の高橋編集長の言葉では、スクープがテレビに先を越されて、つらいそうですね。

斎藤　ニュースの早い遅いで左右されるものではないと思いますね。受け取り手が変わってきていて、スクープの質が問題では……。

塩澤　切り口とか角度、とりあげる方法などですか？

斎藤　受け取り手が変わってきた象徴的な例として、いまうちでやっている『夫以外の男とのSEX』ですが、不倫という言葉を一切使っていません。私が入社した48年頃は、この種の体験をさぐることは大変でした。匿名でも、載せるのは困難でした。ところが、いまは体験告白を募りますと、FAXや手紙で来ます。当然、追求取材にも協力的で、ある人妻のときめき体験を載せた時、「ありがとう、彼と一緒に読みます」と、FAXが入りました（笑）。

塩澤　浮気の相手と読む？（笑）。

斎藤　10年、20年前とはちがい、はるかに進んでいるようです

3誌三様で競う

塩澤　女性読者は政治に関心は薄いとみられていますが、「セブン」では政治記事はどのように扱っていますか。

斎藤　いちばん最近では、鳩山さんがどうなるかを、夫人に焦点を合わせてとりあげました。岡光厚生次官も当然、とりあげていますし、オレンジ共済のサギ事件は、評判の悪い息子に焦点を当ててやりました。

塩澤　「自身」はその時々の政治問題にかかわりのある女性の側からやると言っていましたが…。

斎藤　うちは、必ずしもそうではない。政治家当人でもかまわない。日本新党が騒がれていた時

期、テレビで連日やっていて、肩口を見ただけでも政治家の名前がわかった時には、ストレートでやっていますし、都知事選の時には、全候補者にアンケートを出しています。

塩澤　男性誌と角度がちがうでしょう？

斎藤　サンデー・プロジェクトがよくやる政治家のネクタイの本数だけの質問などとはちがいます。また、従軍慰安婦問題などは、上坂冬子さんの連載エッセイでとりあげていただくとか、独自に編集記事でやっています。

塩澤　連載といえば、小説は載っていませんね。エッセイと読み物ばかりで、その顔ぶれは上坂冬子、草野仁、野末陳平、黒田清、浜尾実の皇后美智子さまの『愛の物語』といったところ……。

斎藤　連載小説はないですが、エッセイは何本も入っています。執筆者の意見を人生に照らして、読者に共感していただこうと。

塩澤　菊池寛はカコミを、キラリと光るダイヤモンドにたとえました。力のある執筆者の連載エッセイは、読者を固定させる大切な要素ですね。「セブン」の固定読者はどのくらいでしょう。

斎藤　毎週アンケートのはがきを入れていますが、毎回購読している人が必ずしも返して来ません。しかし、7割は固定読者と思います。

塩澤　芸能ものが多いある女性週刊誌の編集長に聞いたところでは、30％の浮動読者を獲得するための、芸能記事は撒き餌だとか……。

斎藤　芸能記事に、読者の手を出させる瞬発力のあるのは事実でしょうね。しかし、うちの今週号の表紙、絞殺体で発見された美少女など、表紙の写真、グラビアを含めて15頁でやっています。アメリカの事件現地を回って、美少女の写真から家族、街の人たちからのコメントをとりまぜ、集大成を一挙にやりました。これは一つのまとめ方であると思いますし、読者に本誌を手にとらせる瞬発力になるのでは……。

塩澤　なるほど、可憐な表紙の写真から巻頭のグラビア3頁、それから活版頁で第1部「父と兄に残された精液の『接点』」、第2部「華麗なる一族『ラムジー一家』の闇」、そして第3部「独占入手！『検死報告書』全文公開」と、米コロラド州の現地取材による力のこもった大特集ですね。

斎藤　女性週刊誌3誌は、一時期、人を同じ理由で叩くことがありました。この方法を踏むかぎり240万部（注・3誌の発行部数合計）の女性誌が1冊出ているのに過ぎません。この反省点に立って、逆バリの考え方——一様にならないことが必要だと。

塩澤　松田聖子が3誌共通のトップ記事で、同じ視点で叩いていたんでは、おかしいですよねえ。各誌が異なった特集や、たとえ同じ人物をとりあげても、視点・角度・切り口を変えてこそ鼎立の意味がある。

斎藤　今年に入って、うちは写真の使い方を大幅にかえていて、他誌と一様にならないように心がけています。

塩澤　女性は心霊術にとても興味を抱いているそうです。「セブン」はかって心霊写真で話題になったことがありますが、いまは…。

斎藤　いまでもとりあげますよ。ただ、扱い方が変わってきました。私は「セブン」にもどってきて、すぐやりました。人面魚、人面石など。一つの怪しさに惹かれる感じで読んでもらった時代のような、驚きだけではダメで、科学的な裏づけがありませんと。

塩澤　この種の話は、興味を惹きますから手をかえ品をかえて続いているわけですね。これからこころみてみたいことは…。

斎藤　部数もからめて慎重にやらなければなりませんが、人気企画といわれているものを、考え方をかえて辞めてみる。辞めたその部分には、新しい提案してみようと。

塩澤　満艦飾の上に、さらに飾りを加えても特徴にはなりませんね。おっしゃるように引き算の考えで定番企画を辞めてしまうことで、新しい特色がでるかも知れませんね。頑張って下さい。

ビジネスマンのためのエレガント誌「プレジデント」編集長 神田久幸

1997.6

大胆なリニューアル策

塩澤　「プレジデント」は〝ビジネス新時代の総合誌〟を看板にしてきていますが、この2年ほど前から、かなり大胆なリニューアルをこころみていますね。

神田　ええ。95年の新年号からいたしました。

塩澤　（4月号の黒澤明の表紙を見ながら）いまの表紙は、政治家、芸術家、スポーツマンといった時の人を、横山明の大胆なイラストレーションで飾っていますね。以前は迫真的なリアリズムで古今東西の英雄や名将、経済人、文化人の絵を表紙に飾っていた。

神田　その流れを90年から平山郁夫先生の素描画「シルクロード」にかえ、イタリアはアッシジの町からスタートして、大和の国・奈良法隆寺までを辿りました。

塩澤　そうでしたね。戦国時代の英雄や太平洋戦争下の卓抜したリーダー、参謀などの目尻のシワ・眉・髭の1本に至るまで細密に描き込んだ表紙から、淡泊な色調の平山氏のデッサンに一変した。

神田　5年半にわたってシルクロードで表紙を飾ったのですが、中田雅久編集長時代になり、いまのイラストに大幅に変えました。

塩澤　大特集のテーマのとりあげ方も、同時に一変している。

神田　ここに95年1月号から今日までの特集のテーマをとりあげてお持ちしたのですが、誌面刷新第1号は『成功の方程式』と『徳川吉宗の人物学』、8月号は『勝負の分かれ目』『回想・戦後五十年』『日本海軍かく戦えり』。

塩澤　うーむ。96年1月は『豊臣秀吉』『アジアビジネス総点検』、4月が『ありがとう、司馬遼太郎』『できる上司、尊敬される上司』『よくわかるインターネットビジネス』、9月が『司馬遼太郎とノモンハン事件』『ソニーの勇気、ホンダの夢』『破れざる者たち』。そして今年の2月号が『男、五十歳の価値観、団塊の世代、頑張る』『毛利元就　小よく大を制した遅咲きの大輪』ですか。メイン企画はテレビの大河シリーズや、時の人に密着していますね。

神田　企画のとり上げ方を大幅に変えたのは、読者が高齢化し、定着してしまったからです。このままだと5年後、10年後を考えたとき、若い世代に関心をもたれなくなると……。

塩澤　戦前派はどんどんリタイアしていきますしねえ。

神田　かわって戦後世代に変えたとき、太平洋戦争下のリーダーや、中国古典の英雄の受けとり方がちがいます。戦前派でしたら吉川英治の「三国志」に胸を弾ませた人々ですが……。

塩澤　つまり若い世代には、唐突に徳川家康や山本五十六を出しても、なんだろうと考え込まれてしまう（笑）。

神田　歴史上の人物をとりあげるにも、いまとり上げる必然性がないと、なかなか納得してくれないわけです（苦笑）。毛利元就や徳川吉宗など、テレビの大河ドラマにひっかけているのも、読者に評判がいいからです。

塩澤　幾多の模倣誌を生んだ、あの強烈な表紙の絵を変えるには、ずいぶん勇気がいったのではないですか。

神田　人物の表紙はインパクトがあり、その人物を通して政治、経済、文化等を切りとっていたのですが、歴史上の人物だけですと回顧主義ととらえられ、若い読者をつかめない。そこで97年1月号から、国民的に知名度があり、タイムリー性のある人物で飾るようにしました。

塩澤　どれどれ、最近号で見ると菅直人、その次は藤沢周平、そして黒澤明……と。

神田　この方法に変えて一番大きな効果は、新しい読者が入ってきたことです。表紙の人物が中の記事に登場していますし、特集の必然性がないときには、コーナーを設けています。

人間臭さを中心に

塩澤　リニューアルは失敗すると、既成読者を一気に失ってしまいますね。「週刊朝日」は、松本人志などを登場させることで、数万部へらしたそうです。

神田　うちはボリュームがあるので、第1と第2特集をうまく塩梅することで、新規の読者と既存とのバランスをとって、模索してきました。その結果はよかったと思います。

塩澤　特集の立て方には原則がありますか。以前、清丸恵三郎編集長に聞いたところでは、3本の特集企画を中核におき、それに1本の大型連載を添える基本姿勢があると言っていました。企画特集の第1は歴史を素材として人間の生き方、組織の動かし方。その2は、ビジネス中心の特集企画だと。

神田　特集企画の柱の立て方は不定形ですね。時の人を通じて、いろんなものごとを見ていくといったスタンスは以前と同じですし、ビジネスマンの話を通して、営業のノウハウをさぐったり、組織のもっている成功の秘訣をさぐり出そうとしています。

塩澤　3月号で言えば、追悼特集『ああ、藤沢周平』で、人と作品、人に潤いを与える人、人間の深さ、東北の農民の血など、時代小説に現代を映した作家の生涯をさぐる一方、第2特集で『人を動かす、人の心を摑む』をこころみ、『トピックス』で『ビジネスマンのための〈近頃の一般教養〉』をこころみていますね。

神田　この号は最近号でいちばん反響がありました。藤沢さんがお亡くなりになったので緊急特集でやったのです。

塩澤　タイミングがよかったわけですね……。

神田　実はちょっとした秘話があります。別冊で司馬遼太郎をやっているのに前後して藤沢さんが亡くなられたので、別冊はダメになるかと思う一方で、地味な藤沢特集では強いレスポンスはないのかと思いましたが、結果として、どちらもよかった。

塩澤　司馬さんは1年前に亡くなられているが、いまだに人気に衰えはない。暖かいお人柄と作品の力でしょうね。私も、『雑誌記者・池島信平』を書いたとき、解説とたいへん心に響く私信をいただいています。

神田　司馬、藤沢作品は中年に愛読されているのだなと、われわれも期せずして確認できました。

塩澤　作家は作品とともに人柄のよさも必要のようですね（笑）。売れっ子の作家でも、威張りくさって実にイヤな奴がいますからねえ。ところで、売れる雑誌にはヒューマン・インタレスト（人間臭さ）がありますね。

神田　先輩から受け継いだノウハウはあります。同類他誌との差別化と、月刊誌の存在価値と問いつめてみると、人間に対する興味を強力に臭わせていかないと、いまの購買層には受け入れてもらえません。その意味からも本誌の持つユニークさは、大切にしていかないと……。

塩澤　「プレジデント」のユニークさは、本多光夫さん（諸井薫）が編み出したメソッドでしたね。その本多さんが主宰して「ＢＯＳＳ」を創刊されたときに危機感はありましたか？

神田　諸井さんは、かつて社長であり、この雑誌の主幹として興隆に導いていった大功績のある方です。「BOSS」創刊のときには、前編集長宛にご挨拶がありました。どんなライバル誌になるか、わからなかったので心配でしたが……。創刊されてみると、「文藝春秋」を意識したビジネス誌で、35歳向けの雑誌でした。

塩澤　創刊直後に望月編集長にインタビューをしましてね。発行元の三笠書房の押鐘社長とは親しい関係でしたので、成功を期待していたのですが、6号で休刊になってしまった……。

神田　競合誌が出ることは、ある意味ではうれしいことです。一時期、「BIGMAN」「Will」と何誌かのライバル誌はありました。それが、いまは孤軍奮闘という形で（苦笑）。

塩澤　「BOSS」は、押鐘社長はすぐ役立つ啓蒙雑誌を考えた。諸井さんは「文春」のような一般教養型総合誌をイメージした。創刊当初の齟齬が、早々の撤退の原因ですね。

神田　まあ、「BOSS」が出てくることは、ある意味では不安でしたが、ビジネス誌の活性化につながります。残念でした。創刊号の特集「男はちょっと古い方がいい」は名人芸だと思いました。

塩澤　編集練度のすごさを感じさせられましたね。

政治記事は読まれる

塩澤　読者対象はどのあたりに置いていますか。

神田　いまは40代半ばから50代といったところです。一時は「文藝春秋」と同じ道を辿りそうな危機感がありましたが……。

塩澤　「文春」にかぎらず、総合雑誌はおしなべて読者年齢は高いですよ。投書欄の年齢を見るとわかるが、50代、60代が主流をなしている。

神田　そうですか。

塩澤　編集者も次第に、年齢は上がっていくものです。「プレジデント」はどうですか。

神田　うちは私が40歳で、いちばんの年長です。
塩澤　えっ！　40歳で!?
神田　20代から40代でつくっています。それで、このような雑誌ができるのは、外部のブレーンと、人脈ネットがあるからです。同じことを繰り返してやっていますからね（笑）。
塩澤　なるほどねえ。
神田　問題は、新しい人に伝えていく方法論がわからないですね。これからの編集部の課題です。
塩澤　編集部の陣容は。
神田　12～13人でやっています。
塩澤　歴史に学んだり、中国古典に学ぶ特集だけでは、次第に先細りになりますね。
神田　そのために第3特集を入れ、いろんなところで、読者のニーズを呼ぶように心がけています。しかし、そのために、興味を分散させてしまう恐れもあります。
塩澤　2月号の特集に、いまの説明が明確に出ていますね。
神田　そうです。2月号は『男、五十歳の価値観』が第1。第2特集は『毛利元就』、そしていまの読者が読みたいと考える『インターネット儲け話最新報告』を入れています。
塩澤　パソコン、インターネットの執筆者は、どのようにしてさがしますか。
神田　われわれでもわかりません。20代、30代の編集者が開拓してきます。執筆者は日頃の編集活動の中で、知り合いの編集者、ライターに紹介していただいたり、特集のテーマに合った著作のある方に登場願っています。
塩澤　大手出版社だったら、賞を設けたり、伸びざかりの書き手を育てる方法もあるが、その点若干のハンディはありますね。
神田　うちはすべて正攻法でやっていまして、ジャストタイミングで執筆はいただけなくても、テーマに合った方の登場を願っていますから。
塩澤　現役の政治家も、表紙を飾っていますが、政治記事の反応はどうですか。

神田　非常に読まれています。アンケートを求めてみると、政治記事をやると、非常に高い確率で読まれていることがわかります。この雑誌からしてスクープは出せませんが、それなりの政治評論家に、インタビューで読者の関心のあるところを押さえています。

塩澤　新聞や週刊誌のように、時間で勝負するのは無理でしょう。新聞すら、テレビの速報性には敵わない。

神田　そうですね。テレビに出たものをフォローする分野と思い、やっているつもりです。

塩澤　よく知られた人物、事件というものは、もっともよく知られているという道義反覆のセオリーがあります。テレビや新聞で知られた政治関係の人物や出来ごとをフォローすれば、読まれる理由になりますね。読者層は高いでしょうが……。

神田　50代、60代でしょうか。

塩澤　雑誌の性格からみて、定期購読が多いでしょうね。

神田　ＡＢＣ公査からみると横バイですが、定期は5割から6割はいると思います。特集から見て、1年間全部を読まなくても……と、特集によって買って下さる読者もいますし。

塩澤　私も、特集によって買っている1人です（笑）。読者からの注文は？

神田　サイレント・マジョリティーでして、読者の声は非常に少のうございます。

塩澤　中道思想をもつ管理職中心の雑誌にふさわしく、広告は見事ですよねぇ。

神田　5月から消費税アップで定価１０００円になりましたが、クライアントから見て、読者ターゲットがはっきりしています。収入もよく、社会的地位も高い読者、将来の企業幹部の予備軍といったところですから、いい広告が入っています。リニューアルしてから大変好調です。

塩澤　それはご同慶のかぎりです。いい内容でも広告のフォローが続かず、挫折する雑誌もあります。ますますの隆盛を祈ります。

Wフェイスの挑戦

「週刊アスキー」編集長　渡邊直樹

1997.9

五年周期の編集人生

塩澤　渡邊さんは平凡社、青人社、扶桑社、アスキーと、出版社を変わるごとに新しい雑誌にチャレンジしていますね。

渡邊　えゝ。平凡社に丸5年いまして「太陽」を編集していました。社の景気が悪くなったので、取締役だった馬場さん、嵐山光三郎さんらと、学研がバックで青人社を創立し、「ドリブ」の3代目編集長を3年と、都合5年間いました。

塩澤　平凡社に5年、青人社に5年と。

渡邊　僕は5年ごとに会社を変わっているんです（苦笑）。

塩澤　じゃあ、次の扶桑社も（笑）。

渡邊　扶桑社は「週刊サンケイ」をリニューアルする準備段階で入社し、「SPA!」の次長を10カ月後、編集長になりました。

塩澤　同類他誌とは一線を画した週刊誌に大刷新しましたね。

渡邊　最初はスキャンダル好きの既刊の週刊誌に固守するメンバーと、ゴタゴタしていました。40万部刷って10万部を切るような成績で、「噂の真相」に叩かれました。だが、学研から伊藤寿男さんが「テーミス」を創刊することになり、「週刊サンケイ」グループがそちらへ移って、ここから意思統一ができるようになりました。

塩澤　伊藤さんとは親しい関係で「テーミス」は創刊当初からよく知っています。

渡邊　独自の特集ができるようになったのは、2年目ぐらいでしたが。例の宮崎勤事件から〝おたく〟の宅八郎、中森明夫、〝オヤジ・ギャル〟の中尊寺ゆつこ、「ゴーマニズム宣言」の小林よしのりなど登場させました。

塩澤　既成の週刊誌が追わないテーマ、ユニークな人材を次々と登場させて、新しい視点と切り口の週刊誌に一新しましたね。

渡邊　在日コリアンも、いままでのスタンスとちがったとり上げ方をしました。それまでは在日を暴くとか、徹底したチョウチン記事でしたが……。

塩澤　彼らにも、ステレオタイプのこだわりが強かったが……。

渡邊　ある意味で宗教も同じスタンスで取り上げた。オウムの麻原を最初に登場させたのは「SPA!」でした……。誌名、誌面を刷新したとき、「スキャンダルはやらない」「一次情報は、テレビ、新聞に勝てっこないし、売れゆきにつながらないから扱わない」といった他誌とのちがうスタンスで、独自の企画ができるようになったのは、このあたりです。

塩澤　大事件が起きると、全週刊誌は右に習え！、のようなところがある。没個性の最たるものだが、その点「SPA!」は「ワレ関セズ」で我が道を行っていましたね。

渡邊　5年経って、月刊誌を持ちたいと思いまして（笑）。世紀末で価値観が変わり、その変動に身をまかせながら、週刊誌で21世紀への価値観が見い出せないかと。

塩澤　それが「PANJA」の創刊となったんですね。私は創刊のとき「産経新聞」に戦後創刊誌のエッセイを書いています。

渡邊　あの頃、世の中の時間の流れが変わった感じで、湾岸戦争、天安門事件、ベルリンの壁の崩壊など、国境を越えてリアルタイムで流れていました。

塩澤　電波には国境はないですからね。湾岸戦争はハイ・テク兵器のピンポイント攻撃など、戦争がリアルタイムで茶の間にいて見られた。見る者の人生観、世界観にある修正を強いたのは事実でしょうね。

渡邊　ところが「PANJA」は、こちらの考えが先行し、読者参加とマーケティングを怠って、1年11カ月で休刊となってしまいました。もともと、平凡社へ入ったときは書籍志望で、40歳になったら「東洋文庫」をやりたいと思っていましたから、扶桑社で書籍をと考えたのですが、タレント本はやりたくない（笑）。時間的なゆとりが出来たので、ワープロもさわらなかった者が、インターネットに関心を持つようになり……。

塩澤　アスキーとの接点が、ここで生まれたわけですな。

Wフェイスの週刊誌

塩澤　恥しながら私も、そちらはアレルギーが強くて（笑）。

渡邊　私もそれまで、本屋の棚にアスキーの本が増えるのを、苦々しく思っていた（爆笑）。去年の7月、初めてマックのパフォーマ初心者用を買って、マニュアル本で始めたのですが頭が痛くなって（笑）。そこで友人や会社でインターネットの手ほどきを受けたところ、自分と肌が合うことを発見しました。

塩澤　私も仕事柄、その必要性を感じていますが、マニュアル本ではわかりにくくて。

渡邊　ソロソロやれば、それほど難しくないですよ。パソコン通信は狭い、おたく族的なムードがありますが、インターネットはプロとアマチュアの差はないし、一気に壁をとり払ってしまう。それと、なんでもアリの世界で、アナーキーな動き、ダイナミックさなどが混沌としていて、雑誌の編集者と相性がいい。
塩澤　アナログ思考からデジタル思考へ、スムーズに移れたわけですね。
渡邊　私がアスキーに入社したのは、去年の12月26日。インターネットにふれて数カ月後です。西和彦社長が一般誌を持ちたいとお考えになっている時でした。世の中が大きく動いている中で、週刊誌をやる。紙とインターネットをうまく結びつけたら、いまとちがった雑誌が出来ないか……と。
塩澤　西さんは、日本のビル・ゲイツですね。早大理工学部時代に友人とマイコン専門誌「ASCII」を創刊し、今日のスタートをきっている。
渡邊　えゝ。西社長はデジタルとアナログ――水と油を結びつけるような、今までやってないことをやってきた。ベンチャー精神と冒険心を持った、ものづくりに賭けたすごい人です。
塩澤　出版界はクリエイトすることをタテマエにしていますが、意外と保守的で、西さんやソニーの井深さんのような人を出していない。
渡邊　その点、アスキーは今までやってないことを重んじるところです。
塩澤　Wフェイスによるハイブリッド週刊誌の発想も、そのあたりにあるんですね。
渡邊　いまの時代はアナログからデジタルに移行しつつあります。週刊誌は現代をあらわす鏡のようなものですから、デジタルとアナログのブリッジになろうと。
塩澤　発想としては面白いが、アナログ派には戸迷いがありますね。
渡邊　1年間を限定期間として、Wフェイスを試みますが、今後評判がよければこのまま、場合によっては縦組だけになるかも知れません。僕もアナログ人間でして（苦笑）。でも、子供たちの教科書は国語以外は横組です。現代用語関係でいちばん売れている「イミダス」も、横組になっています。
塩澤　教科書が国語以外は横組？　知らなかっ

たなあ（苦笑）。

渡邊　スポーツ新聞を読む、あの感覚で読めればいいなアと。あとは数多い先行誌と異なっているというアピールの宣伝効果で、Wフェイスにしたこともあります。だから北海道から九州まで書店キャンペーンで回った時、店頭効果を狙って、最低2面おいてくれとお願いしてきました。

塩澤　「ｕｎｏ！」は創刊から2号目は、同じモデルで2枚の表紙をつくり、やはり2冊揃べてくれと頼んだそうです（笑）。

渡邊　情報が氾濫している時代ですから、この週刊誌が情報私設秘書のような働きをしてくれたらと考えています。10号まではリサーチ中で、どんどん内容も変わっていく。週刊誌は修正がきくのがいいですね。

塩澤　１冊３５０円で月4回――１４００円で秘書を雇う感覚ねえ。

渡邊　せいぜい数千万人に、ここから情報発信していけるものに絞って、「週刊アスキー」ならではの誌面づくりをしていきたい。基本的には、社会部的なものの見方――事件の周辺を掘って、意地悪な見方をするようにはしたくないですね。

双方向性の読者参加誌を

塩澤　縦と横で、特集の組み方がちがいますか。

渡邊　縦組の特集はワンテーマで8頁、横は長くて6頁。縦も6頁ぐらいにしようと。それ以上は読めきれないのでは……。

塩澤　たしかに、いまの誌面はモザイク状の情報がぎっしり詰っていますね。

渡邊　雑誌だけではなく、パソコンもテレビも、リモコンで手を動かして、画面をどんどん変えていきます。ザッピング感覚というんでしょうか。テレビ、リモコンおたくは、ひっきりなしに変えながら、映像として頭へ入れているんですね。

塩澤　コミックの読み方は〝読面〟ですものねえ。おたくと言えば、渡邊さんは「ＳＰＡ！」時代におたく族を世界に認知させた（笑）。

渡邊　当時はマイナスのイメージが強かったですから……。しかし現在はおたくの社会参加が仕事、政治、犯罪をふくめて求められています。「SPA！」と「週刊アスキー」のちがいは、〝おたくからおそとへ〟になりますか（爆笑）。

塩澤　わかりやすい表現だな（笑）。政治を表面きってやっている第5号には、テリー伊藤が菅直人と鳩山由紀夫に「こうすれば政権が取れる！」をメイン特集にし、左開きに菅、右開きに鳩山の写真を表紙にしていますね。

渡邊　菅さんは6月から『あ、イカン！　Ｉ　ｃａｎ！』の連載がはじまります。英語でムリヤリを意味していますが、菅さんの気になっていること、自分のやることを本音で語ってもらいます。それをWフェイス週刊誌にふさわしくダブルミーニングにしました。

塩澤　誌面のいたるところに、インターネット・ホームページの案内がありますね。

渡邊　対談で収容できないところや、読者の声を、これらのページに集めています。「素敵な奥さん」のインターネット版ができないかと始めたものですが、読者の反応がリアルタイムでわかります。

塩澤　「素敵な奥さん」は、誌面で双方向性を成功させ、急激に伸びた女性誌ですね。その編集手法を、インターネットに連動させたホームページが果たすわけですか。

渡邊　紙の週刊誌で１００％面白いものを、インターネットを使い１２０％にしようと考えました。

塩澤　なるほど。で、編集の陣容は……。

渡邊　男女半々で40人。平均年齢は32歳です。他にデザイン関係8人とか全部で60人ぐらいになります。編集部全員に40台のパソコンは配置されていて、彼らはパソコンで予備取材して納得してしまい、現場へ行かない傾向がある。文章もクールすぎるところがある。

塩澤　週刊誌は感情的な器ですから、クールすぎては読者に感情、感動が伝わりませんね。

渡邊　クールな世代がふえているのは、パソコンを扱う故でしょうね。彼らはパソコンの中で喧嘩しているが、面と向うとやりません。ネットの中の喧嘩の作法をやろうかと（笑）考えています。

塩澤　取材チームはどのように……。

渡邊　3チームで連載を持ち、特集もやっています。それぞれの力を見きわめていますが、8月の合併号あたりで新チームをつくろうと。とにかく、助走なしで、走り高跳びに入ってしまった（爆笑）。いまも助走している。最もベリー・ロールのような飛び方をやれば、助走がなくて出来ますが……。

塩澤　週刊誌の経験者はいますか。

渡邊　3分の1はアスキーで、書籍・雑誌の編集をしていた人。3分の1は私とどこかで一緒に仕事をした人。残りが一般公募のフリー編集者といったところです。

塩澤　混成部隊では大変ですね。

渡邊　数ヵ月経ってこちらの腰がすわらないと、怖くて喧嘩も出来ない。早く腰をすえて話題をつくりたい。さもないと腰くだけ（笑）になってしまうから……。

塩澤　創刊号はどれくらい発行しました?

渡邊　40万部発行して、6〜7割の実売。2号3号は36万部です。アスキーとしてはキヨスクは初めての体験です。首都圏はいいが、地方が浸透していない。

塩澤　アスキーのイメージが強いから、一般誌と見られない面があるのでは……。

渡邊　パソコン誌と思われるところがあります（笑）。より宣伝しながら内容の充実を図っていかないと。これからがスタートです。西さんには、暫く「週刊ワタナベ」でいいからやってみろと言われています。アスキーのタイトルでは、つぶすわけにはいかない。

塩澤　日本のビル・ゲイツこと西和彦氏の下で、さらに独創的な週刊誌をつくりあげて下さい。

読者の不満・怒りに応える「週刊ポスト」編集長 竹内明彦

1997.12

〝撃〟の編集姿勢

塩澤　「週刊ポスト」は、歴代の編集長と親しくしていただいております。竹内さんとは今回、初めてお会いするわけですね。

竹内　私は先輩からお聞きしています。たぶん、戸川猪佐武さんの事務所でお会いしていると思いますよ。山本進先輩と、よくそこへ行っていましたから。

塩澤　戸川さんとは公私ともに親しく、あの事務所には入り浸りで政治家の動向を見ていたものです。山本さんもよく来ていたなあ。じゃあ、「週刊ポスト」はあの頃から……。

竹内　ロッキード事件の年、入社と同時に「ポスト」編集部に入り、そこで11年間。途中で「TOUCH」へ移り、それから「SAPIO」を7年やって、一昨年戻ってきました。

塩澤　ロッキードの年というと、1976年（昭和51年）ですね。入社して22年のうち、13年間は「ポスト」ですか。じゃあ、編集の流れはよくつかんでいるわけだ。このところ調子がいいでしょう。

竹内　おかげさまで、ABC公査で前期は84・5万部、後期はもうちょっと伸びていると思います。大きな事件が続いていますので。

塩澤　内外に衝撃的な事件が続発していますからね。週刊誌は事件報道に連動して活気付くものです。そのなかでも好調なのは、「ポスト」には〝撃〟――叩き打つ編集姿勢があるからでしょう。目次を見ても、直撃だの進撃だのといったような攻めの記事が多い（笑）。

竹内　〝撃〟ですか…わりと代々、サラリーマンの本音、怒りを代弁し、攻めの姿勢を意識して作ってきていると思います。私もそのところは、十分意識しています。

塩澤　毎号読んでいますが、政治家の正体、相撲の八百長告発などの攻勢はすごいですね。

竹内　そうですね。最近で言うと、政治と相撲では血みどろの争いをやっています。とくに相撲は昨年5月、八百長の手記を書いていた、元大鳴門親方が亡くなった直後に刑事告発されました。

塩澤　元親方と告発を裏付けた後援者が同じ日に死去するという、不思議さ！

竹内　告訴はされたものの、ずっと音沙汰がない。されっぱなしで「死人に口なし」と言われたくないので、さらに取材を続行しています。

塩澤　その結果、現横綱曙の元付け人、高見旺の実名告発まで掲載されるようになった。

竹内　ようやく、現役の横綱八百長の非常に詳細な証言をいただくまでになりました。

塩澤　日本相撲協会はショックだろうなあ。

竹内　協会も素直に現実を認めればいいのですが（苦笑）。

塩澤　私は相撲雑誌にちょいちょい書いていて、「力士の肖像」という本も出しています。そのツテで昨年、「ニューヨーク・タイムズ」の取材を受けましたが、「相撲は歌舞伎と同じ日本の伝統文化であり、勝ち負けだけを見るものではない」と答えておきました。その要旨は報道されています。

竹内　協会は国技としての優遇を受けていながら、スポーツとしてのフェアな面のみを強調するから矛盾してくるんです。スポーツだったら八百長してはならないですからね。

塩澤　相撲は興業ですよ。相撲にかぎらず、既成のワクの中に収まっている組織や制度を叩けば、何かしらホコリは出てきます。

竹内　戦後50年の民主主義を問うといった問題提起。酒鬼薔薇事件で露呈した少年法や野放しの人権問題など、半世紀を経て、どこかに歪みや緩さをつくってきています。「なんでこんな社会になったのか?!」読者のその疑問や怒りに対して、本音でぶつかっていきたい。

塩澤　人権問題ひとつをとってみても、神戸の事件では被害者側は書かれ放題であるのに対し、加害者は少年法で手厚く保護されている。被害者のほうは踏んだり蹴ったりの殺され損でしたね。

竹内　人権問題などを叩くと、反動とか保守という人がいます（苦笑）。私は社会の歪みを反省することが進歩だと思うのですが…。

政権・新聞には批判的

塩澤　政界に話題を移してみると、「ポスト」は、『橋龍政権の走狗と化したか！　大新聞「正義の報道」』とか『「橋龍エセ行革内閣」でのやり放題「族議員」の跳梁』とか、現政権批判はラジカルですね。

竹内　まあ、いまの政権は対立の軸をアイマイにしていくことで存続しています。明確に論議を尽くして決めていくのが本来の政治ですから、維持だけに力点をおけば、さまざまなものがアイマイにならざるをえない。その結果、最後のところで致命傷になるわけで……。

塩澤　そのアイマイさを、厳しく告発している姿勢ですね。

竹内　ところが、橋龍を叩いていると、「『ポスト』は小沢一郎だろう」と（苦笑）。小沢さんには僕は何回も会っていますが、そんなことはありません。

塩澤　戸川さんと親しいだけで、田中角栄派と言われたり（笑）、新聞社の番記者はすべて、担当する政治家の派閥に入らざるをえない。

竹内　その新聞社ですが、いま新聞は政権に対して弱腰で、ほとんど機関紙になっています。つい最近、新聞をあげての佐藤孝行大臣辞任の大キャンペーンがありましたが、あれは世論調査があって初めて、反対するようになったんですから。

塩澤　そうでしたねえ。彼らは記者クラブに所属して、行政の配るプレスリリースを受け取り、それを報道しているだけだから、独自の取材も視点もない。権力に飼いならされた輩にすぎないですからね。

竹内　ジャーナリズムは政権にアンチの姿勢、批判の立場であるべきです。読売新聞の渡辺恒雄社長など、佐藤孝行の入閣を中曽根氏に相談された時、「マスコミなんて、10日もたてば忘れるから…」（笑）と言ったとか。読売のドンがあんなことを言えば、読売の記者は書けなくなってしまいますよ。新聞は政権に対して距離感を失っています。

塩澤　読売のドンの、右翼の児玉や風見鶏の元宰相などとの癒着は、知る人ぞ知るところ…。

竹内　その点、週刊誌はマイナーだが反新聞の立場で、彼らが報道しない、書けない面を知らせることができます。雑誌は始めから競争下にあるから、どうしても特色を出さざるをえない。読者は敏感だから、よくわかっています。

塩澤　記者クラブに依存する新聞は、その点、競争の原理にさらされていない…。

竹内　大手四紙が皆でガンガンやり合えば、宅配がなくてもやっていけると思いますよ。読売など1000万部も売れていて、若い人がどの面を読んでいるかを調べたら、スポーツ欄だったとか。政治面などを読む人は10％ぐらいでしょう。20年以上もこんな状態が続いて、読者は歯がゆく思っています。新聞が存続の危機にある今こそ、雑誌のチャンスではないかと。

塩澤　その通りです。ところで、バリバリ取材したころ、大きなスクープをものにしているそうですが。

竹内　一番印象の強かったものは、栗栖統幕議長にインタビューをして、自衛隊の超法規的発言をひっぱり出したことです。

塩澤　昭和53年の福田内閣のころでしたね。「昭和史年表」を調べてみると、同年7月19日に「栗栖統幕議長『週刊ポスト』誌での『超法規的発言』を認める（七・二八更迭）」と記録されている、あのショッキングな事件！

竹内　そうです。金丸防衛庁長官が「シビリアン・コントロールに反する。けしからん。自衛隊は攻撃してはいかん」と、栗栖統幕議長を首にしたわけです。栗栖さんは古武士の風格を持った人で、「一度話したことは変えない」と、超法規的発言をお認めになった。

塩澤　戦車も戦闘機も持ちながら、「自衛隊は軍隊ではない」などと言っているから建て前上、あんなナンセンスなことになったのですね。

竹内　それは今も続いています。戦後の民主主義は良かったのですが、ごまかしてきたものも沢山あります。それが今の状況に通用しなくなってきている。この社会的矛盾を変えなくては！と。

塩澤　いまの政治家のなかに、そのまやかしを変えようとしている人はいますかね。

竹内　小沢氏は何かを変える可能性——自衛隊の国際協力はいい、といったような叩き台を出してきました。しかし、その小沢氏も竹下氏に会ったことで、新進党のイメージを落としてしまった。

塩澤　合従連衡は政治の常としても、リーダーのちょっとした判断が、集団全部のイメージを決めてしまうんだなァ。

竹内　いまや、政治に期待はできない。経済もダメ。年金も医療費も、10年後は崩れているでしょう。自分は自分で守らざるをえないわけで、その情報を提供するのが、週刊誌の役目でもあります。

内部告発が増えている

塩澤　うーむ、なんか救いのない時代になった感じですね。

竹内　デカダン小説の「失楽園」が流行するのも、救いのない時代だからかも知れません(苦笑)。あれを中年サラリーマンが受け入れたのは、彼らの心の中に先行きの不安、諦観があって、利子も増えない、巨人が負けてばかりいる（笑）と何もいいことがないからでは…。

塩澤　同感ですね。二百数十万部の大ベストセラーになっているそうだけど、考えようによっては寂しい風景です。

竹内　そのなかにあって、「ポスト」くらいは、励ましの旗振りをしないと（爆笑）。

塩澤　芸能やお色気ヌードも、彼らの励ましになりますか（笑）。

竹内　ヘアヌードですか。「ポスト」はヘアヌード週刊誌が華やかなりしころ、カヤの外にいましたが、あれはあれでよくできていました。片方にものすごい固い記事があって、硬軟のバランスをとっていました。

塩澤　たしかに、〝政治から性事〟――のバランス感覚はありましたね（爆笑）。

竹内　週刊誌はバランスが良くないとダメですね。「ポスト」は、本音報道、生活を守る情報、多彩なエンターテインメントと、三本を柱にやってきています。

塩澤　それと連載の息が長いですね。竹村健一の『世界の読み方』780回を筆頭に、数百回台の連載が目白押しだ。

竹内　伝統的にコラム、エッセイ、小説は強いですが、恒常的に固定読者をこれで作っています。その味付けとして考えています。

塩澤　たけしの『世紀末毒談』など、彼の端倪すべからざる毒舌と才能をひっぱり出した嚆矢ですね。「新潮45」の連載は、ずっと後だった。

竹内　長くやると決めたものは長くやります。複雑で奥の深い構造、組織、制度といったものを明らかにするためには、キャンペーン5～6回では無責任です。読者が「もういいよ」と言っても、「もうちょっと聞いてくれ」と続けます。

塩澤　「ポスト」の編集の秘訣も、そのあたりにあるようですね。

竹内　けっこう読者がついていまして、アンケートをとると、連載ものは上のほうに来ています。読者によっては、マンガの『弐十手物語』を読むために買っているとか…。

塩澤　かつて吉田健一氏は、「サンデー毎日」連載の横山泰三の『プーさん』1ページだけを見て、電車の網棚に置いてきたそうです（笑）。編集長に就いて日は浅いですが、竹内カラーをどのように出そうと考えていますか。

竹内　基本的には三本柱路線は崩しませんが、味付け具合は多少、変わるでしょう。読者のいらだち、不満、怒り、モヤモヤといったものに「あなたのモヤモヤ、怒りはこれではないのですか」と、強めに訴えていくことですね。

塩澤　辛口ですね。

竹内　政府はあてになりません。混沌とした時代です。この形が読者に受け入れてもらえればと……。

塩澤　読者層はどのあたりですか。

竹内　30代から50代の男性ビジネスマンですね。圧倒的に男性読者が多い。首都圏・大阪・名古屋と都会派の週刊誌です。

塩澤　投書・ネタの提供は？

竹内　ものすごい数が来ます。内部告発が以前より増えている。年功序列が崩れて企業が実力主義になったから、会社へのロイヤリティーが喪失したのでしょう（苦笑）。

塩澤　攻めの取材ですから、クレームは多いでしょう？

竹内　公式、非公式を問わず、しょっちゅうあります。一般の民間の方はともかく、政治家をはじめ公的な存在には泣いてもらうよりない。むしろ、上からのクレームは一切ありません。

塩澤　「ポスト」は追及、追撃が徹底しています。読者の怒りに応えて、ガチンコで頑張ってください。

岡留安則の胸の底には？

「噂の眞相」

編集長　岡留安則

1998.1

只今裁判闘争中

塩澤　以前、「噂の眞相」は、西暦２０００年でいさぎよく休刊すると公言していましたが、休刊は数年先まで延びるそうですね。

岡留　雑誌の場合、20年もやると、編集センスは枯渇します。私の気持として20世紀が終わると共に、歴史的使命は終えようと考えていました。しかし、状況が変わりました。雑誌メディアとしては東京地検特捜部初めての名誉毀損の告訴を受けていて、その裁判が決着するまでは、やめるわけにはいかない。裁判費用もあるし続けることにしました。

塩澤　和久峻三、西川りゅうじん両氏の告訴事件でしたね。

岡留　そうです。もし有罪判決でしたら最高裁まで争うから、さらに2年は延びます。不当判決に対しては「噂の眞相」の誌面で、その不当性を暴かなければなりません。

塩澤　裁判が最終的に決着するのは、当分先になる。

岡留　弁護団の判断によると一審判決までに5年はかかると……。裁判は現在までに21回開かれていますが、11月に初めて司法記者クラブで記者会見をもち、経過報告をやった。
塩澤　西川氏とは和解が成立したそうで……。
岡留　西川氏は取り下げ、処罰は求めないと言っています。ところが和久氏に関しては、検察側は、裁判を続けるが、今度は一切、うちの弁護団が認めない検察側の調書は全面撤回し、証人は呼ばないと宣言してきました。
塩澤　それでは立証のしようがない。
岡留　どうしてどうなったのか、うちの弁護団も判断をしかねています（苦笑）。これでは、和久氏の怒りだけで裁く裁判になるのかなと。
塩澤　振り上げた拳を下ろすタイミングに苦慮している感じですね。それにしても、スキャンダルを武器として、体制・権力を攻撃する雑誌のリアクションは大きい。ずいぶんエネルギーがいるでしょう。
岡留　外から見ればそう見えるでしょうが、本人は平常心で同じパターンで作っているから、案外気楽にやっていますよ（笑）。お陰さまで19年もやっていると、ある程度の市民権は得て、協力者も出てきています。「噂眞」に言えば、掲載してくれるだろうのパターンができて、楽になりました。
塩澤　とは言っても、スキャンダルを武器に、奢れる権力者側を撃つわけだから、クレームや告訴沙汰は少なくないでしょう。
岡留　内容証明によるクレームは先月は5件、今月も3件ぐらいは来ています。だが、いまは民事裁判はゼロ。落合信彦氏とも和解しましたし…。1件もないのは珍しい（苦笑）。3年ぐらい前の一番多い時には14件もありました。
塩澤　14件！　そりやァ、わずらわしいなァ。
岡留　わずらわしいですよ。だからケースバイケースで、だいたい話し合いでクリアしています。間違いがあれば潔く謝ります。それにはまったく頓着しません。出てしまったものにいつまでも拘るのはマイナス思考でしょう。それよりも、これからの誌面づくりに力を尽くすべきであろうと

（笑）。

塩澤　実に、あっけらかんと言いますな（爆笑）。

岡留　理想は取材を十分にやり、完全稿を出したいのですが、正直いって小世帯ですから不十分な点もあります。で、間違いは間違いとして謝るものですから、「噂の眞相」はすぐ謝るという風評が出ていて、やたらにクレームが来る（笑）。

塩澤　岡留編集長の外見は、やさ男ですからねぇ（爆笑）。

記者クラブの盲点を衝く

塩澤　小世帯で忙しいのに、出版関係のパーティーには、まめに顔を出していますね。

岡留　この仕事は人脈を作っておかなければ成り立ちません。関連したパーティーには出ますし、まめにつきあっています。誌面づくりのエリアが国際政治から風俗関係までと幅が広いですからね。

塩澤　海外取材にも、よく行っているようですね。

岡留　年5～6回は。マンネリになるのがイヤですから。東京にいると生活パターンが決まってしまうんです。デスクワークのあと、酒席でネタ元や記者に会うパターンです。それが海外に出ると、新鮮な気持ちで仕事ができるし、帰国したら仕事をと、騙しだましやっている……。

塩澤　このインタビューも19時過ぎからです。仕事は完全な深夜型ですね（笑）。

岡留　創刊以来、午前中は眠っていて、午後出社、夜中の3時、4時まで人に会っています。新聞記者は夜中の12時過ぎに仕事を終わるから、それに合わせると深夜になる……。

塩澤　新聞記者は大切な情報源ですね。

岡留　「噂の眞相」にスクープが多いのは、新聞記者の書けないことを、かわりに書いているからです！

塩澤　彼らの勲章はスクープでしょう。それをなぜ、自らの新聞に書かないのでしょうかね。

岡留　記者クラブがしがらみになって、抜け駆けをやると、登院停止処分になってしまうんです。
塩澤　記者クラブの規約に縛られて、手も足も出せないわけですか。
岡留　司法記者を例にとれば、彼らが取材を許されるのは、特捜部幹部だけで、ほかの検事はダメとか、平検事には夜回り取材をしないといった規約があるんです。違反したら、その新聞社は1カ月とかの登院停止の処分を受ける。
塩澤　検察側が記者に提供する情報は、彼らに都合のいい管理された情報に限られるわけで、記者はそれだけを書いていればいいという……。
岡留　スクープしたくても、抜け駆けすれば、その新聞社は出入り禁止になる。そのストレスは大変です。僕らは、新聞記者から提供される、管理された情報からこぼれ落ちた情報を書いていくわけです。この中に真実がある！
塩澤　大スクープにつながる核ですね。情報提供は月に200件もあるとか……。
岡留　毎月、それぐらい。それも、業界人のタレコミが多いですね。ワープロやFAXの普及が、多大な功績となっている。昔だったら手書きでしたが、いまはワープロやFAXで内部告発ができます。
塩澤　字体に告発者の痕跡が残らないから、自責の念が薄いというわけか（笑）。
岡留　終身雇用や年功序列制度がなくなり、リストラが進んでいて、企業に対する忠誠心も崩壊していますから、あっけらかんとやる。
塩澤　内部から告発となれば、外からはうかがい知れぬ情報が拾えますね。
岡留　長年のカンで、内部であることがわかります。ディテールがくわしい（笑）。僕らにとっては有難い。思うに、仕事をしながらアタマへきたらFAXしているのかも。
塩澤　編集姿勢に「あらゆるタブーに挑戦する反権力、反権威誌」をかかげているから、ルサンチマンの果てに、「噂」にリークしてしまっても、あまりやましさを感じないのかもしれませんね。
岡留　……。
塩澤　ヤクザ筋などからの脅しなどは？
岡留　最近はほとんどないのですが、ある女性ノンフィクションライターの交際を取材していた時には、先に射殺された宅見組長から「書くなら書け、俺の裏にはいっぱい命知らずがいる！」と言ってきました。
塩澤　彼女の周辺にはとかくの噂が渦巻いていますね。何回もの結婚相手も異質だし……。
岡留　僕は暴対法に反対していますし、彼らとすれば、シンパシーを感じている面もあるようです。ある事件で、武闘派暴力団員の逮捕を冤罪だと書いたら、お礼に組長から六本木で接待されました。高級クラブをハシゴするのに、六本木の街をスリッパで歩いてましたね（笑）。
塩澤　彼らのつき合いは半端ではないと聞いていますが、六本木の街中をスリッパでハシゴとはアウトローそのもの（笑）のド派手さだ。
岡留　「そのうちに、いいネタをやる」と言っていましたが、そのままです（笑）。

皇室ポルノの波紋

塩澤　97年で通巻227号となったわけですが、一番記憶に残る特集を3本挙げるとしたら……。
岡留　『皇室ポルノ事件』と『グリコ・森永事件』の2本が際立っています。皇室ポルノでは民族派の諸団体による大々的な抗議行動を、印刷、広告スポンサー、取次筋に加えられ、雑誌の発行があわやの危機に立たされました。グリコ・森永事件では、新聞社や大手出版社に報道協定が結ばれていたものを、記者クラブには関係のないミニコミ誌の執拗な自由さで、スクープしました。警察関係の懐柔策を押しやったものですから、別件のワイセツでガサ入れを受け、ネタ提供者さがしをやられた。
塩澤　出版史上に残る2大事件でしたねぇ。私は、「噂の眞相」の雑誌ジャーナリズム界における存在意識が、大手出版社や大手新聞社には絶対やれないことをやる、このあたりにあると考えていて、岡留編集長のその心意気を称賛したことがあります。

岡留　出版界のプロにきちんとした評価を受け、編集者冥利に尽きるということを、編集後記に書いた記憶があります。

塩澤　バックナンバーをひもといてみると、政財界やマスコミをゆるがすスキャンダルが目白押しだ。

岡留　「噂の眞相」が存在しうるのは、マスメディアの側が駄目だからですよ。彼らは警察や検察、それに人気作家、文化人、芸能の内幕は書かない。その点、うちは遠慮なく書きますから(笑)。

塩澤　大手新聞、大手出版社は、よほどのスクープでないかぎり、政治家や官僚、作家、芸能人から、出入りを差し止められてしまうリスクがあります。しかし「赤信号皆で渡れば…」なんですがねえ。

岡留　うちの雑誌が売れるのは、これというノウハウがあるわけではないですよ。タブーがなくて、なるべく面白く読めるように書くから売れるだけ。簡単なんです (笑)。

塩澤　では、タブーはまったくないですか。

岡留　……唯一のタブーは取次ですか。それと執筆者もちょっと……連載中はね。ネタもとも、ちょっと遠慮しますね。

塩澤　矢崎泰久さんだったかな。あるパーティーで「創」の篠田、「噂」の岡留両氏とティーチインをした時、「噂」は僕のことを平気で書く、と言っていましたねえ (笑)。

岡留　だって、書くに値する事実があるから書くわけですよ (笑)。ただし、一般市民や弱者の事は書きません。マスコミ関係者が、うちの雑誌を読むのは、自らのことを書かれる可能性のある唯一の雑誌だからでしょう。

塩澤　いまやマスコミは〝第四の権力〟ですも

のね。ここでちょっとプライバシーに触れますが、家庭は今後も持たない方針ですか。

岡留　ええ、妻子がいたら突っ張れないでしょう。女性は心身ともに保守的だから、危ないことは嫌いますし……子供がいたら、人間は弱いものですから、リアクションのある記事は「やめとこう」と自制してしまう……。

塩澤　鬼の岡留にしてねえ。これだ（爆笑）。

岡留　気楽な独身生活をしていると、そのほうが楽ですから、ますます遠ざかってしまった……。

塩澤　もろもろのロマンスは耳にしますよ。

岡留　それがなかったら欠陥人間じゃないですか（爆笑）。

塩澤　ちがいない！（笑）やはり、宮武外骨を目指していますか。

岡留　自分で決めることじゃないけど、そうありたいですね。宮武は明治人間で、明治憲法下にあって幾多の弾圧を受けました。僕らはその点、直接の弾圧はないわけで……昭和・平成時代に宮武外骨的な生き方をした輩が一人ぐらいいてもいいでしょう。

塩澤　いま、何歳？

岡留　（はにかんで）恥ずかしい話ですが49歳ですよ。「マスコミ評論」を創刊したのが27歳。「噂の眞相」を創刊したのが31歳で、バカさの勢いで49歳の今日までやってきたわけです（苦笑）。

塩澤　エディターとしてはとにかく、パブリッシャーとしては、これからです。編集方針はこのまま進みますか。

岡留　基本的には変えないつもりです。部数は20万部で、お陰さまで、広告はゼロでもやっていけます。銀行借り入れも、税金対策上わずかに借りているだけ。取次には売り上げが4カ月分、常にプールされていますから負債もありません。

塩澤　タブーは取次だけの意味の重さがわかります（笑）。ま、あらゆるタブーに挑戦し、スキャンダルを武器に斬りまくってください。今後も期待してます。

大リニューアルの事情は？

「婦人公論」

編集長 河野通和

1998.6

83年目の大刷新

塩澤　Ａ５版からＡ４変型判。月刊から月２回刊と文字通りの大リニューアルでした。本多光夫最高顧問から、お聞きしていましたが、ここまでの大改革とは！

河野　私は「中央公論」の編集が長く、96年6月に副編集長として「婦人公論」へ戻りました。久しぶりに女性誌を担当して、自分自身新鮮で、「中公」に比べて部数的に伸ばしていける、編集努力によって、上積みはできると考えました。

塩澤　「婦人公論」は最盛期40数万部でしたから……。

河野　ところが、３年半近く努力をして得た結論は、相当なことをしても、微増させるのはかなりの力わざが必要だと（笑）。

塩澤　力わざですか（笑）。その感じわかります。

河野　その理由は、新規の参入読者があまりにも少ないことでした。固定ファンはかなりいて、安定した雑誌づくりはできるのですが、大きく伸ばすには大きく見直さないと。

塩澤　なるほど。

河野　判型がＡ５判だと、30～40代の女性の読書習慣では、雑誌とは思われないのですね。

塩澤　その年齢層は、若いころからA4判に馴染んでいるからでしょう。
河野　A5判ですと、手に取りにくい。気軽に手にとってもらい、目次を開くところまでたどりつかせるには、どうしても判型を大きくする必要性がありました。
塩澤　A4判だと、広告も入れやすいし（笑）。
河野　A5判の「婦人公論」は、広告がなくてもいい顔をしている(笑)。クライアントからも「もう少し、なんとかしてほしい」という声もありました。
塩澤　見映えのいい女性誌は、広告で安定を図っていますからね。
河野　そうです。「婦人公論」も折にふれてイメージチェンジを考えてきました。私の入社のころ、80年前後ですが、松村和夫編集長が『愛と性の手記』シリーズで部数を40数万部と最高に持っていった時期があり、躍っている誌面でしたが『微笑』の月刊判だ」「家に持って帰れない」「子供の前に置けない」と、広告クライアントの批判を受けました。なんとかイメージチェンジを考えたものです。
塩澤　以前、「婦人公論」の名編集長だった三枝佐枝子さんに会った時、「愛と性」的編集方針に疑問をもらしていたことがあります。
河野　そうでしたか……。
塩澤　「婦人公論」は大正5年に、「中央公論」の婦人問題特集号からスタートしていますね。婦人の自覚と開放を編集の柱としていましたが、83年のあいだには何回か誌面の大衆化が図られたりしています。しかし、今回は判型と刊行形態まで変えてしまった……。
河野　それは月刊でやっているとき、いまの時代テンポが早まっていて、いいテーマの特集を組んでも、A5判だと足が遅い感じでしたから。嶋中鵬二前会長も同じ考えのようでしたが、ご自分もA5判でやってきた雑誌を、海のものとも山のものともわからぬ危険の海へ投げ込むことには躊躇があったようです。私も時期尚早と考えていました。

塩澤　それが、会長が逝去され、本多氏の登場で一挙に変わったわけだ。

河野　本多さんと「中央公論」「婦人公論」のリニューアルの検討に入って、変えるなら雑誌が元気なうちに臓器移植を行ったほうがいいと。

塩澤　なまじ黒字だと、そのあたりの見極めが難しいものですが……。

河野　読者層は50代、60代になっていました。30代、40代の女性に加わってほしいと考えると、より親しみやすいA４判となります。

旬の女性 松田聖子

塩澤　1号、2号を出して、読者からのリアクションはいかがでした？

河野　アンケートを見て、10代からの読者からのがあり、それを読んで変わったなあと実感しました。ありがたかったのは、「初めて読んだが、読みやすく面白かった」という、狙い通りの反響があったことです。

塩澤　その一方で、古い読者からの反論はすごかったでしょう（笑）。

河野　表紙が松田聖子でしたから、「なんで松田聖子が！　この人は評判がよくない」と言ったものから、編集長の見識を疑うといったお叱りなどが……（苦笑）。

塩澤　創刊80年となれば、三代の読者がいるんですよ。当然でしょうね。

河野　この反論に対して、「この人を表紙に撮ったのは、この時代の旬の時期を精一杯に生きているからです。松田聖子だからの批判はやめましょう」と答えたところ、「だったら、ちゃんとインタビューを載せ、私たちにわかるようにしてください」と言いましてね。さすがに「婦人公論」の読者だと思いました（笑）。

塩澤　聖子は旬の女性であることは事実（爆笑）。

河野　リニューアル創刊号に聖子を使ったことで、バッシングの対象になるセンセーショナリズムを狙ったとか、一般週刊誌みたいだとの批判もありました。

塩澤　なにを隠そう、私もその口で（笑）。表紙のロゴタイプ、特集の狙いなど、変わった感じは受けますが、基本的な編集コンセプトは引き継がれていますね。

河野　女性の本音、生き方をとりあげていく編集のバックボーンは捨ててはいけないし、問題に取り組む姿勢は変えていません。ただ、いままでは幕の内弁当のように、盛りだくさんになんでも入れてきた雑誌作りから、カレッジ的な切り口で問題を絞って、できるだけイキのいい、知的エンターテインメント性に満ちた方向を目指したいと思います。

塩澤　月刊から月2回になったから、読者に問いかけるチャンスは倍増したわけですね。

河野　そうです。基本的には女性の幸せを考えていくことですが……。この考えは前会長に言われていました。「おやじが創刊した大正初期は、『人形の家』のノラがあふれている時代だった。おやじは、それらの女性に愛情をもって雑誌を作っていた」と、「好奇心でなく、愛情をもった編集を」の教えです。

塩澤　前会長の嶋中氏には生前、何回もお目にかかり、出版、文壇関係のエピソードにあふれたお話をうかがったものです。あるときに聞いた話では「おやじは『中央公論』よりも『婦人公論』を愛していた。編集者としての才能は、この雑誌にあまるところなく投入されていた」と。

河野　そうでしたか。

塩澤　前会長は、34歳の若さで「婦人公論」編集長となり、誌面を充実させて部数を伸ばしましたが、次のように述べていますね。「『婦人公論』はいまや、父、雄作から受け継がれてきた婦人啓蒙の役割を一応果たした。女性は開放され、男女は同権となった。いや、同権になったどころか、女性はいまや弱き性ではなく、強き性となっている」と。ここで戦前の八重樫編集長時代の大衆的編集を試みたのですね。

河野　その、優れた先達が培ってきた83年の歴史、伝統の重さのある雑誌をリニューアルすることは、本当に苦しいものだと思います。

塩澤　まあ、それはそれとしてリニューアル効果はどんなところでしょうか。

河野　新しい器に載せたら、微妙に新鮮な感じが出せたと思います。読者も、こういう盛りつけで、こういう料理か？　と――錯覚かもしれませんが、このあたりにリニューアルの効果があったようです。

塩澤　「失楽園」の渡辺淳一氏と小池真理子さんの対談は性を切り口に、男と女のすれ違いを面白く話していたし、息子の覚醒剤所持逮捕で、世間のバッシングを浴びた女優・三田佳子のロングインタビューはリニューアルの目玉でしょう。

河野　たぶん、三田佳子さんはA5判でもやったでしょうが、いまの判型のほうが似合う感じです。そのへんがなんともスリリングで面白いですね。読者からも他誌には見当たらない記事との反響がありました。

塩澤　1号、2号と2回にわたるインタビューで、9時間インタビューの厚みと重さは出ていました。テレビ、週刊誌で話題になったあとだけに、よく知られていましたしね。

河野　もともと「婦人公論」は、新聞、テレビ、週刊誌が一通りやったあと、違った切り口やひねった切り口で、皆がもっと読みたいとお考えの事件や問題を提供してきていました。そのへんをより生かすには、月2回が頃合だった……。

塩澤　月2回になった迅速性、ニュース感覚性が、見事に生かされたわけだ……。

〝人間臭い〟女性誌に

塩澤　編集に試行錯誤は付きものですが、判型を変えての戸惑いは……。

河野　この判型でのカラーページの取扱い、ファッション、実用ページは研究途上にあります。いままでだったら、後半の活字ページがメインの売りもの。カラーは前半にあって、玄関のお飾り的な要素でした。ところが、これからは料理、ファッション、メイク、旅など売りものの柱として取り組んでいかなくてはなりません。いままでの発想を、ここでリニューアルしないと。カラーページを含めて、まだ見極めきれていません。発展途上にあります。

塩澤　発展途上（笑）なるほど。編集長は44～45歳。奥さんはちょうど、リニューアル誌のモニターの年恰好でしょう……。

河野　モニターですか（笑）。まあ、カミさんは少なくとも前の判型は読んでいなかった。周りも読んでいなかったようです。ところが、この判型になって、読んでいる形跡があり、周りにも勧めているようです。その意味では貴重なモニター（笑）。

塩澤　40～50代の男性には、A５判は抵抗ありませんね。女性にとってA５は、そんなに忌避感があるんですかねえ。

河野　あるようですね。「アンアン」「ノンノ」といったA４判系列の雑誌が出てきたのは、私のティーンエイジャー最後のころでした。

塩澤　70年に入るころですね。雑誌の流れをみていると、あのあたりで判型から誌名、ビジュアルな誌面と大きく変わります。

河野　「婦人公論」のピークは、その70年代の後半でした。女性も40～50代では「アンアン」や「クロワッサン」にいけない。で、「婦人公論」をわが雑誌と思って、熱烈に愛してくれた。私が入社したころです。ところが、その熱愛も徐々に薄らぎ、バブルのころドーンと落ちてしまった。読者は旧態依然の雑誌から目をそらしたのでしょう。

塩澤　いま一つの理由は、不況に連動した面がありましょう。女性週刊誌は軌を一にして部数を落としていますが、株の下落とパラレルしていいます。女性読者はシビアなんですよ。
河野　たしかに「中公」から「婦人公論」に戻ったとき、「中公」のほうが楽だと思いました。男性誌は料理にたとえるなら、だんだんといい料理を出していけば読んでくれますが、女性はきっちり品揃えし、全部をきっちり作らないと許してくれません。くたびれます（苦笑）。
塩澤　本屋に入って買うまでの手順も半端ではありません。隅々まで吟味して、やっと買ってくれる（笑）。
河野　そうですね。A4判になってページ数は前のA5判より薄くなりました。が、丁寧に作って情報量を多くしないと――もし流して作るようなことをしたら、読者は雑誌に背を向けてしまいます。怖いです。
塩澤　1ページも、あだやおろそかにはできない。ところで、この判型になってA5判時代の人間臭さが薄れたのでは……。編集の先達たちはほとんど雑誌作りの基本に「人間臭さ」を置いています。
河野　第1号が出たとき、「もうちょっと洗練度を身につけてほしい」と、しかるべき方に言われました。プロとして見たとき、欠点の多い荒削りの感は否めないと思います。しかし「この娘は気立てが良く、都会に出たばかりで、まだ芋っぽいが、心はいいですよ」と、胸を張りたい。
塩澤　生みの親として、当然の言葉でしょう。
河野　逆に形はきれいだがバイタリティーはなく、心が欠けている雑誌はどうにもならないでしょう。「婦人公論」は、その点、雑誌としてのエネルギーはみなぎっています。荒削りの部分を含めて、力を持っています。「いまに見ていろ」のファイトがわいていますから、あっという間に、垢抜けた女性にすることができる自信はあります。
塩澤　その意気込みやよし！　83年の沽券にかけて大人の女性の要求を満たし、リードする婦人誌に変身させてください。

「AERA」
『アエラ』の脳味噌を全公開すれば…。

編集長 大森千明

1998.8

創刊当初の熱気

塩澤　「AERA」（以下アエラ）は創刊10周年になりましたね。創刊のころの熱気を覚えていますよ。

大森　当時、富岡編集長と、新聞の伊藤局長がボクシングのグローブを交えて「ライバルは朝日新聞です」という目立つコマーシャルをやりましたからね（笑）。

塩澤　朝日新聞の半5段広告でしたか（笑）。すごい意気込みでした。それに編集のメンバーが40余名で、過半数が著書や共著の持ち主だった。

大森　0号でしたか……編集部全員の写真と経歴を紹介していました。それで力を入れている感触が伝わったのでしょう。

塩澤　創刊当初、出版界の件で長時間のインタビュー取材を受けました。何ページぐらいにまとめるのかと聞いたら、4ページ程度と言いましてね。2、3週後掲載されたのは1ページで、私のコメントは数行（笑）。80数ページに40余名がかかわり、1ページの取材にこんな入念な取材をしていては、大部数が出ないと大変だろうと思いましたよ。

大森　創刊号は100万部でした。

塩澤　ほう！　大森さんは最初からですか。

大森　創刊準備の時から部員でした。その後、3年半デスクをやって、新聞の経済部にも3年半。それからまた戻って編集長代理をやって、96年11月に編集長です。

塩澤　「アエラ」10年の歴史の過半にかかわっていたわけですね。編集長としては何代目ですか。

大森　4代目です。話は変わりますけれど、よく「朝日ジャーナル」と入れちがいに創刊したのかという質問を受けますが、休刊前にスタートしていて、併存期間があります。

塩澤　「朝日ジャーナル」は昭和34年に創刊され、平成4年（1992）5月29日に「歴史的な役割は終えた」と休刊に踏み切っていますね。33年の誌齢だった……。

大森　それなのに「アエラ」は「朝日ジャーナル」のどこを受け継いでいるのかとよく聞かれます。全然ちがうんです（笑）。

塩澤　判型といい、編集方針といい、ちがっているのに、その種の誤解は多いでしょうね（笑）。

大森　「アエラ」がこの判型と紙質になったのは、新しいものを出すべく討議を重ねて、試行錯誤をした末です。三大特徴として、表紙がお洒落な感じで、垢抜けたビジュアルさ、そして薄いということ。

塩澤　たしかに、表紙とかページ数の薄さ、誌面のビジュアルさは、人目を引きます。創刊当初は、その目新しさと、おあつらえな国際的事件があって、読まれていましたね。

大森　あのころは、ソ連とアフガニスタンの戦い、中国の天安門事件、ベルリンの壁、ソ連の崩壊、湾岸戦争と、国際的な大事件が目白押しで、よく売れ、熱気がありました。

塩澤　とくにベルリンの壁やソ連の崩壊などは、20世紀の特筆すべき大事件ですものね。

大森　ところが、ここへ来て、そういう大事件はありません。別に起こしてくれとは言いませんが（笑）。

塩澤　また、国際的な大事件は、意図してたやすく起こせるものでもない（笑）。しかし、週を発行単位とする雑誌は、大事件にビビッドに反応するものです。

女・子供・死に焦点

塩澤　現在は国際的な事件も少なく、不況感が強いから、誌面は当然、変わってきますね。

大森　最近よく「編集方針を変えたのか」と聞かれますが、女性向きの記事が増えているから、そんな感じを持たれるんじゃないかと。

塩澤　この2、3号をのぞいても、『「学校棄民」子供の四割？』とか『カネあるのにモノ買わない』とか『デキる女は声が低い？』『〈日本一よく働く〉高知の女』というように国内に目を向け、女性志向の特集が目立ちますが……。

大森　日本人そのものが内向志向になってきました。昔、「朝日ジャーナル」が好調だった時代は、新宿地下道で全共闘世代は、反戦歌を歌っていた。いまは自分の悩みを歌う時代ですからね。

塩澤　「朝日ジャーナル」の好調期は、60年安保やベトナム戦争の激化に伴う反戦・平和運動の高まりのころでした。

大森　いまは読者の興味は内に向いています。そのあたりが「アエラ」の誌面に投影されている。

塩澤　目次を見ると、トップ記事に教育のジャンルで「子供」とか、ほかには「女性」が目立ちます。

大森　そうですね。誌面で増えているのは、第一に子供の問題です。神戸の酒鬼薔薇事件、学校児童のナイフ事件、教師の問題が増えていますから……。二つ目は女性に関して多い。一例を挙げると、いま主婦は家庭労働から離れて、外で働きたいという悩みを訴えています。社会現象のように増えているといっていいでしょう。このあたりを誌面に反映させています。いま一つは高齢化社会を視野に入れた、年寄り向きの企画が増えている。死の準備シリーズとして、葬式、死に方としての安楽死、尊厳死などを扱っています。
塩澤　65歳以上が16％、2000万人を突破。21世紀半ばには高齢者が3人に1人だそうですから、死は大きな狙いどころでしょう。
大森　昔は「死」はダブーだったそうですが、このところ死の問題を出しています。子供、女性、死と、この3つがやや増えているでしょうか。
塩澤　その反応はどうですか。
大森　昔の「朝日ジャーナル」関係者には、「女や子供向きの記事が多すぎる」との批判もあります。が、その人たちには、子供の話題は即親の問題だと説明します。女性に関しては女だけが独立しているわけではない。夫、恋人が読む可能性があると。つまり、大人や男性に、これらの記事が無縁ではないわけです。
塩澤　なるほど。それでは「アエラ」の泣きどころは？
大森　うちの限界は、スキャンダルは扱えないということ、芸能ネタは駄目だということでしょう。そういうメディアではない。
塩澤　それでは、松田聖子などはお呼びではない（笑）。
大森　いや、かつて松田聖子が登場したこともありますよ（笑）。芸能人でも、そこに生きる生き方は扱えるわけです。実際、表紙には、どんどん登場しているし……。
塩澤　聖子でも、たとえば丸谷才一とか、「週刊文春」のように林真理子のような書き手を起用したら、おもしろいのでは……。
大森　ダイアナ妃のときには、その種のいろんな人に頼みましたが、短時間では無理でした。
塩澤　週刊誌の限界でしょうね。しかし、雑誌はヒューマン・インタレストが基本ですから。
大森　うちは人間を中心とした編集姿勢が、最初からあった。どの程度実現したかは問題ですが……。いまでも後のページの『ホモ・スポーツ』『イ ンターネット』『カルチャー』『イン・ショート・ジャパン』は、フーズフー的にやっています。

塩澤　人間中心と言えば、『現代の肖像』は時の人をとりあげて、実力派ライターに書かせていますね。

大森　ノンフィクション・ライターがあまりいないので、なかなか難しい。有名になると忙しいから、新しいライターを発掘しないとどうも。

一行コピーの軽味

塩澤　表紙は雑誌の顔といわれます。「アエラ」は表紙のイメージが定着しましたね。

大森　表紙の影響度は永遠の謎です（苦笑）。表紙によって売れゆきがちがうかどうか疑問ですね。21号の表紙に、香港の人気俳優レスリー・チャンを使い、ずいぶん問い合わせがありました。しかし、それで買ったのは1000人程度では……。

塩澤　マガジンハウスの雑誌づくりの匠・清水達夫氏は、表紙が誌命を左右するとまで言っていました。事実、いい表紙のときはよく売れたと話してくれました。

大森　……僕は表紙はしょせんデパートの包装紙的——これが安心感を与えると考えています。何年やっても、表紙はわかんない。

塩澤　なるほど、デパートの包装紙ですか（笑）。23号には「W杯岡田の深謀」と1行だけ表紙に刷り込まれていますが、「アエラ」には通常字は入っていませんね。

大森　基本的に表紙には、僕が編集長になってから、字を入れるのはやめてしまいました。が、読者はそのへんから増えてきた。

塩澤　女性週刊誌や、月刊誌の一部などでは満艦飾のような氾濫です。また、それがないと売れないというジンクスがある。

大森　月刊誌には、セオリーのような言い伝えがあるそうですが、僕は時々、戦略的に字を入れることもあります。が、果たして売れゆきに、どういう関連性があったか……。

塩澤　目次は表紙に次ぐセールスポイントと言われています。一目で編集意図をわからせる配慮が必要ですが、政治、経済、女性、金融、役人、サラリーマン、プロ野球、W杯……と、毎週10数部門にわたる項目が、わかりやすく収められていますね。
大森　目次は僕になって大きく変えた。が、それからはあまり変えていません。カラー写真を多用しては良くないとの意見もあります。パッと見て、何が入っているのかわかるように要望されています。
塩澤　総合誌ですから、扱う問題は広いし読者層も広いのでは……。
大森　読者の年齢層は広いでしょう。学生が多いので就職のことも扱うし、高年齢層向けの死の準備も扱う……どこかで多年代層に噛んでいるようにしています。
塩澤　タイトルは、シンプルにまとめていますね。『デキる女は声が低い？』『ノーといえない人事査定』——実に素直です（笑）。
大森　最初から上品に作っていて、固い感じです。ほかの週刊誌のように、衝撃ルポとかスクープ、密着ルポといった言葉は、たとえ衝撃的、密着ルポであっても使えないし、使っていません。個人的には使いたいときもありますが……。
塩澤　センセーショナルな週刊誌は、全然独占でなくても、独占だの直撃だの、衝撃といった言葉のオンパレードです（爆笑）。ま、品の良さは伝統でしょうから。伝統といえば、中刷りの下の一行コピー「涙のカズだけ強くなろうよ」とか「花田は朝日のハナダ」といった一行コピーが生まれた理由は。
大森　7、8年前のことです。「アエラ」の固いイメージをこわし、中刷りを見せる方法を考えているなかから、いまの一行コピーはスタートしました。最初は注目されなかったが、一昨年、「週刊文春」のワイド特集『こいつだけは許せない』で、呉智英さんに「アエラの赤面コピー」と叩かれ、他誌の取材を受けて逆に人気が出ました（笑）。
塩澤　赤面コピーねえ（笑）。時には苦しい地口合わせや駄洒落も見受けられる。

大森　デスクが専属で、懸命に考えています。僕も出すが採用されたことがない（笑）。このあいだ、学生セミナーのコピー塾で、講師にお願いした俵万智さんに「アエラの一行コピーで一番良かったものは」とお聞きしたら、ノーパンしゃぶしゃぶをからかった「ピチピチ、シャブシャブ、ランランラン」だと言っていました（爆笑）。

塩澤　朝日新聞という母体、「アエラ」といういかめしい（笑）誌名では、あまりおふざけもできないでしょうけれどね。

大森　あんまり、綺麗すぎると、おかしみがないですよね。うちは、素人芸で半プロでいいとの考えで、一行コピーをやっています。実は近々、創刊10周年記念の臨時増刊として、『アエラ一行コピー　腰くだけ発想法』を出すんですよ。

塩澤　腰くだけ発想法ですか（笑）。おもしろいタイトルだなあ。

大森　「B級発想法」「腰くだけ発想法」「AERA脳味噌全部」の三案のなかから選びました。

塩澤　ところで、編集長としての大森カラーはどのように？

大森　部員には「読む側に届くテーマで、中身に切実さがある——それを考えて作れ」と言っています。おかげさまで、他誌が前年割れの多いときに、この3カ月は前年比で10％伸びています。広告もすごくいい。

塩澤　広告のいい理由は。

大森　元気で売れゆきがいいこと。ここに来てファンが増えたこと。外資系広告の比率が他誌より多いことなどですか。

塩澤　発行部数と読者の男女比率はどのぐらいですか。

大森　平均発行部数は35万部です。男女の比率は、サンプルで見ると女性が35％。いまはもう少し増えているでしょう。

塩澤　女性読者が増えていることは、吉兆ですね。さらにランランランと躍進のほどを。

国際情報誌の味わい！
「ＳＡＰＩＯ」編集長　竹内明彦

1998.9

大テーマを多角的に

塩澤　竹内さんは「週刊ポスト」から「ＴＯＵＣＨ」「ＳＡＰＩＯ」の3誌にかかわりが深い。この雑誌は89年の創刊から7年間いて、「ポスト」へ移り、また戻ったわけですね。

竹内　ええ、「ポスト」に3年いて、そのあいだ編集長を1年務め、3年ぶりに戻りましたが、スケジュールは週刊誌とだいぶ違います。先ほど校了したところですが、体がこの雑誌のリズムに合わない（苦笑）。

塩澤　週刊誌と隔週では違うでしょうね。それに、国際情報誌ですから、誌面の作り方も違う。

竹内　「ＳＡＰＩＯ」の創刊当時、文藝春秋の「マルコポーロ」、集英社の「Ｂａｒｔ」、講談社の「Ｖｉｅｗｓ」と、相次いで国際情報誌が三誌出ましたが、3年間は苦しくて、のたうちまわっていました。売れない苦しみで……。硬派記事で誌面を埋め尽くしていますから、広範囲の読者をとりにくいのです。

塩澤　三誌とも苦戦していましたね。手を変え品を変えてやっていたが、「マルコポーロ」も「Ｖｉｅｗｓ」も休刊を余儀なくされている。

竹内　おかげさまで、坂本編集長時代にようやく10万部を突破しました。

塩澤　この種の雑誌で10万部突破とは、たいしたものです。実は悪戦苦闘中の創刊3年目ごろ、拙著の『昭和のすたるじい流行歌』が、「SAPIO」誌内で山口昌男、川本三郎、神崎倫一3氏が選考を務める「いま読んでおきたい本」に選ばれましてね。2ページにまたがる懇切な書評をいただいた(笑)。で、この雑誌にはシンパシーを持っていました。

竹内　そうでしたか。うちの読書欄は充実していると思います。

塩澤　読者層は若いですね。

竹内　20代、30代の若手サラリーマンと学生に売れています。若者の活字離れが言われていますが、きっちり読まれている。中学生からもアンケートが来ます。国際問題に、すごい意識をもっている人がいます。

塩澤　「SAPIO」に中学生の読者ですか！

竹内　小林よしのりの『新・ゴーマニズム宣言』が連載されているためという人もいますが……。

塩澤　なるほど。しかし「SAPIO」の特色といえば、40ページという、全体の3分の1を占める大特集の『Simulation Report』ですね。

竹内　大きなテーマを多角的に分析するという、一つのスタイルは作りました。ここでは国際情報、事件など、できるだけほかのメディアでは見られないものを、カラーグラビア、オフセットページで、写真を多用してやっています。

塩澤　ニクソン、エリツィン、キッシンジャーといった海外ビップのインタビューも載るものねえ。

竹内　けっこうインタビューがやりやすい雑誌なんです(笑)。「週刊ポスト」だと日本ではいいが、アメリカ、ヨーロッパへ行くと。グラビアなど、ちょっとやわらかいので、なかなか理解をしてもらえない。その点「SAPIO」は内容を説明しやすいし、誌面を見せれば、学者も政治家も安心して出ていただける。

塩澤　日本語はわからなくても、ビジュアルな誌面で理解が得られやすいでしょう。

竹内　「サピオ」というタイトルも欧米ではわかりやすい。ラテン語の「味わう」「物事の真理を探る」という意味があります。人間のことを「ホモ・サピエンス」＝「知恵のある人」と言いますが、この語源はＳＡＰＩＯから来ているんだそうです。

塩澤　なるほど、物事の真理を探る――知恵のある人に口説かれれば、登場する気になるわなァ（笑）。

竹内　「ポスト」の海外取材の時、「ＳＡＰＩＯ」を持っていって、掲載するとき「ワシントン・ポスト」のような雑誌に載せると（笑）。

塩澤　見事なスリかえだ（爆笑）。

タブーを恐れない

塩澤　10年たてばスタイルも固まりますね。

竹内　ええ。コンパクトに世界のテーマになっている問題をわかりやすく説明する――それも大特集で、という伝統ができました。突っ込んだ特集をするから、それなりの軋轢もありますが、論議を提起することを目的としていますから、タブーを恐れずにやっています。

塩澤　7月の初めの号で『「在日（コリアン）パワー」が日本を動かす』をやっていますが、コリアン問題を扱うとトラブルことも……。

竹内　北朝鮮を含めて、私も各団体と話し合いをやったことが。他誌が恐れて手をつけなかったことをやると、猛烈な抗議や押しかけがありますが、徹底的に論争して理解していただいております。

塩澤　私も編集現場にいたころに経験があります。コリアン関係では背筋が寒くなったこともある（苦笑）。

竹内　５年前、朝鮮総連、北朝鮮関係者には、しつこい個人的な攻撃を受けたこともあります。無茶苦茶で、実際には雑誌も読んでいない人までも押しかけてきたが、誰とでも会って話し合いました。

塩澤　偏向した思想関係者や被差別部落問題では、トラブルことが多いですね。7月後半号の井沢元彦の連載『逆説のニッポン歴史観』での、「『創氏改名』は〝同化〟であって〝差別〟ではない」も、逆説を読み間違えられるとガタつくかもしれない。しかし、コリアン・パワー特集は読み応えがあった。

竹内　それが、やっぱり日本文化を作っていますから、きちんとやっていいですね。

塩澤　スポーツ、芸能界は、彼らなくしては成り立たない時代です。だが、在日だということをひたむきに隠す人もいます。

竹内　本人が隠しているのを無理にひっぺがすことはないし、不用意な差別的表現は避けるべきです。その痛みがわかったうえで論議をしていくべきでしょう。

塩澤　私は極真空手の大山倍達氏など、個人的なつきあいをした在日関係者は少なくありません。が、文化や習慣のちがいで微妙に食い違うところがある。

竹内　日本人にとって暑苦しいところがありますね。しかし、この号は完売しました。

塩澤　書き手も幅が広く、いわゆるその世界で名の知られた評論家風情はいない。若い書き手がそろっていますね。

竹内　この10年の蓄積のなかでネットワークができました。一例をあげれば、インドネシア問題のときなど、あちらからアプローチがありました。若手の読者と同世代感覚の人に書いてもらうと感覚が若くなります。

塩澤　若い読者層だと昔風な偏見がないから、在日コリアン特集などがうけるのかもしれませんね。

竹内　そうですね。それに彼らは力の強い人に興味を持つ。単純なんですね（笑）。ところが、力道山を知らない人もいる！

塩澤　えっ！　戦後、もっとも知られたプロレスのヒーローを⁉　これは驚きだ。
竹内　だって、三浦和義が無罪になったとき。何者かを知らない人が少なくなかった。自分は「ポスト」で取材していたから、すぐに「あ、そうか」と思いましたが、記事にしても読者にはうけないだろうと（笑）……風化はすごいですよ。
塩澤　13年の歳月って、すごいんだなあ。
竹内　それに三浦事件を知っている層は、いまは自分の身の回りのことで手一杯です。「いつ首になるか」とか「ローンが苦しい」とか。
塩澤　編集者の宿命で、自分の目の高さでものを考えてしまうところがある。絶えず読者の目の高さで、時代の動きを見て考えていかないと齟齬《そご》をきたすなあ。
竹内　40代、50代は周辺に目がいかなくても、若い人たちはまだ周りに好奇の目を持っています。「SAPIO」は、読者のその目を大事にしていきたいと思います。

世界の動きを誌面で

塩澤　国際情報誌だから、外国取材が多いでしょう。
竹内　外国へはよく行きました。たとえばヨーロッパでは、1週間に車で10カ国をまわったことがあります。ヨーロッパの統一問題について、政治家、実業家たちへインタビューをしたときのことです。
塩澤　ソ連邦の崩壊で、その関係の特集もありましたね。
竹内　ロシアもけっこう多かった。ソ連邦が解体の時、クーデターにぶつかりましてね。
塩澤　千載一遇のチャンスに出会ったわけだ！
竹内　その時、モスクワのホテルにいて、実は東京からの電話で知ったのです（苦笑）。すぐ、〝ホワイト・ハウス〟（ロシア最高会議ビルの通称）に駆けつけましたが、銃撃戦が行われているる200メートル手前で市民は買い物をしているんですよ。
塩澤　たしか、あの建物は炎上しましたよね。そんな緊迫したなかで買い物ですか……。
竹内　博打場の取材もしましたが、マフィアがゴロゴロしていて、戦前の国際都市・上海みたいでした。いかにも世紀末を思わせて、おもしろかったですね。
塩澤　あの国は、ＫＧＢの監視が厳しいのでは……。
竹内　初めて行ったころは厳しかったが、だんだんなくなって、博打場など無法地帯だった。
塩澤　一国の秩序が崩れるときは、そんなものですかね。それにしても、すごい体験をしています。それらの取材を通して、エリツィンだのゴルバチョフといった超ビップに会っているわけですが、彼らへの謝礼はどのくらいですか。
竹内　基本的にはありません。ただ、仲介に入る人が口を出してくる。いまはマフィアが関与してきますね。コーディネート代は支払わなければならないでしょう。アメリカの場合、仲介者に1時間1万ドルといった法外な謝礼を要求されることもある。
塩澤　1時間で1万ドル――120万～140万円ですか。
竹内　キッシンジャーなど、講演で食べている人たちですね。ランキング1位の謝礼が、その程度です。むろん、いまのキッシンジャーには、それだけの額を支払うほどの魅力はないので応じませんが。
塩澤　超大物だったら、支払う意味もありますね。
竹内　ただ海外の場合、ドタキャンが多いですよ（苦笑）。エリツィンには2回ぐらいドタキャンされています。1週間も待っていて、やっぱり駄目だったり。
塩澤　日本訪問を1週間延ばしたり、キャンセルするいい加減さがありますからね。
竹内　その日の気分しだいといったところがあ

る。
塩澤　「SAPIO」の記事で「これは良かった！」というスクープはありますか。
竹内　一つもありません。「TOUCH」のころはありましたが……。竹下首相秘書の不正入学の手伝いのスクープとか、渡辺美智雄の金脈研究など……。渡辺氏からは激怒をくらいました。
塩澤　この雑誌では、その種の国内政治や政治家の私行暴きは難しいでしょうね。
竹内　時々扱っていますが、読者は国内の政治には相当に懐疑的でなにも期待していないので、興味を持ってくれない。
塩澤　当然、雑誌が売れないという結果になる（笑）。
竹内　僕らの切り口が悪いのかもしれません。そのへんを考えなければならないし、なんらかの形で興味をもってもらわないと。ただ、彼らは国際政治には関心があるので、そこはビビッドにやっていきたい。
塩澤　まあ、一般週刊誌でも、政治をトップに持ってくると、田中角栄の金脈とか人脈といった、色・欲・金にかかわる特集でないかぎり低調ですからね。
竹内　ビビッドな反応はきませんね。
塩澤　竹内カラーを、どのように出していく考えですか。
竹内　これまでもそうでしたが、原点は国際情報です。もっと世界の動きに反応する記事を重点的に載せていきたいですね。これからはメディアも国際社会での競争に入ります。日本のことばかりやっているようでは、将来の芽がありません。読者とともに世界に目を開いていきたい。
塩澤　編集体制は？
竹内　14人でやっていますが、注目を浴びそうなテーマは、3カ月も先行。執筆者に依頼するのは1カ月、2カ月前も少なくありません。
塩澤　ライバル誌が次々に消える激しい分野ですが、総合戦略で頑張ってください。

本から入らない本の情報誌「ダ・ヴィンチ」編集長　長薗安浩

1998.12

プロの予想をくつがえす

塩澤　実は、「ダ・ヴィンチ」に対して、頭を丸めてお詫びをしたい心境でしてね（笑）。

長薗　いきなり、どうしてですか。

塩澤　「ダ・ヴィンチ」の創刊前に、ある雑誌から、このユニークな新雑誌の成否を問われて、私は言下に「書評誌が成功した例はない」と、裁断してしまったんです。それが、本の情報誌として隆々たる今日がある！

長薗　いやあ（笑）、創刊準備中の時、流通や書店関係に企画書を持って説明に回りました。プロ中のプロたちは、「専門誌が5万部を超えることはない。親心で言う、やめなさい」と。

塩澤　やっぱり！（笑）

長薗　企画のレベルで冊子見本なしに回ったところで、これから出る雑誌のイメージは伝わらないですね。だから「見本冊誌を持って回れば、30万部はいく！」と、自分を励ましながら、準備をすすめたものです。

塩澤　私も、リクルートで本の情報誌云々の情報だけでしたからね（苦笑）。

長薗　いくらプロとはいえ、無いものは想像できません（爆笑）。逆に、5万部は超えないと言われて、いけると思いました。プロが具体的な数字を出してくれたわけですから。で、自分のやろうと思うことを誌面に反映させたら15万部はいけるだろうと、勝手に思いました（笑）。

塩澤　その根拠はなんですか。

長薗　企画の段階から外面のイメージはありました。「メディア・コンセプトは一言で言ってなんだろう」と自分で問いを立ててみて、本を紹介しているメディアの共通項は本から入っている——この時代に、本から入っていったら、読者との距離は深くなるばかりだからと〝本から入らない本の雑誌〟を考えたのです。

塩澤　なるほど！　引き算の企画展開だなァ。

長薗　では、何から入っていくのか？　その一は、世相時節から一本、その二は、よく読む人は書くだろうと、政・財界、芸能界を含めて〝人〟から入る。

塩澤　本好きでよく読んでいる人は、一家言がありますからね。

長薗　インプットしていれば、アウトプットもできるわけです。次に三として、データから本に入る。出版界ほどデータが不備なところはないと感じていましたから、出版情報の基本的データを、文庫・新書・コミックに絞って載せる。四つ目の入口として、本の周辺から本に入る——装丁とか腰巻のコピー、ベストセラー現象から本に入ることでした。

塩澤　なるほど、創刊号のキャッチ・フレーズ「まったく新しい本の情報誌」のコンセプトがありますね。

長薗　この四つの骨子になるものが整って折り返し点に来たと思いました。次にクリエイティブ・ディレクションとして、「この雑誌を知らなければまずい」と思わせる、堂々たる面構えにさせようと。

塩澤　判型、ロゴタイプ、表紙のモデル。創刊号を手にとった感じでは、いわゆる書評誌や、本の情報誌に漂うマイナー風ではなく、メジャーでしたね。
長薗　僕はリクルートに入社して4年広告にいましたから、クリエイティブ・ディレクション―制作のときは表現にこだわります。

賛否両論の誌面を

塩澤　入社して広告に4年関わったということが、「ダ・ヴィンチ」成功の隠し味になっているわけか……。
長薗　おっしゃる通りです。僕は、堂々たる面構えにする一方で、アート・ディレクターに、わざと文字を小さく、雑多なデザインをお願いしたり、アラーキーの写真やつかこうへいさんの過激な連載などで、雑多な感じを出すようにしました。
塩澤　そのココロは……。
長薗　本を扱うだけで素晴らしいとか、文部省推薦的に、本をあがめない感じを狙ったわけです。
塩澤　本をあがめるか。わかるなあ（笑）。しんどいですね。その雑多な、時にはちょっと猥雑感が、親しみを生む面がありますね。
長薗　本の中へ落ちていけると思います。「面白い雑誌ってなんだろう」と考えたとき、文句を言いたい内容のもの、賛否両論の発言をしたくなるもの……いろんな感情が湧き上がってくるものではないかと分析しました。
塩澤　卓見だ。私は雑誌は感情的器《うつわ》と言っています。
長薗　放っておけば文句の言えない内容になりますから、わざと読者に叱られることをやってみようと（微笑）。
塩澤　目論見は成功しましたか。
長薗　創刊号は、8割方がお叱りのパブ！（笑）出た週の「週刊文春」は1頁で叩いてくれました。僕にとって、実に有り難いこと……。社内では文春を訴えるかの声も出ましたが、僕はこれが賛否の話題になってくれる。これは感謝状ものだ(笑)と。お陰で部数が伸びました。
塩澤　したたかだなァ（爆笑）。

長薗　リクルートで、本の情報誌。事件の後でしたから、それだけで批判の対象にされました。部数で頑張るしかない。三号見てくれればと……。

塩澤　執筆者の交渉は大変でしたでしょう。

長薗　最初は連載はとれませんでした。作家や著者関係のつきあい、人脈はありませんから、コメンテーターを含めて執筆はほとんど断られました。

塩澤　わかるなあ。ましてリクルート事件の後となればね。

長薗　それを押して、原稿獲得するためにはどうすればいいか。銀座8丁目に仕事場がありましたから、銀座の文壇バーを回りました。作家がいらっしゃる前に、ママに企画内容を説明し……（笑）。

塩澤　作家を射んと欲すればママを……か（笑）。

長薗　僕はその頃、創刊準備の段階で、午前中は取次・書店回り、午後は編集素人集団を率いて、ゲラのチェック、色校などに忙殺され、12時過ぎてから作家交渉と、一日、1〜2時間しか寝られない状態でした。しかし、テンションが上っていましたから疲れを感じないのです。その過労から開放性結核になって日比谷病院へ入院してしまいました。奇跡的に1カ月半で退院し自宅療養しつつ、仕事をやって……。

塩澤　まさに体を張っていたわけですね。

長薗　創刊して1年後には、向こうから出てくださるようになって、天国と地獄の差（笑）。2年目になると、五木寛之先生とか島田荘司先生などの評価をいただけて、出版社の協力もえられるようになりました。創刊号の表紙で本木雅弘さんが理解して出てくれたことで、「ダ・ヴィンチ」のイメージが押さえられ、いまでも感謝しています。

塩澤　成功者には百人の親戚という言葉があります。海のものとも山のものともわからぬ段階で協力をいただいた……有り難いことですね。

長薗　各雑誌の書評欄が、うちの成功でリニューアルを続々と……。
塩澤　わかりますな。出版界はオリジナリティを尊重するとタテマエでは言うが、裏へ回れば、真似のオンパレードです（笑）。
長薗　柳の下にドジョウは7匹！（爆笑）サザエさんの謎本は28種も出ています。
塩澤　アッハッハァ（笑）。七三・二十八か。
長薗　……。（この駄洒落通じず）

本を通じて世界を広げる

長薗　新聞記者は取材に来て、判で押したように「ダ・ヴィンチは初心者向きだ」と言います。僕は「SFをお読みになりますか」と聞くと読んでいないと。で、多ジャンルを通じては、紀田順一郎さん、荒俣宏さんだって読めるはずはなく、初心者だと言うのです。
塩澤　年間6万数千点の新刊が出る世界。その1％だって読めるはずがない！
長薗　だから、自分の好きなものを読めばいいのです。あとはダイジェスト版で間に合わせればいいわけです。ダミー版で「好奇心を無視することは自殺行為に似ている」と謳い、それに対して本は全部答えてくれると宣言しています。
塩澤　（ダミー版を広げて）なるほどねえ。「浮かんだ好奇心は、自分だけのもの。できることなら簡単に捨て去らず、大切に扱いたいものです。もう少し詳しくなる、もう少し広く知ることにこだわると、本は素敵な道具に変わります」か。
長薗　その先に本が決して重々しい紙のかたまりではなく、あなたの便利な道具として機能するはずです。「本で広がるあなたの好奇心」。せっかくの好奇心を抹殺せず、本を通して自分の世界を広げる人が増えることを願い、「ダ・ヴィンチ」を創刊します。と述べています。
塩澤　本で広がる好奇心を、本で充たすか。
長薗　好奇心と楽しくつき合うためには、本とうまくつきあう。何か面白いことがないかと好奇心をかきたて、気になることを自分で掘り下げていくと、それが快感になりますね。新聞の読書欄は敷居が高い。僕らがその前の段階をやりますと。

塩澤　新聞の読書欄は、読書オタクに偏した嫌いがある。私らでも辟易する面がありますよ（苦笑）。昔は新聞の読書欄に載れば３０００部の重版と言われたものですが、いまは３００部も売れるかどうか。

長薗　僕は広告から出発していますから、届かないものはイヤですね。無駄だと思う。コミュニケーション・ビジネスをやっていると、「伝わってなんぼ」ですから。だから届いて、なんらか返ってくると、とても楽しい。

塩澤　本でも雑誌でも、売れたということは読者に届いたことですからね。

長薗　リクルートの入社のとき、どんなことをやりたいかと聞かれ「変化を仕掛けることをやりたい」と言ったものです。それが最初の頃は、効果のない広告をつくって、叱られていた（笑）。

塩澤　広告を見た顧客にＡＩＤＡの法則の欲望と行動を起こさせないものをつくった……（笑）。

長薗　３０００部つくった本だったら、３０００部売り切りたいですからね。

塩澤　ところが、現在の出版界は３０００部つくって、平均１８００部――６割程度の売れ行きでしてね。

長薗　僕は「就職ジャーナル」編集長時代、流通業界をはじめ、ゲーム業界など、他の業界の人々と6年間つき合いました。というのも、出版界は非常に特殊でゲームの世界に見えたものです。

塩澤　特殊性の高いゲームの世界ですね。

長薗　ゲームの動きの定着している世界が出版――クリエイターが優先されていて、システマチックにはなりえないと思えました。しかし、このマイナス面は、プラス面に変えられる。それを「ダ・ヴィンチ」でやってみようかと考えました。

塩澤　出版は、書籍を例にとれば、一点々々が新商品の多種目少量生産の典型です。神吉晴夫氏が「カッパブックス」の初期、パブリシティを巧みに利用してベストセラーを連発し、大量販売化の方程式を確立したかに見えました。が、一瞬の幻想でしたね。

長薗　しかし、本を売るためには、テレビのブックレビューとかを無視できません。僕はテレビをうまく自分たちのフィールドに活用するブリッジの役割をはたさねばと考えています。放っておけば縮小するばかりですから。だから、テレビ番組やラジオを本コーナーに出演もしています。

塩澤　ベストセラーと言えば、「今月のBOOKヒットチャート」など、面白い頁ですね。

長薗　初めは8週間でしたが、いまは4週間でやっていますが、あれも本から離れてCD売り上げのようにやってみようと始めました。ある老舗出版社からクレームがつきましたが。

塩澤　あのチャートを見て感じることですが、例えは悪いがベストセラー本は、概して射精曲線に似ていますね（笑）。

長薗　えっ⁉　あっそうですね（笑）。

塩澤　あの曲線は、女性のずっと高原状態にもっていければいいんですがねえ。

長薗　ロングセラーがいちばん望ましい。

塩澤　いまは発行・編集人の立場で、出版会社を見ているわけですが、「ダ・ヴィンチ」はこのまま進みますか。

長薗　この雑誌のコンセプトを、自分の言葉で訳してみると、コンセプト（概念）を僕は制限としてみると、実はその行方がよくわかると思うんです。「本から入らない本の雑誌」にコンセプトを、本を読むことで好奇心をかきたて、自分の言葉で考えさせ、一つの答えを出す。つまり、読み、考え、すっきりさせるような雑誌でありたいと考えています。

塩澤　いわゆる出版業界のプロ衆の予想を見事にくつがえした全く新しい本の情報誌です。さらにプロ風情を周章狼狽させる誌面づくりを期待しています。

光る「東洋経済」百年の歩み

「週刊東洋経済」

編集長　太田壽樹

1999.1

2020年6月6日号

通巻5525号の誇り

塩澤　創刊が明治28年11月15日といいますから、この号（11月14号）で104周年になりますね。通巻5525号！　日本の雑誌では最長不倒誌だ。

太田　いやいや。

塩澤　読売新聞社の傘下に入った名門、中央公論社が話題となっていますが、「東洋経済」も、創刊以来、初心を貫いている見事な雑誌です。

太田　あまり買い被らないで下さい（苦笑）。

塩澤　先日、浅野純次社長に会う機会があり、東洋経済新報社の成り立ちをお聞きしましたが、日露戦争後、近隣諸国を植民地化している時、植民地はコストがかかりペイしない。小日本主義でいくべきだの論を展開したんですってね。

太田　どちらかというと、報道プラス主義する要素がありました。報道の部分も、他と違うのは、専門記者がいて、経済に関わりがある政治・社会面を書いてきました。

塩澤　雑誌はおおむね、外部へ原稿を依頼する形が多いですが……。

太田　うちの雑誌は、専門記者が現場を把握し、調査・分析の上、主張するという3つの要素が加わる。そのあたりが伝統となっています。
塩澤　大正から昭和にかけ、20余年、主幹をつとめた石橋湛山氏など、その最たる人のようですね。
太田　湛山時代までは、かなり調査報道と主張する姿勢が強かった。
塩澤　小日本主義論とか、昭和初期の金輸出解禁問題。あるいは大戦下、東条内閣批判など、実に毅然とした主張を貫いていた。
太田　昨今の日本は、先がなかなかわからない。混沌としていて、言ったところで当たらない（苦笑）。
塩澤　政府筋や大手証券会社の経済研究所の主張だって、外れっぱなし（笑）ですよ。
太田　本当のこと、客観的なことを、現場からきちんと伝える。それをどう見るかの解説的要素を加えたものを、スピーディに伝える方へ力点をおくべきなんです。が、97年1月に編集長になって、この2年の経済の動きが早く、根っこから変わっていく感じです。
塩澤　経済誌としては、難しい時代ですね。
太田　経済誌は、経営者やビジネスマンが主要読者と思われてきました。ところが、97年秋、山一証券の破綻以降、読者層がずいぶん変わってきています。
塩澤　そうですか。
太田　今まで「東洋経済」の読者と思われぬ人からの直接の電話質問が多くなったことと、読者調査をしたところ、かつてないほどの回答率がありました。一つは地方の人、二つ目に女性の読者が見えてきた。さらに、非常に驚いたのは、定年で一線を退いたら、経済誌は読まなくなるものです。それがいったん止めたあと、また戻ってきています。
塩澤　どうしてでしょう。
太田　これだけ政治経済が動くと、年金、株、金融がどうなるか。自分たちの生活に直接かかわってくるので、関心を持ち、もう一回経済誌を読もうと。
塩澤　マーケットが拡大されてご同慶の至りで（笑）。
太田　ところが、このマーケットに一般週刊誌がドンスカ入り込んできた（笑）。かつて、ライバルではなかった雑誌が競合しています。
塩澤　一般週刊誌で株、金融、年金問題をやると、売れるそうです。
太田　生活の遠近感からですね。逆に、兜町、大手町、内幸町——日本経済のメッカの読者の元気がなく、売れません。勉強の意欲をなくし、情報感度も鈍くなり、ちょっと元気がないようです。
塩澤　官僚や財界のリーダーたちの自信喪失もありますね。
太田　数年来の不況で、日本社会全体の教育、制度の問題などを含め、根こそぎガタガタきています。

新聞社的体質の出版社

塩澤　大きな曲がり角に立ち、編集長の立場も大変でしょう。
太田　現場の長としては、大変難しい。歴史と伝統を踏まえての主義主張も大事ですが、ビジネスとしてどう定義させていくのか。１０３年の歴史があっても、１０５年は大丈夫か。１１０年生きられるか……大変不安です。
塩澤　歴史があるだけに、なおさら大変ですね。生前、中公の嶋中鵬二氏も悩んでいました。
太田　ゼニがあればいいというものではないが、ビジネスとして安定成長するにはどうすればいいのか。雑誌のコンセプトとビジネスとしての責任に悩んでいます。
塩澤　出版社としては、特殊な面があるようですが……。
太田　基本的に社内で書く。現場の記者がいちばん偉いといった新聞社的な体質です。ジャーナリストは育っても、経営者は育たぬところがあります（笑）。

塩澤　出版社だって五十歩百歩でしょう（笑）。
太田　新聞記者は抜いた抜かれたの世界。常にスタンバイの状態です。わが社も出番は少ないが、365日の体制。年4回発行の「会社四季報」がありますから、日経新聞と競争している状態です。
塩澤　緊張を強いられますね。で、会社の体制はどのようになっていますか。
太田　うちは印刷を含めて250〜260人ですか。60人が印刷で、あとの200人のうち120人ぐらいが生産部隊。その中に記者という集団が80人で、東京を主力に大阪、名古屋、ニューヨークにいます。編集は第一編集局が伝統的な雑誌媒体、第二が電子・印刷媒体のデータベース。第三が書籍の編集局です。現場の記者は、各編集部の要望に応じて、自分の分担する分野の記事を執筆提供することになっています。
塩澤　新聞社の体制ですね。
太田　いいえ、週刊は完全な独立部隊で、編集部長の下に15人。週刊誌ですが、月刊誌と競争関係にあり、この点が一般週刊誌と異なります。
塩澤　通常の週刊誌とは、違った体制のようですね。
太田　さらに我が社には、最大の商品で年4回刊行する「会社四季報」があります。これには、毎回1カ月間、丸々全社的に全力投球をします。
塩澤　そうですか。
太田　現場の記者が取材して書くわけですが、単なるジャーナリストとちがって、アナリストと同格の企業の動向をレポートして業績の予想、分析をします。
塩澤　一人の担当は何社ぐらいですか。
太田　「四季報」一冊に3500社入りますから、東京は一人で60社の分担。各支社は100社を分担し、現場記者が全責任を持ちます。
塩澤　各企業を一人で数十社分担し、取材調査をして精密な分析と的確な予想をするのですか！
太田　例えば、新日鉄の担当者は、一人で鉄鋼業界の全情報——社長人事から不詳事件までのすべてをカバーするわけです。
塩澤　文字通りの地獄耳記者か（笑）。
太田　しかし、彼らは2年、3年のローテーションで、担当を変わるルールがあります。親しくなって、癒着しないように。知りすぎたり、マンネリ化して、感度が鈍くならないようにするためです。
塩澤　うーむ。そのルールは敬服に値しますなァ。新聞社など、政治部に例をとれば自民党のある派閥に張りついて10年、20年記者が普通ですものね。その親しさと密着度で取材をスムースにしている利点がある。
太田　私のところは、兜町や経団連を担当し、政治も経済も一緒に取材する。人数が少ないから、一つの担当分野のすべての責任をもつことになります。まァ、業界紙記者と新聞記者が混在している。

山一証券報道の姿勢

塩澤　情実を断ち切った「東洋経済」の伝統が、山一証券の飛ばし報道になったわけですね。
太田　山一の飛ばし疑惑は、数年前から出ていました。97年の4月末に第一発をやったわけですが、山一の経営の根幹にかかわる意味がありますから、ずいぶん悩みました。山一証券と我が社は、人間もいい体質のよく似たタイプで、親戚づきあいをしていました。
塩澤　かつては大手証券のトップでしたから、取材や広告関係で深いつきあいがあったでしょうね。
太田　飛ばし疑惑が明らかになれば、山一の経営破綻になりかねない。慎重にならざるをえない……。
塩澤　……。
太田　「どうするか」「放っておくか」半年前から、取り引きがあって、三つの点で編集長として、たいへん気を遣いました。
塩澤　三つの問題とは？
太田　一つは、編集長として出さねば、管理職としての影響が出てくる。二つ目は、報道の客観性と、情報源をどうするか。三つ目は、山一をめぐる取材、執筆活動が漏れた時はどうするか？仮に社内に漏れてインサイダー取り引きがあったら、その疑惑を作らぬこと。この三点クリアしたらGOだと。

塩澤　社の体質が似ていて、親戚づきあいとあれば、想像を超えた気の遣いようだったでしょう。

太田　特に三番目の問題。

塩澤　山一の経営状態を知って、インサイダー取り引きに走ることですね。

太田　そうなると、報道機関の姿勢を問われます。で、三点をクリアし、読者の支持がえられて、編集長として事実に対するきちんとした説明ができるかと。

塩澤　百年の歴史を持った大手証券の屋台がゆらぐとあっては、編集長の責任も重大だ。

太田　私は、長としての説明責任がある。弁明ではなくて説明できるので、「GO！」としました。

塩澤　反響が大変だったでしょう。

太田　第一弾のときは大反響がありました。雑誌がでる前の週の金曜日の夜、9時頃社へ戻ってくると、山一側は校了のコピーを手に入れていて、記者クラブに「事実に反する。名誉毀損、営業妨害であるから、法的措置をとる」といっているというのです。記者クラブは、「編集長を出せ、『東洋経済』としてのコメントを出してくれ」の要求でした。

塩澤　発売前に掲載コピーを手に入れていたと。

太田　「これはどういうことか!?」10時頃、社長が戻ってきたので、話し合い最終的にやることに決めました。もう夜中でしたから、記者たちは帰った後でしたが。

塩澤　発売当日はどうでしたか。

太田　月曜発売ですが、山一は緊急役員会を開き、「飛ばしはない。東洋経済新報社に法的手続きに入りました」と発表しました。他社の取材を受けましたが、「正式の文章は来ていない。見てないものに対してコメントは出来ぬ」と。

塩澤　山一側は名誉毀損とやらで、法的措置をとったんですか。

太田　1カ月ほどして、広報室長から抗議文は来たそうです。そこから法的手続きに入ったのか？　私は呼び出しを受けていない。

塩澤　さらにダメ押し特集も。

太田　97年の11月中旬、資産繰りもたいへんな最後の段階ですね。現在どうなってるかを特集しました。山一のトップ陣は、経営危機に直接応じて来ず、否定もしなかった。判断で書いたわけですが、すでに海外では山一証券は駄目と言われていました。

塩澤　そして11月22日に、自主廃業の発表となったわけですね。いい加減なトップに牛耳られていた典型的なケースですね。それにしても、97年は三洋証券、拓銀と、よく倒産しました。

太田　97年、印象深かったのは、ゆっくりする週末の土、日曜日に倒産が起こった。京樽、東食とか。山一破綻の時は、三連休でしたが、金曜日（11月21日）に全員集合をかけ、「とにかく三連休待機」の体制をとりまして、土曜日（22日）早朝「もう万歳だ」の日経朝刊の第一報が入ってきました。

塩澤　山一は倒れるべくして倒れた朽木だったわけですが、「週刊東洋経済」編集長としては、思い入れ深い倒産劇でしたね。

太田　億単位の取り引きがあった会社です。編集長としては複雑でした。一応、浅野社長と小平総務局長と私は、深夜に至るまで、報道の姿勢を問われて、きちんと答えること。いま一つは、ビジネスの問題で話を詰めました。

塩澤　ビジネスと言うと……。

太田　商売の相手を失うわけですから、社長にその備えをしてくれと。

塩澤　創刊の志が世紀を超えて脈々と流れていることを、お聞きして感動一入《ひとしお》です。経済界の灯台として、ますます光り輝くことを祈ります。

ビジネス情報を味方にできる誌面づくり

「実業の日本」

編集長 川尻俊雄

1999.2

表の明るさを見る

塩澤　「実業の日本」は、明治30年に創刊され、１０１巻、通巻で２３１２号と伝統のある雑誌です。「中央公論」「東洋経済」に続く古さですね。

川尻　当時は雑誌が少なかったんじゃないですか。

塩澤　いや、明治30年代から、徳富蘇峰の「国民の友」、博文館の「太陽」など、そうそうたる雑誌がありました。が、ほとんどつぶれています。その中で生き残って１００年余。歴史の重さを感じるでしょう。

川尻　できるだけ意識しないように仕事をしないと、今の読者に受け入れられる雑誌ができない。正直言って、ふっと感じることはあります。思い鉛をぶら下げて歩いていることも。しかし、編集する立場は自由でなければならぬと、その重さを断ち切っています。

塩澤　自分の心の中の問題として処理しているのですね。

川尻　創業１００年の折に社史をつくりました。その時、資料として創刊号を見ていて「ああ、この精神はまだ、脈々と生きている」と、あらためて感じました。基本のコンセプトは変わっていないなと。
塩澤　それは、どういうところですか。
川尻　軽い言葉になってしまうのですが、ひとつのテーマを捉えるのに、常にポジティブに捉え、分析して、その先を考えることですね。
塩澤　肯定的に長所を見ることですか。
川尻　表裏一体あるとして、基本的に表から見る。ある記事をつくるのに、それを読んだ読者の少なくともためになり、役立つという考えです。
塩澤　創業当初、増田義一社長が出版経営の基本においたのは、雑誌の性格からみて企業と癒着しやすいと、依頼心を去り物質上の一分一厘も他の寄付を受けないこと。そして、成功の秘訣こそ世人の求めるところだと、編集方針に成功に関する記事を中心にしたそうですね。
川尻　一時期は成功をおさめる記事が魅力だったのは事実です。しかし、現代はサラリーマン社会です。この人たちに読んでもらうためには、常に成功奮闘記では駄目ですね。そのあたり転換してきてはいますが、方針は基本的にはポジティブです。
塩澤　たしかに、この100年の変わりようはすさまじい。成功譚は魅力がありますが、それ一辺倒では単調になりますね。
川尻　一つの商売で大金を儲ける――そればかりが人生の目的、考えではないでしょう。もっと広い意味の成功を考えていかないと。
塩澤　福沢諭吉は、幕末から維新を経て明治中期までの自らの人生を顧みて「一身にして二世を経たるが如く」と言っています。現代はこの10年間でもそんな感じですね。
川尻　すさまじい変化です。表面だけを捉えても大きな変化――その底流の変化までさぐったら、大変なことです。これからどういう方向に流れていくのか。その行く先は、経済界、政界、学界を含めて、誰にも見えていない。
塩澤　経済評論家や、経済研究所の予測は、このところ、すべて外れています（笑）。

川尻　経済予測は、競馬の予想とはちがいます。外れたことを云々しても仕方がない。大事なことは、株と円安などを予測する時、どういう前提で上がるのか、または下がるのかを読者にわかってもらうことだと思います。

塩澤　前提と経過ですね。

川尻　それがわかってもらえれば、予想が外れても、納得していただけると思います。

ビジネスマンのために

塩澤　経済誌の御三家として「東洋経済」「ダイヤモンド」そして「実業の日本」があるわけですが、その差別化をどうはかっていますか。

川尻　うちは、経済誌というよりビジネス誌として考えています。他誌は「景気」を例にとれば、景気を景気として捉えたり、この景気なら百貨店はこうなるだろうとした記事にする。「実日」は、両誌のあり方を踏まえた上で、そこに働いているサラリーマンの仕事の流れ、賃金、生活はこうしたらいいと、個人的な側面でとりあげていく……イメージとして言えば、まずそういうことでしょうね。

塩澤　なるほど。20年前に「実日」に寄稿させていただきましたが、たしかにサラリーマン生活の記事が多かったですね。あの頃から考えると、判型、ロゴタイプ、表紙から誌面に至るまで、ずいぶん変わりましたねぇ。

川尻　判型をいまのA4変型判に変えたのは、8年ぐらい前ですね。印刷は活版でザラ紙だったのが、ある時から写植印刷になり、入稿の形態がフロッピーでの入稿が中心になりました。最低限のパソコンの知識がないと、編集ができなくなりました。

塩澤　この10年間の印刷技術面の変わりようは、すさまじいかぎり……。

川尻　この先10年、どんな変化が起こるのか。こわいような、はやく覗いてみたいような気がします（笑）。すべての業界がそうですね。特に、金融界は明日のこと、いや、今日の夕方何が起こるかわからない。
塩澤　政界ではないが、一寸先は闇ですかねえ(笑)。
川尻　こんな時代ですから、ビジネスマンに役立つ情報をお届けするのは、そう簡単なことではありません。受け取る側は環境もちがえば、立場もちがう。百人百様ですから。
塩澤　ビジネス誌の位置付けだと、まず彼らの生活に役立つ情報を届けなければならないでしょう。
川尻　490円出して買って下さった読者に、少なくとも損をしたと思われない情報を提供しませんと。
塩澤「暮しの手帳」の花森安治さんも、生前、その時の雑誌の値段で「500円で買っていただいた読者に役立つ雑誌でなくては」と言っていました。
川尻　それはとても大事なことだと思います。しばらく前、ある若い女性読者が、うちの連載ものの著者と顔見知りの関係で、読者になっていただいたことがあります。その方が私に「読んでみると、経済ってやさしいんですね」と、経済を意外と身近なものとの感想をもらされた。
塩澤　若いOLに役立つ情報だったわけだ。
川尻　経済だといって、すましかえっていたり、お高くとまっていないで、OLの日常生活――コンビニで何百円かの弁当や、日用品を買うための知恵――その集成が経済だと思います。
塩澤　辞書には、経済とは「人間の生活に必要な物を生産・分配・消費する行為についての、一切の社会的関係、転じて金銭のやりくり」と書かれていますね。
川尻　そうですね。どうやったらお金を上手に稼げるか、上手に使えるか。より効率的に社会システムをつくることが経済学ですから、その意味で「実業の日本」も、できるだけわかりやすく、経済を毛嫌いする人にも読んでもらえるようにしなければなりません。

やさしく、わかりやすく

塩澤　そのための方策は？

川尻　それは文章のやさしさばかりでなく、見た目のとっつきやすさを徹底させた誌面づくりでしょうか。大学の教授とかエコノミストは、専門の話をされますが、それをいかにわかりやすく読者に伝えられるかの努力をする。

塩澤　「ビッグバン」とか「ヘッジファンドの危機」とか、なかなか素人にわかりにくい専門用語ですね。

川尻　単行本では、難しい専門用語には注をつけますね。それと同じようなことを、別の形でやる、そのうまい処理のあり方を考えています。

塩澤　それは必要でしょうね。

川尻　「実日」は敢えて日本経済について、強力な主張はしません。が、40代、50代のサラリーマンを念頭に置いて、彼らが欲しがっている情報、困っていることへの情報を、できるだけ入れていく考えです。そして、その情報を、上等な文章とか格調の高い文章ではなく、本当に経済のわからない人にわかってもらえる、わかりやすい文章で届けることですね。

塩澤　鮭の切り身一切れから、具体的に経済を語っていけば、わかりやすいでしょう。

川尻　誰でも身近に感じていること、身に覚えのあることから語っていけば、いちばん説得力が出ます。単に経済企画庁発表の公的数字だけでは、読者の理解はいただけないでしょう。少なくとも、私の雑誌ではそのような原稿づくりは、やるべきではないと自戒しています。

塩澤　どんな雑誌でも、読者あって存続し得るわけですが、「実業の日本」の編集姿勢は、どういう考え方をするのか、読者の得になるかの姿勢が鮮明です。

川尻　それは常に心掛けています。バブル経済が崩壊し、株や土地が下がった時、証券バッシングがさかんでした。「株は悪だ！」とか「土地はもっと下がればいい」というムードでした。92年か93年の頃だったか、ある有名なニュースキャスターが、「株はもっと下がった方がいい」と言っていました。

塩澤　多分、それは時流に乗って時折、〝警告家〟的なふるまいを好む久米宏さんあたりでしょう（笑）。

川尻　名前はちょっと（苦笑）。私はその言葉を聞いて、これ以上、下がったらどうなるか。日本経済はメチャメチャになるだろう。田舎の郵便局でささやかな貯金を積み立てているようなオバさんにも累を及ぼすのではないか……と。

塩澤　私などは株にも土地にも無縁ですから、高みの見物でどんどん下がった方がいいに与した方でしょうな（笑）。

川尻　「実業の日本」は、そうした時「本当にそうか？」と、読者にとっていいことか、または悪い結果を及ぼすのかを、わかるように書くことが必要だと思うのです。

塩澤　なるほど。私のように株は持っていなくても、その暴落は生活の上に影を落としていますものねえ。

川尻　そうなんですよ。株の暴落に端を発して、生命保険が下がり、日本人全体にどんでもない損を招いています。

塩澤　……。

川尻　で、株が下がることが、本当に日本人にとっていいのかを、グローバル・スタンダードで見る。一方的な議論を通さない。一方的な正論も通さないで、冷静に考えたいと思います。

塩澤　日本人は特に、一方的なムードに傾くところがありますからね。

川尻　結論は出さないが、「もしかしたら、そうではないよ」という議論も、敢えて行わないようにしています。

塩澤　編集者には、その考えが必要ですね。文藝春秋中興の祖、池島信平氏は、バランス感覚のすぐれた名編集者でしたが、世の趨勢が左に傾いた時代に雑誌「諸君！」を創刊して、もう一つの考え方を示しました。経済を扱っていると、損得がてきめんに読者にひびき、しんどいでしょう（笑）。編集長になって何年ですか。

川尻　5年です。もうヨタヨタですよ（笑）。

塩澤　ちょうど油の乗ってきた時ではないですか。編集体制はどのようになっていますか。

川尻　私を入れて7人。デザイン、レイアウト、校正などは外部の体制でやっています。

塩澤　特集企画は、かなりの先行ですか。

川尻　特集企画は2カ月、3カ月先行することもありますが、数ページの空白のページは敢えて締切りギリギリまで空けてあります。何が起きてもおかしくない時代ですから、変化に対応して、特別原稿を入れるようにしています。そのために、印刷所に無理を言ったり、取材に無理を言うことがありますが、そうでないと月刊誌でもカビが生えた感じになります。きびしい状況ですよ。

塩澤　月刊誌だと、締切りから発売日まで1週間以上のタイムラグができますね。株など、発売の時点で異なった結果も出るでしょう。

川尻　それは仕方がないことです。情報の早さでは、電波にかなわない。むしろ株が反騰したり、下がってしまったり、銀行の合併があったりしても、そこに至る前提をしっかり分析してあれば、その結果がどうであろうと、読者に理解していただけると思います。ギリギリまで、数ページの空白を残しているのも、世の中に起こったことに、全く触れることもなく跨いで通るわけにはいかないからです。

塩澤　これからの「実業の日本」のあり方は。

川尻　読者の側に軸足を置く雑誌づくりを目指したい。皆がそうだと思う時は怪しいと考え、「もしかしたらそうではないよ」の問題提起を、敢えて行っていきたいですね。

塩澤　創刊2世紀目に入りましたが、心新たに、読者のためになる雑誌をおつくり下さい。

誌面大刷新で読者層を拡げる
「週刊ダイヤモンド」編集長 松室哲生

1999.3

目線を低くして

塩澤　創刊から86年の歴史と、この間に積みあげてきた通巻３７６０号の重さ。その「週刊ダイヤモンド」は、見事に変身しましたね。

松室　いま社長をしている岩佐前編集長の時代です。93年４月からモデル・チェンジして、Ｂ５判からレター・サイズのＡ４判になりました。

塩澤　判型が変わると共に、一挙に読みやすくなった感じですが……。

松室　ヨコ組だったのをタテ組に変え、本文の活字も大幅に大きくしました。その時に読みやすさを考え、ビジュアル性を持たせ、タイトルの置き方などに、かなりの工夫をしました。

塩澤　（98年11月28日号を手に取り）賃金大カットの大特集ですが、給与袋を鉄で切るといった、目を引く誌面になっていますね。

松室　数字などもビジュアル化し、グラフにするなど、わかりやすくしました。それまで週末に家で勉強のために読むといったムードでしたが、それを通勤時間に読めるようにと、巻頭コラム８ページも15分で読めるようにしたり。

塩澤　岩波新書も、通勤車中で読めるように書き手と表現をやわらかくしたら、ベストセラーが続出するようになったそうです（笑）。
松室　とにかく車中で読める（笑）ということで、企画を置く。第一特集は掘り下げたものにしてメリハリもつけ、誌面にバリエーションを持たせ、いつでも、どこでも読んでもらおうと。
塩澤　表紙も変わりましたね。
松室　前は経営者の顔でした。
塩澤　経済誌は経営者の顔、政界誌は政治家の顔、女性誌は女優の顔というのが、セオリーでしたものねえ。で、変えた結果は……。
松室　売れゆきは、イメージ・チェンジ前が8万部強だったものが、5年過ぎたら7割アップの13万7０００部です（微笑）。
塩澤　この種の雑誌でその伸びは見事です。だいたい業界誌筋では、5万部の壁を超えるのが至難ですから。
松室　80周年の時が8万部……ということは、創刊号が１０００部でしたから、1年に１０００部ずつ増えてきた計算になる。
塩澤　その流れで行けば、85周年は8万５００0部でよかった（爆笑）。
松室　（笑）93年は不況の真っ只中でした。あの時期にモデル・チェンジをしなかったらあるいは……。もっとも、判型を変える前の92年頭には、中身を大幅に変え、読者層を経営者から部課長、社員までに拡げていました。そのための議論を重ね、目線を低くしてやっていこうと。
塩澤　雑誌という器は、目線も年齢層もいつの間にか高くなるものです。
松室　週刊誌は、印刷、デザイナー、アートディレクターなどが加わった仕組みで動いています。そのシステムをどう変えるかに1年をかけ、最後に型を変えた。それがよかったと思います。
塩澤　計算通りに成功したわけですね。
松室　成功？　ですか。我々は前の編集長と一緒に推進してきた人間です。成否は後の人たちが決めるんじゃないですか。
塩澤　しかし、これだけ変えると製作コストが大幅にアップしたのでは……。

松室　それほど大きくはなかった。幸いものの値段が上がらぬ時期で、円高のフォローはあったし、コストは軽微にすんでいます。

数字に照らして書く

塩澤　創業の石山賢吉氏は、創刊号の表紙にそろばんの図柄を掲げ「本誌の主義は算盤の二文字を以て尽きる」と宣言し、「数字の前に情実なし」をモットーにされたそうですね。先日、岩佐豊社長にお会いした時、その件を話されて「ダイヤモンド社が、数字で文化を扱う出版社に育ったのも、創業者のこの志にあった」と言っていました。

松室　それが伝統とおおげさに考えていませんが、やはり一方で守っていきたい。真実だと思いますね。

塩澤　「数字の前に情実なし」見事な箴言《しんげん》ですよ。

松室　取材をしてみて、確かにそうだと思います。ある社を取材し、数字に照らし合わせて、その結果どうなっているかをみると、数字で物語るものは確固とした事実です。

塩澤　私も出版業界を取材していて、好・不調を語るのに、数字を並べることにしています。もっとも、発表される数字が公称だったり、粉飾だったら目も当てられない（爆笑）。

松室　いや、そこを押さえ、取材とミックスしていかないと、企業の分析は難しいですよ。

塩澤　出版界に限れば、株はほとんど上場されてないから、きっちりした数字をつかむことが難しい。

松室　数字では面白い話があります。数年前から、新しい企画で大学のランキングを年１回やるようになりました。海外誌では以前からやっていますが、いざ、日本の大学で取材にかかったら、なに一つ数字を公開しない。

塩澤　ほおう…。

松室　求められていないから、用意されていないのですね。で、企業の人事部長に、入社してきた社員から、役立った大学ランキングを出していただきました（笑）。定番のヒット企画になりましたが。

塩澤　頭はとにかく、体育や応援部で鍛えられた新人の評価が高いのでは…。

松室　日本の企業も、金融不安の中で、もっと情報を公開すべきですね。ランキングが「ワン・オブ・ゼム」で市場を動かす結果になっている。山一、拓銀はムーディーズの格付けでおかしくなりましたが、あれは社債を発行している会社を、どう位置付けるかの格付けでしょ。それが一人歩きして、イコール会社になってしまった。あれしか見る規率がなかったからです。

塩澤　広く情報公開をしていれば、他に判断材料があったでしょうにねえ。もっとも、公開していれば、それよりはるか以前に倒産しているか（苦笑）。いずれにしろ、この種の公表には知的正直さ（インテレクチュアル・オネスティ）が不可欠ですね。

松室　生保・損保には、今年の春からソルベンシー・マージン（保険会社体力指標）が大蔵省によって義務付けられています。数年前から、公開とアンケートで自社のソルベンシー・マージン体力ランキングをやっていましたが。

塩澤　保険金の支払い余力をみる指標ですね。日産生命のような債務超過額３０００億円を抱えてお手上げになったのでは、老後やいざという時に備えて、保険をかけている善男善女にとって、目も当てられないですからね。バブル経済崩壊後は、ネタはいっぱいあるでしょう。

松室　シビアなネタで、同じようなものに片寄りがあります。書けること、書くことによって、いたずらに恐怖心を煽らないよう、それが正しいかどうか、吟味して取りかかっています。

塩澤　雑誌の生活上、慎重を期している？

松室　抑制するのではなく、情報の質を分析し、これは出す、出さないと。片寄った情報だけでは記事はできませんから。
塩澤　一般週刊誌との差ですね。
松室　ネタがあろうとなかろうと、やっていることは同じです。金融業界、ビッグバン、証券業界と、なんでもふることはできますが、ここはいま、一番議論するところでしてね。

大特集で掘り下げる

塩澤　松室編集長になって、大特集主義を打ち出していますね。
松室　私になって4年近くになりますが、特集のあり方を第一と第二に置いて、月刊誌並みにドカンドカンと掘り下げた特集を組んでいます。春と秋には、50ページで4週、5週と大特集を組むのですが、これは季刊誌並みになります。50ページでテーマを掘り下げると、一冊本ができる情報量です。
塩澤　読み応えがありますね。
松室　ここまでやって、ようやく週刊誌が月刊誌として認められる。
塩澤　その意味は……。
松室　ジャーナルを新聞とすると、マガジンは読みものが主ですね。じゃあ週刊誌はジャーナルかマガジンかというと、いままではジャーナルでした。ところが、いまはジャーナル・プラス・マガジンになったと考えています。
塩澤　なるほど。
松室　で、特集を組む時、前々の週に起こったことをやっていたが、いまはもっと長いレンジで組むことにしました。スピードは遅くなりましたが、速報の部分は他のページで対応しているので、フットワークは落ちていない。
塩澤　『カネをかけずにお客をつかむ！』（98年9／5）『瀕死のゼネコン・建設業』（同10／17）『賃金大カット』（同11／28）や『貸し渋り撃退マニュアル』（同12／12）などは、月刊誌特集の重みですね。
松室　第二特集として、『都市特集』を打ち出していますが、これは地方で「週刊ダイヤモンド」の知名度が低い。会社や事業家は知っているが、主婦は知らない。その人たちに知ってほしいのと、むかしのイメージを持ち続けている人たちに、新しい「ダイヤモンド」を知ってもらうために始めたものです。部数はその地方で3倍から5倍売れるようになりました。

塩澤　特集した地方だけではなく、その地方の出身者も関心を持ちますよ。

松室　編集・販売・広告が三位一体のプロジェクトを組んで、全国行脚しています。

塩澤　スポンサーも増えるわけですが、地方だと泥臭い要求がなしとはしないでしょう。

松室　地方、大企業を問わず、いくらスポンサーでも、いい時はいい、悪い時は悪いと青臭い考えを押し通します。記事の中身は妥協したら駄目ですから。そのため、広告がストップになったものが、いっぱいある（苦笑）。

塩澤　経済誌の体裁をとっているブラックとの差は、まさにそのあたりにある！　訴えられることも少なくないでしょう。

松室　いま、最高裁までいっているものがあります。2年前に『総会屋の真相』を特集した時、暴力団、右翼との相関図をかなり綿密な取材の上でやりました。すると電話で抗議が二人、乗り込んできたのが二組。公安に呼ばれて「あそこが狙っているから、ホームの端を歩くな」と注意を受けた一組など、リスクは高く、しばらくはパトロールを受けました。告訴を受けたのはこの中の一人で彼は告訴が趣味で、弁護士も立てずにやっている（苦笑）。

塩澤　私も週刊誌の長時代に、その手の事件屋にやられました。しかし、リスクが高い割に、売れるとは限らないですねえ（笑）。

松室　そうなんですよ（笑）。こんなこともありました。長になった直後、戦後50周年で一般週刊誌が従軍慰安婦をやっていました。デスクから、企業の戦後50周年記念として、戦時下に強制労働をやった企業の戦争責任を問う企画が出て、徹底してやろうと、五、六人を北海道に行かせ、50ページ特集を組みました。

塩澤　一般週刊誌もタジタジの硬い企画ですね。

松室　結果は、過去数年の最低部数！　全く売れませんでした。こうも、こういうことには関心がないのかと。だいたい、青臭い、大上段にふりかざした特集は、よくない。

塩澤　正義の味方、月光仮面は子どもの世界には受けますが（笑）。

松室　その年の11月『税金究極のムダ遣い』を、空港や諫早の干潟、ダムなど、写真を添え、なぜこうなったかを徹底してやりましたが、これも全然売れず（笑）。干潟の問題では先鞭をつけ、テレビから使わせてくれと言ってきましたが。

塩澤　読者に直接関わりがありませんね。

松室　その翌年4月に、ネズミ講の問題を取りあげ『平成ネズミ講の手口』を記者魂をぶつけてやりました。――これも駄目（失笑）。企業の戦争責任は、学者からものすごい評価をいただいたんですがねえ。

塩澤　かつて私も、山本七平氏に、私が刊行者に名を連ねた翻訳本を激賞されたことがあります。山本氏は褒めた後で「売れなかったでしょう」と言い、「こういういい本は売れないものです」と慰めてくれました。ところで、逆に売れた特集にはどんなものが。

松室　銀行、ゼネコン特集ですね。17～18万部は売れています。春に毎年「日本経済入門」特集をやりますが、新入学、新入社員が読むのか、こういった特集はその年のトップクラスの売れゆきです。

塩澤　売れ筋の決め手が何本かあるといいですね。激動の世ですが、その動きを追う一方で、編集の原則を変えないという〝不易流行〟の姿勢は必要でしょうね。「ダイヤモンド」のますます輝きを増すことを祈ります。

若手サラリーマンの生活観を意識した雑誌づくり

「SPA!」

編集長　佐藤俊彦

1999.6

"おたく"をメジャーに

塩澤　新雑誌は世を挙げてリニューアル時代です。「SPA!」も、「週刊サンケイ」からスパッとリニューアルしたわけですが、見事な変身でしたね。

佐藤　11年前になります。30歳代のビジネスマンをターゲットに、オールグラビア誌に変えました。その世代の生活観、仕事観などにマッチした週刊誌にしようと。

塩澤　「SPA!」は「ニュースキャスターのような、全く新しいタイプの週刊誌。よく働きよく遊ぶ現在活躍型ビジネスマン。そしていわゆる女性週刊誌にはもうたくさんというニュースマインドのある女性に、読んでほしい」云々と宣言されていました。その考えは、受け継がれていますか。

佐藤　アプローチの仕方はちょっとずつ変わっていますが、原則的には同じです。

塩澤　「SPA!」初期の頃の編集長に聞いたところでは、初めの1年間は試行錯誤で苦しんだようですね。

佐藤　「週刊サンケイ」からの編集者や、新聞記者などの寄せ集め編集部で混乱がありました。

書き手も既成の書き手だったりして。

塩澤　既成作家、有名人は他誌にまかせ、無名作家や、これからが期待できる新人を発掘して、活躍の場を与える姿勢を打ち出してから、「SPA！」らしい誌面になりましたが。

佐藤　中森明夫、中尊寺ゆつこ、宅八郎らですね。あれから9年ぐらいになりますか。

塩澤　「オヤジギャル」「おたく」といった言葉が、「SPA！」発信で広まった（笑）「SPA！」で「おたく」を広めるまでは、「おたく」なる言葉は、連続幼女殺害事件の犯人・宮崎勤的なネクラなマニアック人種のひびきがありましたよね。

佐藤　それをうちが「おたく」を社会病理的なイメージでなくしました。「おたく世紀末日本を動かす」の特集も組んでいます。

塩澤　そうでしたね。「おたく」をキーワードに伸びていったようです（笑）。当初は女性読者を意識して、エロは御法度でしたが。

佐藤　エロはやらないとは言ってない（苦笑）。女性をあからさまに意識はせず、25歳から35歳の男性にメッセージを持つ問題を加工して掲載しています。

塩澤　その他の週刊誌は、ヘア・オンパレードの感がある。それに対抗する手段を考えないと割を食うんじゃないですか。

佐藤　女性が電車の中で開ける誌面が望ましいですね。扇情的な裸、必然のないものは出さないようにしています。

塩澤　なかなかの見識ですね。しかし、最近号を見ると、『混迷する「巨乳の定義」を科学する』とか、2号続けて『オンナの性欲大爆発の現場検証』をやっていますね（笑）。

佐藤　性に対する探求心は必然です（笑）。編集部で探検し、書いています。調べてみると、カップル喫茶、スワッピング・クラブに女性は男の人に連れられて来たそうです。ところが、記事を掲載してみると、そのスワッピング・クラブに女性の問い合わせが急増しているのです。

塩澤　へえー。

佐藤　女性たちは情報ルートを持たないだけで、その性的好奇心は旺盛のようです。

塩澤　それが3月31日号の『発情装置!? 「出会い系ホームページ」に群がる女たち』になり、探検隊が女性向け性感マッサージ店ルポに潜入する企画に結びついているのですね（笑）。出会い系ホームページに寄せられる女性からの伝言も相当なものですね。

佐藤　でも、うちの雑誌はオナニーのおかずにすることはできません（笑）。

塩澤　ヘア・オンパレードの他の週刊雑誌のすごさの足元にも及びませんね。それは保証しますよ（爆笑）。

読者のいまを映し出す

塩澤　メイン特集はサラリーマンものですね。

佐藤　表紙の右側に常に入れています。うちの読者は25歳から35歳ですが、女性も含めて会社で彼らが置かれている状況を、きちんとくみ取って考えていこうという姿勢です。

塩澤　『今、会社に吹き荒れる「ネオ差別問題」を考える！』『「社内調整ウンザリだ!!」宣言』『「年棒、能力給」決定のプロセスが知りたい!!』それから、『女性を見下し、仕事も横柄。入社数年でボロボロ出て来た就職氷河期〝勝ち組〟の悪評・結婚できない!? 「氷河期エリート」の前途多難』と…なるほどねえ。

佐藤　日本は会社主義の国でした。戦後は会社が盤石の体制で存在するのが前提で、学校教育も、それを考えて行われていました。

塩澤　年功序列制度。寄らば大樹の陰で、いい学校へ入っていい会社へ入れば一生ご安泰が考えられていたわけですね。

佐藤　それが、アメリカナイズされ、会社が実力主義を打ち出してきたことから、日本を支えてきた根元がグラグラしてきました。心のありよう、学校教育、女性とのつき合い方まで変化がみられ、この先、日本はどうなるのか…そのあたりを意図的に、うちの読者たちが直面している問題をいろんな角度で追っかけようとしています。
塩澤　それが表紙の右側を占める特集のテーマの持ち方というわけですね。
佐藤　いちばん大きな社会問題をテーマにしています。
塩澤　タイトルを読むかぎり、かなりのアジテーションを感じますが（笑）。
佐藤　25歳から35歳までの生活観を意識して作っているわけですが、その人たちが要求していることばかりでなく、時には焚きつけたり、挑発するなど、手法的なバリエーションを出していますから。
塩澤　ヒラから係長程度のこの年代のサラリーマンにとって、事業部制導入や赤字部署差別、実力主義の導入など、切実な問題になりましょう。
佐藤　会社の中で身の回りの変化は大きくなっています。どこの会社も変わってきているでしょう。4月1日の新入社員に対する社長の挨拶を聞くと、能力主義、優勝劣敗を説いています。どの会社も公正で納得できる実力主義の運用がなされているのか？　となると、どうも嘘臭い……。出世している奴はその時々の社長のタイコモチだったりする。
塩澤　幇間《ほうかん》的才能こそ、出世の近道か（笑）。つぶれた銀行、証券会社、企業で露呈された社長だの取締役を見れば〝実力主義〟が何だったかがわかりますよ。
佐藤　その嘘臭い実力主義から出てくる閉塞感、怒りは強いわけです。特にいまは、仕事や組織の中に、ものすごく価値観の違う人たちが同居しているから、たいへんです。極端であるだけに、考えてみれば面白いが…。
塩澤　能力だの実力を云々すると、給料に大きな差が出てきますね。強力な組合だと同一年齢同一賃金だと叫んでいて、一部の企業には、バカでもチョンでも横並びというところがあります。しかし、不況もこう深刻化してきては、入社は同期でもかなりの開きが出て当然です。

佐藤　社内でも開きは出ているが、同業社間でも大きいですね。巨大な1社と、その他の社では優勝劣敗はすごいです。自分以外の状況はわからないから、知りたいという要望があります。

塩澤　人の財布の中身は気になるもんですよ。

知名度より中身を重視

佐藤　2月中旬に、16業種92社を調べて、『誰も書かなかった「30歳・給与」の真実』をやったところ、完売に近い売れ行きになりました。

塩澤　緊急企画の後編「ボクらの給与不安」ですね。「広がる同期・同業他社との格差〝実力主義〟の導入でボクの給料はどこへ行く？」ですか。

佐藤　「もはや〝30歳平均〟なんて数字は意味がない」と、パートⅠでは社内格差・同業種間格差に焦点を当てて実態調査をし、7ページにまとめ、パートⅡの時は、「勝ち組のゴーマン、負け組の涙」としてモノクロで4ページやりました。

塩澤　この種の企画は、「週刊ポスト」「週刊現代」「週刊宝石」など、いろんな週刊誌でやっていますよね。

佐藤　同期で100万、200万の幅もあります。うちは30歳のいちばん最低と最高のナマの数字を調べてみました。

塩澤　ナマの数字というところが泣かせますね（笑）。ちょっと拝見。えっ！　同業種間の30歳で、大手証券1000万円、中堅証券680万円と320万円の差！　商社だと業界4位が1330万円、8位は800万円と530万円の開きですか。想像を超えていますな。社内格差では、中堅証券で1000万円と420万円と倍以上の差。大手住宅に至っては1500万円と500万円と3倍の差…。

佐藤　実力主義、能力主義の結果としてみるが、上司への対応でこの差が出てしまうのか。この特集の結びで「たとえ実力主義を導入しても、その実力を査定する側が常に公正である保証はない。客観的評価に基づかねばならないはずが、主観で評価される。そんないびつな〝実力主義〟によって、30歳の給与は、今や100万円単位で増減してしまうのだ」と怒りを代弁しておきましたが……。

塩澤　その通りですね。会社主義で忠勤をはげんでも、ブリヂストンの切腹事件にみるように、資本の論理で簡単に切って捨てられるケースが少なくないし、給与だってゴマスリの巧みな奴は上司に取り入り、多いことがある。まあ、世の中は不公平（笑）。それはそうと、この種の金にまつわる話は反響が多いでしょうなあ。

佐藤　こんなエピソードもあります。サラリーマンのプライベートの金にまつわる特集をした時、静岡の会社に勤める28歳の男性から「僕は給料が17万円です。特集にあるサラリーマンは小遣いを7～8万も使っているそうですが、どうやって作り出しているのか」と問い合わせてきました。

塩澤　地方と東京では、収入、支出の落差は大きいでしょう。

佐藤　エピソードといえば、いま一つ。拘置所からやたらとファンレターが来た大人気企画がありました（笑）。98年1月から1年間『TOKYO愛しのコブつき美人を探せ！』で、計50人のシングルマザーを登場させたのです。10代から20代、30代のコブつき美人ばかり…。

塩澤　ほう！　変わった企画ですね。もっともいまはバツイチを平気で公表する時代ですからコブつきも抵抗はないか。

佐藤　渡辺編集長がバブルの最中に「家つき娘」を、未婚である理由・それまでの経緯などを入れ顔を掲載――ファンレターを募ったことがありました。

塩澤　で、コブつき美人は自薦で登場したのですか。

佐藤　自ら出たがる女性もいました。現に去年12月に終了した後にも、3～4通あったので、今年の1月中旬号で番外編として『読者人気ベスト

5』と、反響の大きかった『気になるあの人は今』の後追い、それに加えて座談会『シングルマザーの恋愛／子育て』をやっております。

塩澤　自薦でこのような企画に出るあたりに、前向きに生きる若い女性の意気込みが感じられますね。週刊誌によっては、「オッパイ拝見」とか「ヘアを見せてくれませんか」をやっていたケースもありますから（笑）。連載小説はないようですね。

佐藤　中上健次さんに半年ぐらい書いていただきましたが、お亡くなりになりとぎれました。

塩澤　そうでしたか。エッセイの顔触れは他誌とちょっと変わっていますね。

佐藤　意図的に、読者に近い人、手垢のあまりついていない人に登場願っています。知名度より中身重視です。現在はダンク文化の時代で、20代でサラリーマンをやりながら、映画とか音楽などにものすごく詳しい人がいます。その中からと、尖鋭的な意見や情報を持っている人の2本立てでいこうと考えています。

塩澤　おそるべきオタク人間がいますから、いいオタク人間を発見すれば、面白エッセイも読めるでしょうね。売り込みは多いのですか。

佐藤　女性のライターが非常に多い。

塩澤　女性か？　最近、面白い女性は…。

佐藤　『秘密の花園結社　リスペクター』の連載マンガ家・松田洋子さんが面白い（笑）。マンガで褒め殺しをしています。手法的には難しいことですが。

塩澤　（最新号を手に）ちょっと拝見。ほおー、面白い書き手ですね。このようなマンガが受けるのは、読者が都会中心だからでしょうね。

佐藤　ええ、うちの読者は首都圏が6割、関西2割、中京1割、残りの1割弱が全国区というところでしょうか。ほとんどが大都市のサラリーマンとOLです。

塩澤　ターゲットがはっきりしているだけに読者の顔が見え、つくりやすい面がありますね。誌名通りのスパッとして雑誌づくりを期待します。

塩澤実信（しおざわ みのぶ）
昭和５年、長野県生まれ。双葉社取締役編集局長をへて、東京大学新聞研究所講師等を歴任。日本ペンクラブ名誉会員。元日本レコード大賞審査員。
主な著書に「雑誌記者池島信平」（文藝春秋）、「ベストセラーの光と闇」（グリーンアロー出版社）、「動物と話せる男」（理論社）、「出版社大全」（論創社）、「ベストセラー作家 その運命を決めた一冊」「出版界おもしろ豆事典」「昭和歌謡 100 名曲 part.1 ～ 5」「昭和の歌手 100 列伝 part1 ～ 3」「昭和平成大相撲名力士 100 列伝」「不滅の昭和歌謡」（以上北辰堂出版）、「昭和の流行歌物語」「昭和の戦時歌謡物語」「昭和のヒット歌謡物語」「この一曲に賭けた 100 人の歌手」「出版街放浪記」「我が人生の交遊録」「話題の本 250 冊」「古関裕而 珠玉の 30 曲」（以上展望社）ほか多数。

あの頃、雑誌は輝いていた！
——43誌の編集長に聞く

令和２年７月３日発行
著者 / 塩澤実信
発行者 / 唐澤明義
発行 / 株式会社展望社
〒 112-0002 東京都文京区小石川３- １- ７エコービルⅡ 202
TEL:03-3814-1997 ＦＡＸ:03-3814-3063
http://tembo-books.jp/
印刷製本 / 株式会社東京印書館

ISBN 978-4-88546-378-5 定価はカバーに表記